빅 컨버세이션

THE BIG CONVERSATIONS
빅 컨버세이션

초판 1쇄 발행일 2021년 4월 26일
초판 11쇄 발행일 2021년 5월 28일
특별판 1쇄 발행일 2022년 4월 15일

지은이 황창규

발행인 윤호권
사업총괄 정유한

편집 이영인 **디자인** 박지은 **마케팅** 명인수
발행처 ㈜시공사 **주소** 서울시 성동구 상원1길 22, 6-8층(우편번호 04779)
대표전화 02-3486-6877 **팩스(주문)** 02-585-1755
홈페이지 www.sigongsa.com / www.sigongjunior.com

ISBN 979-11-6579-935-9 03320

*시공사는 시공간을 넘는 무한한 콘텐츠 세상을 만듭니다.
*시공사는 더 나은 내일을 함께 만들 여러분의 소중한 의견을 기다립니다.
*잘못 만들어진 책은 구입하신 곳에서 바꾸어 드립니다.

THE BIG CONVERSATIONS

빅 컨버세이션

대담한 대담

황창규 지음

시공사

This book describes the unprecedented career of Dr. Chang–Gyu Hwang, Chief Executive Officer (CEO) of Samsung, Chief Technology Officer of the Republic of Korea (South Korea) and finally CEO of KT Telecom. But the book is much more than an autobiography. It is full of philosophical thoughts. The content bridges time and space. It combines Eastern and Western wisdom. And it is more emotional than similar works of Western authors. This alone is of great value, because it helps the reader to better understand Eastern management. There are few people who have worked with as many significant innovators of our time as Dr. Hwang. These include Steve Jobs, Klaus Schwab, Marc Benioff, and Jensen Huang, as well as Intel founders William Shockley and Andrew Grove from his time at Stanford University. I highly recommend the book to entrepreneurs, managers, and especially ambitious young people. It is rare to find such an enriching insight into the world of big global high tech business.

– Hermann Simon

이 책은 삼성전자 반도체 부문 사장(CEO), 대한민국 최고 기술 책임자(CTO), 그리고 통신기업 KT의 CEO를 지낸 황창규 박사의 전례 없는 경력을 이야기하고 있습니다. 이 책은 단순히 개인적인 자서전의 한계를 넘어 철학적 사고로 가득 차 있습니다. 이 책의 콘텐츠는 시간과 공간을 연결합니다. 그리고 동양과 서양의 지혜를 결합합니다. 이 책은 서양 저자들의 유사한 저서보다 더 감성적입니다.

그렇기 때문에 이 책을 읽게 될 독자는 한국적인(동양적인) 경영이 무엇인지 더 쉽게 이해할 수 있고, 이것만으로도 이 책은 큰 가치가 있습니다. 황창규 박사만큼 우리 시대의 중요한 혁신가들과 함께 일한 사람은 거의 없습니다. 여기에는 스티브 잡스, 클라우스 슈밥, 마크 베니오프, 젠슨 황과 스탠퍼드대학 시절에 만난 인텔의 창립자 윌리엄 쇼클리와 앤디 그로브가 포함됩니다. 저는 이 책을 기업가, 관리자, 특히 꿈이 있는 젊은이들에게 적극 권장합니다. 이 책을 읽는 것은 글로벌 하이테크 비즈니스의 세계에 대해 풍부한 통찰력을 접할 수 있는 흔치 않은 기회가 될 것입니다.

– 헤르만 지몬 | 경영학자이자 세계적인 베스트셀러 《히든 챔피언》, 《프라이싱》의 저자

Dr. Hwang embodies the essence of the nomad spirit. Throughout his life he has tilled the soil of new digital lands, creating the future. Everyone can benefit from the wisdom and insights shared from his remarkable career expanding the boundaries of technology.

— Marc Benioff, Chair and CEO, Salesforce

황 박사는 노마드 정신의 본질을 구현합니다. 평생 동안 그는 새로운 디지털 세계의 토양을 경작하고 미래를 창조했습니다. 기술의 경계를 확장시킨 그의 놀라운 경력에서 비롯된 지혜와 통찰력은 이 책을 읽는 누구에게나 큰 도움을 줄 것입니다.

— 마크 베니오프 | 세일즈포스닷컴 회장 겸 CEO

만남, 그 의미 있는 경험에 대하여

나는 종교가 없다. 그 대신 '묵상'이라는 말은 좋아한다.

기억 속 얼굴들을 찬찬히 떠올려본다. 이건희, 스티브 잡스, 클라우스 슈밥처럼 이름만 대도 알 만한 이들부터 이순신처럼 역사책으로밖에 만나지 못한 이들, 수십 명이 어우러져 나와 함께 고락을 했던 팀들까지 무수한 사람들이 있었다. 모두가 나의 스승들이다.

나는 운이 참 좋은 사람이었다. 불과 20대 초반에 평생 해야 할 공부의 주제를 잡았고, 홀로 할 수 없는 일들도 좋은 동료들 덕에 많이 이뤘다. 엔지니어에서 경영자로 변신해 기업의 수장으로 변화와 혁신을 이끄는 일도 해냈다.

이 모든 것보다 더 큰 행운도 있었다. '좋은 스승'을 수도 없이 만났다는 것이다. 그들은 학교라는 울타리에 매이지 않고 내 삶의 전반을 함께해줬으며 때로는 사소한, 때로는 중대한 가르침을 나눠줬다.

'어떻게 경제를 발전시키고 사회를 변화시킬 기술 혁신을 이룰 것인가?'

이것은 내 삶을 관통하는 질문이었다.

그 시작은 단순히 '일본을 뛰어넘자'였다. 1980년대 매사추세츠주립대학과 스탠퍼드대학에서 고된 유학 과정과 미국의 직장 생활을 마치고 한국으로 돌아올 때, 다시는 타국으로 나가지 않겠다고 다짐했다. 국제적으로 널리 알려진 글로벌 기업의 스카우트 제안을 거절하고 국내 기업에, 그것도 임원 자리도 마다하고 입사를 결심했던 이유는 '우리도 일본을 한번 이겨보자'라는 단단한 각오 때문이었다. 당시 일본은 미국을 꺾고 반도체 종주국으로서의 위용을 자랑하고 있었던 반면, 한국은 미비했다.

하지만 다행스럽게도 얼마 걸리지 않았다. 세계 최초로 256M D램을 개발하고 '황의 법칙'으로 통하는 '메모리 신성장론'을 발표했을 때, 한국은 더는 막대한 로열티를 지급하며 기술을 카피하는 나라가 아니었다. 나와 동료들이 애플과 함께 모바일 시대를 주도하자 세계는 '불과 십수 년 만에 이런 일을 해내는 대한민국은 어떤 나라냐?'며 나의 조국에 스포트라이트를 비추기 시작했다. 그리고 현재 세계 반도체는 대한민국 없이는 미래를 이야기할 수 없게 됐다.

젊은 시절, 나는 '훌륭한 경영자'가 될 수 있다는 생각은 하지 못했다. 평생 기술자로 살 줄 알았다. 그러나 많은 사람의 도움으로 리더의 자리에 올랐고 나만 잘해서는 해낼 수 없는 성과들을 이뤄낼 수 있었다. CTO(Chief Technology Officer, 최고기술경영자) 출신 경영자라는 흔치 않은 이력 덕분에 '혁신을 일구는 리더'의 전형으로 꼽히기도 했다.

과분한 평가였다.

지식경제부 R&D(연구 · 개발)전략기획단 초대 단장(이하 '국가CTO')자리에 올라 나라의 먹을거리를 고민했던 때는 기술자의 한계를 넘어서는 시간이었다.

대한민국을 키우기 위해서는 나의 그릇부터 키워야 했다. 많이 듣고 보면서 현장의 이야기에 귀를 기울였다. 덕분에 지금 상용화된 여러 기술을 선도할 수 있었다.

이어서 한 기업의 수장이 되는 것은 또 다른 도전이었다. 기술의 혁신만큼 경영의 혁신도 어렵고 고된 길이었다. 직원들에게 경제를 발전시키는 것을 넘어 사회를 변화시킬 수 있는 조직이 되자고 했다. 가능성이 현실이 되는 길을 함께 찾자고 목소리를 높였다. 내가 느낀 경영 현장은 진심이 통하는 곳이었다. 조직원의 마음이 움직이자 조직은 새로운 곳으로 탈바꿈되었고 조직 혁신과 기술 혁신은 어깨동무를 한 듯 함께 이뤄졌다.

이렇게 평생 붙잡았던 질문을 해결하는 사이, 나의 머리에는 잔뜩 서리가 내렸고 경영 현장에서도 백전노장이 되었다.

30여 년 동안 흔들려도 꺾이지 않게 나를 붙잡았던 것은 '기술'과 '사람'이었다. 플래시 메모리, 모바일 D램, SSD, 기가토피아, 그리고 5G까지 이제는 일반 명사가 된 기술들을 내놓으며 나는 '이 기술들이 세상을 어떻게 변화시킬까?' 점치곤 했다. '황의 법칙'은 강산이 두 번 바뀌는 동안 변치 않으며 흔들리지 않고 자리를 굳건히 지켜내고 있다. 그사이 '미스터 플래시', '미스터 반도체'라는 별명은 나를 따라다

넀다. 신제품을 보내거나 비즈니스를 성사시킨 뒤 "헤이, 미스터 플래시"라고 정겹게 나를 부르던 스티브 잡스의 목소리가 여전히 귓전에 남아 있다. 글로벌 타임 라인을 2년이나 당겨 대한민국에서 세계 최초로 선보인 5G는 빠른 속도는 물론 대용량의 끊김 없는 연결성을 자랑하며 4차 산업혁명의 인프라가 되고 있다. 앞으로 인류는 5G가 제공하는 연결성 덕분에 더 나은 문명으로 나아갈 것이다.

앞에서 열거한 기술 중 홀로 해낸 것은 하나도 없다. 겸손해지자고 하는 말이 아니다. 한창 혈기가 왕성했던 시기부터 나는 '혼자서는 아무것도 이룰 수 없다'라는 것을 뼈저리게 느끼곤 했다. 모든 일을 함에 있어 열린 마음으로 타인과 소통해야 했다. 그래서 그렇게 했다. 천성적으로 나 역시 사람을 좋아했다. 기술 발전을 위해 끊임없이 고민하는 이들을 무수히 만나면서도 나는 지치지 않았고 그들의 솔직함과 진취적인 성향에 매료됐다. 그들이 불어넣은 영감으로 나는 내 능력 이상의 성과를 만들 수 있었다. 모든 만남에서 배움을 경험한 결과였다.

이 책에는 지난 30여 년간 내가 경험한 '만남'에 관한 이야기를 담았다. 사전에 출간 소식을 알린 이들도 있으나 이미 흔적만 남기고 우리 곁을 떠난 이들도 있다. 한 명, 한 명에 대한 원고를 쓰면서 나는 그 한 명, 한 명을 묵상하고 수십 년 전 자료를 수없이 뒤졌다. 어쩔 수 없이 오랜 기억에 의존했던 부분도 있다. 혹여 오류와 실수가 있다면 '좋은 스승 밑에도 꼴찌는 있다'는 것을 보여준 노구(老軀)를 탓해주기 바란다. 그들은 언제나 훌륭한 스승이었다.

지면을 빌려, 반도체 사업 시작 때부터 초석을 만들어준 선배들, 그리고 '세계 최고의 반도체를 만들겠다'라는 일념으로 함께 동고동락하며 묵묵히 맡은 분야에서 전문성을 발휘해준 동료와 후배들에게 감사를 전한다. 국가CTO 시절에도 많은 국내외 전문가로부터 도움을 받았다. 그들의 헌신이 없었다면 국가적 기술의 신장이라는 과제를 완수하지 못했을 것이다. 마지막으로 6년간 함께한 KT 임직원들에게도 감사의 인사를 전한다. 이들 모두가 세상을 변화시키는 일에 기꺼이 동참해줬다.

요즘 세대들은 바쁘고 늘 시간이 없다. 나 역시 현역에 있을 때는 한자리에서 책 한 권을 끝까지 읽어본 적이 없었다. 주제가 잡히지 않는 글을 읽을 때는 조바심을 내기도 했다. 이 책 역시 펼치는 순간, 결론을 알고 싶은 이들이 상당하리라 생각한다.

이 책의 메시지는 간결하다. '희망이 없는 세대'라는 비관적 전망을 내려놓고 한 발만 더 앞으로 나아가길 권한다. 단언컨대 이 책에 등장하는 누구도 꽃길만 걸어 자신의 자리에 오르지 않았다. 내게 배움을 나누어준 그들은 합리적 낙관주의를 따랐고, 매사 열심히 했으며, 타인을 존중하고 배려하는 태도를 견지했다. 그들에게는 충분한 능력과 자격이 있었고 성공은 그에 따라온 부록 같은 것이었다.

사람은 누구도 완벽할 수 없고 홀로 살아갈 수 없다. 자신을 넘어서 우리라는 사고를 해야 한다. 이때 만남이라는 경험은 더욱 의미가 있다. 개인적인 글들이지만 읽는 이의 지식과 지혜의 지경을 넓혀주는 데 도움이 되기를 바란다.

차례

1장 통찰
미래를 내다보는 자신만의 눈을 가져라

2장 도전
위대해지기 위해서는 먼저 시작해야 한다

5장 혁신과 공헌
세상을 이롭게 하는 일에 동참하라

■ **일러두기**

• 책에 나오는 직함은 만났을 때 당시 기준으로 표기했습니다. 인물, 글 흐름에 따라 직함을 표기하지 않기도 했습니다.

• 삼성전자 내에 반도체사업부가 있습니다. 이 책에서는 '삼성전자'를 이야기할 때, 글 흐름에 따라 '삼성전자', '삼성전자 반도체' 등으로 표기했습니다.

• 반도체 제품의 용량 단위에서 b(bit)는 생략해 표기했습니다(예 64Gb 낸드 플래시 →64G 낸드 플래시).

통찰
Insight

1장

미래를 내다보는
자신만의 눈을
가져라

01

미래를 위해
과감하게 선택하라

| 이건희 |

흔히 미래는 준비된 자의 것이라고 말한다. 나는 이 말에 '미래는 통찰하고 결단하는 자'의 것이라고 덧붙이고 싶다. 아무리 준비된 자라도 미래를 예견하고 그에 맞는 결단을 하지 않는다면 모든 수고가 무용지물이기 때문이다. 그리고 인생의 기회는 늘 예고 없이 찾아온다.

미래는 통찰하고 결단하는 자의 것

1988년 10월, 스탠퍼드대학 연구실로 삼성전자 반도체 기획실장이 나를 찾아왔다. 삼성전자가 반도체에 운명을 걸고 있는 상황에서 스카우트 제의를 하러 온 것이었다.

당시 삼성전자는 기술 개발만이 살 길이라는 이건희 회장의 특명에 따라 천재급 해외 인재 영입에 총력을 걸고 있었다. 나는 매사추세츠 주립대학에서 반도체 관련 전기공학박사 학위를 받은 후, IBM과 텍사스인스트루먼트(Texas Instruments) 등 세계적인 기업의 스카우트 제의를 뿌리치고 스탠퍼드대학의 연구원으로 일하고 있었다. 몇몇 미국의 유수 대학으로부터 교수 초빙 제의도 받은 상황이었다.

생각해보겠다고 결정을 보류하던 차에 일본의 주요 반도체 기업이 주최하는 세미나에 초청을 받았다. 10일 동안 일본을 방문하고 반도체 기업 6곳을 대상으로 간략한 컨설팅도 진행했다. 오사카대학 강의 후 일본 반도체 산업에 대한 나의 소감은 '놀라움'이었다. 세계 최상위급 반도체 기업인 인텔의 컨설팅도 진행하던 나였기에 일본이 반도체 산업의 중심에 있다는 것을 쉽게 확인할 수 있었다.

일정 마지막 날, 히타치연구소 부소장과 저녁을 먹었다. 부소장은 한국의 반도체 기술 수준을 물었다. 미국에서 오래 머문 상황이라 이렇다 할 답을 하기 어려웠다. 부소장의 생각을 되물어봤다.

"솔직히 삼성전자가 반도체 제품을 만들고는 있지만 수준 미달입니다. 일본의 기초 기술이나 응용 기술을 따라오려면 아직 멀었습니다. 아마 한참 동안은 따라오기 어려울 겁니다."

태연히 대답하는 부소장의 얼굴을 보며 내 안에서는 분노와 오기가 꿈틀대기 시작했다.

일본에서 돌아오는 비행기 안에서 나는 삼성전자의 스카우트 제의를 받아들이기로 했다. 내가 평생을 바쳐온 반도체로 일본을 이길 수 있다면 그 또한 의미 있는 일이라 생각했기 때문이었다.

하지만 막상 입사하자니 한 가지 고민거리가 생겼다. 삼성전자에서 제안한 자리는 '임원'이었다. 높은 보수에 승용차와 비서, 사무실까지 제공되는 자리였다. 보기에는 좋을지 몰라도 선뜻 받아들이기가 어려웠다. 삼성전자에 완전히 뿌리를 내리고 장기적으로 연구에 매진해야 하는데 '계약직'인 임원은 적절하지 않다는 판단이 섰다. 게다가 당시 내가 맡게 될 업무는 '기술 관리'가 아니라 '미래 기술의 개발'이었다. 연구, 개발을 위해서는 실험실을 벗어나서는 안 된다는 믿음이 있었다. 나는 임원 자리를 고사하고 부장으로 가기로 했다.

'미래 기술의 개발'이라는 뚜렷한 목표가 있었지만 이후 상황이 모두 순조롭지는 않았다. 한국의 닫힌 조직 문화와 개발자들의 떨어진 사기, 비전과 현실 간 괴리 등 해결해야 할 문제들을 맞닥뜨리며 솔선수범하는 리더의 모습을 보이고자 애를 썼다.

결과적으로 모든 결정이 잘된 것임은 틀림없었다. 임원이 되는 데 꼬박 3년이 걸렸다. 처음부터 임원으로 올 수 있었던 것을 생각하면 짧은 기간이라 할 수 없었지만 그래도 충분히 의미가 있는 기간이었다. 계약직 임원으로 들어온 사람들은 대부분 중간에 그만두고 다른 길을 찾아 떠났다. 오랜 시간 공을 들여 직원들과 직접 부딪히고 땀 흘리며 얻은 신뢰와 지지는 이후 내가 조직장으로 성과를 내는 데 든든한 기반이 되어줬다.

무엇보다 이건희 회장을 직접 만나며 삼성을 선택한 나의 결정이 옳았음을 확신하게 됐고, 삼성에 미래가 있다는 것 역시 한 치의 의심 없이 믿게 되었다.

초일류 기업을 만든 이건희 회장의 '위대한 선택'

1994년, 국치일인 8월 29일에 세계 최초로 256M D램을 개발했다고 발표했다. 그리고 며칠 후에 이건희 회장이 주도하는 신제품 개발 보고 및 사장단 회의가 열렸다.

삼성전자의 대표적 성공 사례로 명품 TV와 256M D램에 대한 보고회가 준비됐다. 호암 이병철 선대회장이 아끼던 한남동 고택의 거실을 명품 TV와 256M D램의 전시실로 꾸미고 보고회를 준비했다. 당시 이사였던 나는 256M D램 개발 책임자로 전시와 설명을 담당했다.

거실 전면에는 명품 TV와 내로라하는 타사 브랜드의 TV가 함께 전시됐다. 한국과 일본의 경쟁사 제품이 나란히 진열되어 디자인과 색상, 품질을 직관적으로 비교해볼 수 있었다. 그 자체로 볼거리가 화려했다. 맞은편에는 256M D램의 설계도면과 전자 현미경이 준비됐다. 256M D램은 실제로 보면 엄지손톱보다 작다. 실물을 봐서는 그 안의 기술을 상상할 수 없으므로 전자 현미경을 통해 관찰하도록 준비했다. 사실 전시 공간만 보자면 256M D램은 대형 가전 제품에 비해 단출한 모양새였다. 그러나 내게는 '기술력에서만큼은 어느 것에도 뒤지지 않는다'라는 자신감이 있었다.

이건희 회장과 그룹 사장단 수십 명이 거실에 들어서자, 명품 TV에 대한 보고회가 시작됐다. 보고 시간만 30~40분이 걸렸다. 이건희 회장은 디자인, 색상, UI(User Interface) 등 다양한 분야에 대해 질문을 했고, 덕담과 함께 "그래도 여전히 갈 길이 멀다"라는 독려의 말씀도 잊지 않았다.

다음으로 256M D램 소개 시간이 됐다. 나는 개발 총책임자라고 인사를 한 후에 반도체에 대한 개괄적 소개, 개발 과정과 관련한 설명을 하기 시작했다. 그런데 설명을 시작하고 5분이 지나도록 이건희 회장은 한마디 말씀이 없었다. 그도 그럴 것이 반도체에 대한 설명은 앞선 명품 TV의 설명과는 상당한 차이가 있었기 때문이다. 기본적으로 엔지니어들만 사용하는 전문 용어가 난무했고, 볼 것이라고는 손톱만 한 크기의 칩과 설계도면이 다였다. 관심을 두고 들으려 해도 상황이 여의치 않았다. 나는 속으로 '이대로는 안 된다'라고 판단한 다음, 순간적 기지를 발휘했다.

"회장님, 미국 인구가 2억 7,000만 명입니다."

그야말로 뜬금없는 이야기였다. 이건희 회장은 '갑자기 왜 미국 인구 이야기인가?' 하는 표정으로 고개를 들어 나를 쳐다봤다. 화제 전환과 주의 환기에 성공한 나는 일사천리로 설명을 이어갔다.

"세계 최고의 경제, 기술, 문화를 이끌고 있는 미국은 우수하고 뛰어난 사람만 있는 게 아닙니다. 사회에 짐이 되는 사람도 많이 있습니다. 그래도 세계 최고 강국이라고 합니다.

저희가 만든 256M D램에도 미국 인구와 똑같은 수의 방(Cell, 저장 창고)이 있습니다. 그런데 이 256M D램은 2억 7,000만 개 방 중에서 하나라도 잘못되거나 불량이 생기면 팔지를 못합니다."

이건희 회장은 나를 쳐다보며 환히 웃은 다음, 사장단을 바라보면서는 "거, 참 좋은 비유네" 하며 박장대소를 했다.

이미 분위기가 달라진 상황이었으므로 이후 설명은 굉장히 밝은 분위기에서 진행됐다. 나는 이건희 회장이 전자 현미경으로 256M D램

이건희 회장에게 새로 개발된 반도체칩에 대해 설명하고 있다.

의 내부 구조를 볼 수 있도록 안내했고, 그다음으로 설계도면을 보여
주며 전문적 설명을 이어갔다. 이건희 회장은 환한 얼굴로 30분 넘도
록 이야기에 귀를 기울였다. 이렇게 설명회가 마무리됐다.

예정됐던 나의 업무도 끝이 났다. 다음 일정은 삼성전자 사장 및 그
룹 사장단의 회의였다. 나는 자리를 정돈하고 회사로 돌아갈 채비를
했다. 그런데 사장단 회의를 위해 자리를 옮기던 이건희 회장이 비서
진에게 말했다.

"황 이사, 들어오라고 하지."

이렇게 나는 예정에 없던 삼성전자 사장 등이 포함한 그룹 사장단
회의에 참석하게 됐다. 회의에서도 이건희 회장은 줄곧 반도체 개발
에 대해 언급하며 "모처럼 기분 좋은 행사였다"라는 덕담을 했다.

한 달 후인 9월 26일, 이건희 회장은 '삼성전자 256M D램 개발 축

하연'을 마련하고 대내외적으로 256M D램 개발 성공의 의의와 중요성을 알리며 관련 엔지니어들을 격려해줬다. 장충동에 있는 신라호텔에서 열린 리셉션에는 이건희 그룹 회장과 강진구 삼성전자 회장은 물론, 정재석 부총리 겸 경제기획원 장관, 권이혁 전 문교부 장관, 김상하 상공회의소 회장 등이 참석했다. 각계 인사 550여 명과 함께 축배를 든 나는 256M D램 개발 총책임자로 단상에 나가 인사도 했다. 이 모든 과정이 내게는 엔지니어로서만이 아니라 개발팀을 이끄는 책임자로서의 신고식과 같았다.

이후 나는 이건희 회장과 자주 독대의 기회를 가졌다. 그중 가장 인상 깊은 것은 흔히 '자쿠로 미팅'으로 회자되는 사건이다. 자쿠로는 일본 도쿄의 오쿠라호텔 옆에 있는 샤부샤부 전문 식당인데, 보안 문제로 호텔이 아닌 식당에서 회의를 했다.

이때 나온 결정은 반도체사(史)에서 가장 중요한 사건으로 지금의 삼성 반도체의 위상을 만들고 세계 모바일 시장을 앞당기는 사건이 됐다. 또한, CTF(Charge Trap Flash, 133쪽 참고)라는 혁신적인 기술을 낳게 되는 계기가 됐고, 이후 세계 반도체는 이 기술을 근간으로 성장을 지속하고 있다.

2001년 8월 초, 일본 도쿄에 있던 이건희 회장이 당시 메모리사업부장을 맡고 있던 나를 호출했다. '도시바'와의 제휴 문제를 결정짓기 위해서였다.

당시 일본의 도시바는 낸드 플래시 메모리(이하 '낸드 플래시')의 최강자였다. 플래시 전체 시장에서 인텔은 25%의 마켓 셰어(Market Share, 이하 '시장 점유율')로 압도적 우위를 갖고 있었고, 삼성전자의 시장 점유율은 4.6%였다. 그중 낸드 플래시 시장에서 도시바는 기술을 선도하여 점유율 45%를 유지하고 있었다. 그에 비해 삼성은 25%로 2위를 하는 상황이었다. 이러한 상황에서 도시바가 제휴를 제안해왔다. 업계 최고 기업과 손을 잡고 안정적으로 시장을 나눌 것인가, 단독 개발이라는 생사를 건 모험을 한 것인가 고민하지 않을 수 없었다.

이미 1년 전쯤 도시바는 삼성전자에 기술 교류를 제안한 바 있었다. 삼성전자가 도시바에 D램 기술을 전수해주면 도시바에서도 삼성전자에 낸드 플래시 기술을 전수해주겠다는 제안이었다. 그러나 한두 번의 회의 끝에 삼성전자는 고사의 뜻을 전했다. 이후 다시 조인트 벤처(Joint Venture) 제안이 온 것이다.

내가 처음 도시바의 제안 내용을 들은 것은 본사의 한 임원에게서였다. 사장단 회의를 마치고 기흥으로 내려가려는 길에서 반도체에 근무했던 비서실 임원으로부터 "도시바의 조인트 벤처 제안을 들으셨습니까?"라는 이야기를 처음 들었다.

기흥에 바로 내려가 확인해보니 실제로 제안이 있었고 긍정적으로 검토가 되어 이건희 회장에게까지 전달이 된 상태였다. 나는 황급히 이학수 실장에게 면담을 요청하고, 3시간여에 걸친 회의에서 '독자 사업을 해야 하는 이유'를 설명했다. 이미 1998년 내가 연구소장에 재직하고 있을 때부터 삼성 반도체는 플래시 메모리를 준비하며 일본의 기술을 철저히 분석하고 있었다. 그리고 별도의 투자 없이 생산 및 제조에 이를 수 있도록 만반의 준비를 해왔다.

"플래시는 삼성의 미래를 결정짓는 중요한 제품이자 모바일 시장을 리드하는 제품입니다. 현재는 도시바보다 기술 개발이 1~2년 뒤져 있으나 최근에는 512M 플래시 메모리를 개발했고 1G 플래시 메모리는 일본보다 앞서 개발하려고 하고 있습니다. 인텔이 CPU를 주도해 PC 시장을 장악했듯이 우리도 플래시를 주도해 미래 시장을 선점할 수 있습니다."

나는 이학수 실장에게 독자적으로 사업을 할 수 있도록 지원해달라고 강하게 요청했다. 이야기를 다 들은 이학수 실장은 상황을 파악하고 긴급히 일본에 있는 이건희 회장에게 직접 전화를 걸어 '보고 자리'를 마련했다. 도시바의 제안에 호의적이었던 지금까지 내용과 다른 의견이 있으니 직접 일본에 가서 보고하겠다는 내용이었다. 이학수 실장은 실제 나보다 하루 앞서 일본으로 날아갔다.

이학수 실장이 일본으로 향하고 이틀 뒤, 긴급회의 소집 멤버들이 일본 오쿠라호텔에 모였다. 러시아 출장 중인 윤종용 부회장도 일본에 왔다. 나는 한국에서 이윤우 반도체총괄 사장과 함께 일본으로 갔다. 이학수 실장은 보고회의에 앞서 나를 포함한 회의 멤버들을 모아놓고 당부의 말을 전했다.

"이번 회의는 황 사장이 보고하도록 하겠습니다."

도시바의 조인트 벤처 제안에 대해 내가 주도적으로 의견을 낼 수 있도록 포석을 깔아준 것이었다. 보고 회의 장소는 점심시간 즈음에 자쿠로라는 식당으로 잡혀 있었다. 우리가 묵고 있던 오쿠라호텔 바로 옆이었다.

삼성그룹의 최고경영진이 배석한 자리에서 이건희 회장은 "해볼 만한가?"라고 물었다. 우리가 단독 개발로 플래시 메모리 사업을 치고 나갈 수 있느냐는 질문이었다. 나는 망설임 없이 대답했다.

"플래시 메모리는 미래 반도체 산업의 핵심입니다. 일부 기술만 보완하면 승산이 있습니다."

이건희 회장은 또 다른 질문을 던졌다.

"D램이 미래에는 없어진다는데?"

또 주저 없이 대답을 이어갔다.

"PC 시대에서 D램은 CPU의 보조 부품 정도의 역할을 했지만 미래에는 달라집니다. 휴대폰 등 모바일 기기에서는 꼭 필요한 메인 부품이 될 것입니다. 모바일 기기에 맞는 저전력 D램을 이미 계획 중에 있고 이름도 '모바일 D램'으로 정하고 개발 진행 중입니다. 수요는 커질 수밖에 없습니다."

마지막으로 이건희 회장은 자신이 있는지를 물었고 나는 새로운 모바일 시장을 만들어나가겠다며 당차게 대답했다. 대답을 들은 이건희 회장의 얼굴에 웃음이 번지는 것을 봤다. 뒤이어 이건희 회장은 전혀 이의를 달지 않고 "기분 나쁘지 않게 정중히 거절하고 우리 페이스대로 나가도록 하지"라고 지시했다.

나중에 안 일이지만 이건희 회장은 이미 여러 경로를 통해서 도시바의 제의 내용을 소상히 파악하고 있었으며 메모리를 지휘하고 있는 나를 최종적으로 불러 의견을 들어본 것이었다. 이 자리에는 이학수 실장, 윤종용 부회장, 이윤우 반도체총괄 사장이 배석했지만 보고는 나의 몫이었다. 시간은 생각보다 길지 않았다.

그렇게 도시바가 삼성전자를 끌어들여 낸드 플래시 시장을 독점하겠다는 계획은 무산됐다. 삼성전자는 안정적으로 1위 사업자와 시장을 나누는 대신 승부수를 던지기로 했다.

불과 몇 개월이 지난 2001년 가을, 삼성전자는 세계 최고의 집적도를 자랑하는 1G 플래시 개발에 성공했다. 역전의 시작이었다. 1위 업체의 유혹을 뿌리치고 독자 노선을 걷기로 한 지 1년 만에 삼성전자는 도시바를 따라잡고 순위를 역전시키는 기염을 토했다.

2002년 10월, 삼성전자는 투자설명회(IR)를 열었다. 그 자리에서 플래시 메모리 매출을 11억 달러로 잡고 있다고 밝혔다. 발표가 끝나자 한 애널리스트가 의아한 표정으로 손을 들고 물었다.

"시장 조사기관인 D사는 올해 낸드 플래시 세계 시장을 7억 달러로 예상했습니다. 삼성전자는 시장 규모보다 더 많이 팔겠다는 이야기입니까?"

그러나 매출 결과는 삼성이 예상한 그대로였다. 시장 조사기관이 예상한 7억 달러보다 4억 달러가 많은 11억 달러였다. 어떻게 이 같은 일이 가능했을까?

과거의 전자기기에 들어가는 부품 대부분은 전자기기 업체의 주문 통보로 판매됐다. 전자기기 업체는 독자적으로 부품 사양을 결정한 후 반도체 공급 업체에 주문을 넣었다. 그러나 플래시 메모리는 달랐다. 삼성전자는 세계 유수의 디지털 업체와 설계 과정에서부터 공동으로 참여했다. 사양 및 출시 시기까지 함께 결정했다. 플래시 메모리가 IT 산업 전체를 드라이브하는 핵심 부품이 되면서 능동적으로 예상 매출을 확정할 수 있게 됐다.

이에 비해 시장 조사기관은 어떤 제품이 어떻게 판매될지 실시간으로 파악하기 힘들어서 예상에 어려움이 있다. 일례로 플래시 메모리의 최대 수요처인, 당시 디지털카메라 시장은 기관의 예상이 얼마나 잘 빗나갈 수 있는지 보여준다. 2002년 말, 한 조사기관은 '2003년 디지털카메라 시장 전망'을 2,300만 대로 발표했으나 뚜껑을 열어보니 전년 대비 95% 성장한 4,500만 대였다. 당시 플래시 메모리 공급량은 시장 수요의 절반밖에 안 되어 극심한 부족 현상을 겪었다. 이 덕분에 '메모리 시장 사양론'은 보기 좋게 일축됐다.

〈플래시 전체 시장에서 인텔과 마켓 셰어 추이〉

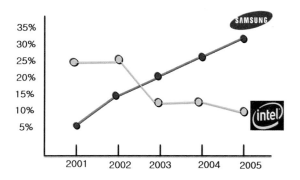

〈낸드 플래시 시장에서 도시바와 마켓 셰어 추이〉

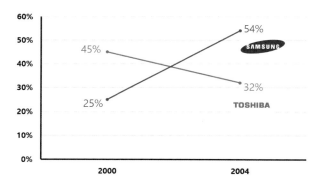

시간이 지날수록 삼성전자의 역전승은 확실해졌다. 삼성전자의 낸드 플래시 점유율은 2000년 25%에서 2002년 45%, 2004년에는 54%로 급등했다. 반면, 도시바는 2000년 45%에서 2004년 32%로 급감했다. 불과 2년 만에 판세는 완전히 역전됐다. 삼성전자는 플래시 메모리 전체 시장에서 2000년 3%로 시작해 2002년 14%, 2005년에는 35% 정도 점유하고 있는데 2021년 현재까지도 이 점유율은 유지되고 있다.

자쿠로 미팅에서 이건희 회장에게 한 약속을 지킨 것이다. 도시바와의 역전이 이뤄졌다. 하버드 비즈니스 스쿨(Business School, 경영대학원) HBS 케이스 스터디(이하 'HBS 케이스 스터디')를 하는 동안 교수들이나 학생들로부터 "그렇게 짧은 시간 내에 1위 업체가 역전이 되는 것은 산업사에 거의 없는 일"이라는 객관적 평가를 들었다.

"후배들은 언제 1등을 해보나?"

당시 이건희 회장의 '정확한 판단과 전폭적인 지원'은 모든 성과의 초석이 됐다. 나 역시 그날로 돌아가면 같은 대답을 하겠지만 '어찌 그리 당당할 수 있었을까?'라는 생각에 잠긴 때도 있었다. 젊은 시절 내가 그토록 자신에 넘쳤던 것은 플래시 메모리 시장에 대한 확신이 있었고 각종 연구를 통해 미래 트렌드 분석과 전략으로 만반의 준비를 했기 때문이었다. 그러나 이건희 회장의 리더십은 단순히 미래에 대한 혜안이 풍부하다는 표현으로도 설명할 수 없는 무언가가 더 있다고 본다.

2001년은 '50년 IT 역사 중 최악의 해'라 불릴 만큼 한 치 앞도 모를 위기의 시기였다. 반도체에서 적자가 나느냐 마느냐 고민이 상당했다. 그런데 그 와중에 나의 어깨를 짓누르던 또 하나의 고민은 이미 개발을 완성한 '12인치(300밀리미터) 웨이퍼'의 양산 투자였다.

웨이퍼는 반도체의 원료인 둥근 원판으로 메모리 제품에서는 8인치(200밀리미터)가 상용화되고 있었다. 한 번에 많은 제품을 찍어 단가를 낮춰야 하는 메모리 반도체의 특성상 12인치 웨이퍼는 8인치 웨이퍼보다 경쟁력이 상당했다. 하지만 IT 불황이라는 상황에서 조 단위의 투자금이 들어가는 웨이퍼 개발과 양산에 박차를 가하기에는 무리가 있었다. 그러던 어느 날 이건희 회장으로부터 전화가 걸려왔다.

"황 사장, 요즘 여러 가지로 어렵지? 어떻게 연구, 개발은 잘 진행되고 있는가?"

간단한 인사말 뒤에 이 회장은 단도직입적으로 물었다.

"다른 나라의 12인치 개발 상황은 어떤가?"

당시에는 독일의 지멘스가 정부의 지원을 받아 투자 결정을 하고 12인치 웨이퍼 양산을 막 시작하고 있었다. 이야기를 들은 이건희 회장은 뜸을 들이지 않고 다음 질문을 했다.

"우리 개발은 어떻게 돼 가는가?"

이미 1~2년 전 프로토 타입(Prototype)을 개발해 '자랑스러운 삼성인상 내(內) 기술대상'의 대상을 받은 것을 이건희 회장도 알고는 있었다. 나는 양산에 대한 준비는 거의 했으나 최악의 IT 불황 때문에 선뜻 투자를 결정하지 못하고 있는 상황을 설명했다. 이때 이건희 회장의 질타가 쏟아졌다.

"황 사장, 황 사장은 이때까지 큰 목표를 향해 달려서 1등도 해보고 지금 자리에 왔지만, 황 사장이 지금 투자를 안 하면 후배들은 언제 1등을 해보고 글로벌 1등을 지킬 수 있겠나?"

이건희 회장은 본사 차원의 적극적인 지원을 약속하며 12인치 양산 투자를 시작하라고 독려했다. 이 덕분에 현재까지도 상용화되고 있는 12인치 웨이퍼 양산은 순조롭게 이뤄졌다. 아직도 당시의 투자 결정을 두고 언론은 '위험을 품은 과감한 투자'로 묘사하고 있다. 삼성전자는 12인치 웨이퍼로 시장에서 치고 나갔고 '결단과 성공의 수레바퀴'를 만들어나갔다.

20년 동안 12인치 생산 라인은 화성사업장(9개)을 시작으로 기흥, 평택, 미국 오스틴, 중국 시안까지 총 17개로 늘었다. 세계 최고 기술과 제조 생산 능력을 갖춘 압도적인 모습으로 한국 경제를 지키는 든든한 버팀목이 되고 있다.

원하는 미래를 위해 오늘 선택을 하다

이런 일도 있었다. 2003년에 코엑스에서 대통령 주재 경제 총수 회의가 있었다. 이건희 회장과 함께 참석했는데 삼성그룹 대표 발표는 내가 맡았다. 끝나고 나오는 길에 "차나 한잔하고 가지"라는 이야기를 듣고 이건희 회장과 동석하게 됐다.

반도체 업계 현황과 앞으로의 개발 로드맵에 대한 설명으로 시작된 대화는 이건희 회장의 자택 응접실까지 이어졌다. IT에서 소프트웨어가 더 중요해지는 것 아니냐며 관련 인력 확대에 대한 이건희 회장의 질문에 반도체에도 소프트웨어가 중요하다고 답변했다. 이건희 회장은 박사급 전문가들이 이해할 법한 이야기를 모두 듣고 "미래 10년을 내다보고 창의적인 연구팀을 만들어보면 어떻겠는가?"라고 물었다. 가벼운 분위기에서 오간 이야기지만 사안의 중요도가 느껴졌다.

그다음 날 회사로 출근하자마자 연구소와 설계팀에 "지금의 한계를 뛰어넘는 기술팀을 만들어봅시다"라고 제안했다. 공정, 소자, 설계 관련 핵심 인력을 중심으로 7~8개의 미래 연구팀을 구성했다. 이 중에는 소자 프로젝트인 신개념의 플래시 메모리 CTF 외 설계, 공정 프로젝트가 포함돼 있었다. 적게는 3~4명, 많게는 10명 이내로 구성된 프로젝트(워킹그룹)는 창의적이고 도전적인 과제들을 진행했다. 그렇지 않아도 몇 년 전 연구소장에 취임한 후부터 연구팀을 만들어 다양한 아이디어를 취합하고 있었다.

CTF는 오늘날 반도체 기술의 혁신을 대표한다고 일컬어질 정도로 혁신적인 기술이다. CTF팀을 이끌었던 최정달 부장(현재 SK하이닉스 부사장)은 2001년 삼성종합기술원에서 열린 우주과학자를 초청한 세미나에서 "부도체를 이용한 기술 가능성이 CTF라고 하는 혁신 기술을 만드는 데 단초가 됐습니다"라고 이야기했다. 이처럼 기존의 도체를 게이트로 사용한 낸드 플래시는 미세화로 셀 사이 간섭 현상이 심해 성능 저하가 우려됐다. CTF 기술은 구조를 단순화하고 용량을 증대하기 위해서 고층 건물을 올리듯 얇은 막의 셀을 수직으로 쌓을 수 있는 기술 개발을 통해 혁신적 패러다임의 전환을 가져왔다.

후일 최정달 부사장은 이 새로운 기술 개발의 어려움을 이야기했다. 본인이 주로 개발을 해야 했는데 생각보다 원하는 특성을 얻기가 힘들었다고 한다. 당시에는 타 부서의 도움도 체계적으로 받을 수 없다 보니 산적한 문제를 풀기가 불가능했다. 혼자서 고민이 깊어지고 몇 번이고 포기하고 싶은 마음까지 일었다고 한다.

그러던 차에 이건희 회장의 미래에 대한 관심으로 미래 연구팀이 구성되어 일사천리로 진행했다. 이건희 회장은 연구팀에 기본적으로 상위 평가를 주는 것도 당부했다. 희박한 가능성과 현실적 어려움 때문에 그동안 시도하지 못했던 다양한 연구를 진행했다.

CTF 기술이 개발되고, 아직 제품으로 완성되기 전에 이건희 회장에게 진행 상황을 보고하는 자리가 마련됐다. 비서실에서 설계, 공정, 소자 팀장들과 저녁식사 자리를 만든다는 이야기를 전달받았다. 개발 주역들을 격려하는 자리가 마련된 것이다. 여러 임원진까지 배석한 자리에서 나는 각 팀장을 소개했다.

"이제 일본 도시바와 미국 샌디스크에 주던 기술료를 주지 않아도 됩니다. 역으로 저희가 기술료를 받게 될 겁니다."

나는 2003년 세계 최고 권위 학회인 IEDM(International Electronic Devices Meeting)에서 세계 최초로 발표될 CTF 기술 논문을 보여주며 플래시 메모리 원천 기술의 개발을 이야기했다.

나는 그때 이건희 회장의 눈에 이는 감동을 봤다. "우리가 이제 반도체 부문에서, 세계에서 앞선 기술을 갖게 되었군"이라며 몇 번이고 고개를 끄덕였고, 미소를 머금은 표정으로 나를 봤다. 당시만 해도 삼성전자를 포함해 많은 기업이 외국에 기술료를 내고 제품을 생산했

2003년 10월 플래시 메모리 개발자를 격려하는 저녁 모임에서 이건희 회장에게 70나노 4G 낸드 플래시 웨이퍼를 전달했다.

다. 미국에서 일본으로 패권이 넘어간 반도체 역시 기술료가 상당했다. 그런데 삼성에서 새로운 기술을 먼저 개발함으로써 상황이 역전된 것이다. 이건희 회장은 누구보다 그 중요성과 의미를 잘 알고 있었다. 원천 기술이 곧 힘이고 미래라는 것을!

CTF는 플로팅 게이트 낸드 플래시의 기술 한계를 완전히 뛰어넘는 혁신 기술로, 2005년과 2006년에도 IEDM 학회에서 발표되어 최고 혁신 논문으로 선정됐고 여러 건의 원천 특허와 수백 건이 넘는 응용 특허를 확보하며 플래시 기술의 표준이 됐다.

물론 타 부서의 많은 지원이 있었기에 가능한 일이었다. 이건희 회장의 지시 이후 나는 연구팀에 팀원 6~7명을 보강해주고 산적한 문제도 함께 고민했다. 무엇보다도 설계팀의 지원이 원활히 되도록 했다. 어떤 기술이든 실제 제품으로 완성되려면 기술 개발자와 설계 담당자가 소통하며 실현 가능성을 타진해야 했다. 실제 설계팀의 지원 이후 기술 개발 자체에도 가속도가 붙었다. 그리고 약 2년 후 "한번 더 힘을 내보자"고 의기투합했던 팀에서 CTF 기술 개발이라는 대형 사고를 터뜨리게 되었다.

세계 최초로 개발한 CTF 30나노 64G 낸드 플래시

2006년에 세계 최초 45나노 32G CTF 플래시를 개발했다. 그리고 2007년에는 단을 쌓을 수 있는 기술이 개발되어 기존의 평면 구조에서 입체 구조로 바뀌게 되었다.

세계 최초로 3D 구조로 개발된 24단의 30나노 64G CTF 플래시가 개발됐다. 현재는 128단이 상용화되고 있다. 이는 인텔이나 도시바의 플로팅 게이트 플래시보다 집적도와 성능, 그리고 원가 경쟁력이 월등히 뛰어나다. 경쟁사들도 이제 CTF 기술을 사용하고 있다. 앞으로도 우리의 CTF 플래시 메모리 기술이 상당한 기간 동안 사용될 것으로 보인다.

KT 회장으로 있었던 2014년, 시진핑 주석이 한국을 방문했을 때 재계 총수들과 청와대에 모인 적이 있었다. 이재용 부회장은 나를 보자마자 손을 잡고 "회장님이 CTF를 만들어주셔서 너무 고맙습니다"라는 인사를 건넸다. "만들기는 우리가 했지만 후배들이 잘해줘서 지금의 삼성이 있는 거 아닙니까?'라고 화답했다.

이러한 초석들이 쌓여 현재까지 삼성전자는 세계 1위 반도체 기업으로 자리를 굳건히 하고 있다. 2020년 삼성전자의 실적은 코로나19라는 팬데믹(Pandemic) 악재 속에서도 매출 236조, 영업이익 35조 원이라는 놀라운 성과를 보여줬다.

이건희 회장은 미래에 대한 혜안뿐만 아니라 임파워먼트(Empowerment)를 통한 리더십까지 갖춘 CEO였다. 나는 이건희 회장을 초대한 많은 자리에 대신 서기도 했다. 2005년 10월에는 '닛케이포럼'에 나가 이건희 회장을 대신해 기조연설을 했다. 닛산자동차의 카를로스 곤 회장, 델컴퓨터의 마이클 델 회장을 포함해 내로라하는 인사들이 포진한 자리였다. 이건희 회장은 미래를 위해서 인재 육성과 권한 위임, 신뢰 경영을 추진했다. 이러한 이건희 회장의 리더십은 이후 내게도 큰 영감을 줬다.

통찰, 위기의 시대를 뚫고 가는 힘

2002년 2월 나는 ISSCC(The International Solid-State Circuits Conference) 학회에서 일명 '황의 법칙'을 4,000여 명의 반도체 전문가 앞에서 발표했다(ISSCC 학회는 세계 반도체 학회 중 가장 규모가 큼). '앞으로 메모리 반도체에 대한 수요는 폭발적으로 늘어날 것이며, 그에 따라 메모리 용량도 매년 2배씩 기하급수적으로 증가할 것'이라는 내용이었다. 바로 '메모리 신성장론'이다. 정설로 알려진 '무어의 법칙'을 깨는 메모

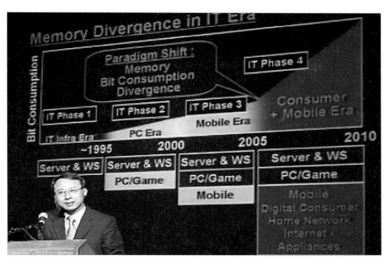

2002년 2월 ISSCC 총회에서 '황의 법칙'을 발표했다.

리 신성장론은 학계는 물론 산업에서도 큰 반향을 일으켰다.

처음 총회의 기조연설 제안을 받은 것은 2001년이었다. 당시에는 CPU가 주도하는 PC 산업이 디지털 세계의 중심을 차지하고 있었다. CPU 성능 향상 추세에 따라 새로운 PC가 나왔고 CPU 속도에 의해 PC 가격이 결정됐다. D램은 PC에 들어가는 부속품의 하나일 뿐이었다. PC 시장의 경기가 안 좋으면 독자적으로 사업 영역을 가져가기 어려웠다. 그러다 50년 만에 최악의 IT 불경기까지 닥쳐왔다. 2001년 3월 개당 10달러 하던 128M D램 가격이 10월에는 80센트 아래로까지 떨어졌다.

그런 상황에서 이듬해인 2002년에 반도체가 모바일 시대를 이끌 것이라는 낙관적 전망은 모두의 예상을 넘어선 것이었다. 대반전의 시작이었다. 정확히 시장의 변곡점과 기술의 변곡점을 짚어내고 있어 청중들의 놀라움은 더 클 수밖에 없었다.

"지금까지는 CPU 속도에 따라 PC 값을 지급했지만, 미래에 PC 기능마저 휴대폰에 들어오는 모바일 시대가 열리면 속도는 중요하지 않습니다. 속도라고 하는 것은 네트워크 환경에 의해서 정해지기 때문입니다. 지금은 정보 단위가 문자지만 앞으로는 음악, 영상이 정보 단위가 될 것입니다. 따라서 플래시 메모리 용량에 따라서 가격이 정해집니다. 이것이 메모리 신성장론, 즉 황의 법칙의 핵심입니다."

기조연설 제안을 받고 한 치 앞도 알 수 없는 악재 속에서 나는 더 연구에 매진할 수밖에 없었다. 수많은 논문을 읽고 트렌드를 예측했다. 고객과 시장의 흐름을 읽기 위해 전문가들을 찾아다니는 등 더욱 발길이 바빠졌다.

이러한 메모리 신성장론을 바탕으로 나는 모두 IT의 불황을 이야기할 때 반대로 움직였다. 200여 명의 상품기획팀을 두고 업계와 고객의 동향을 점검하며 기술 투자에 나섰다. 사내 부서들이 모두 모여 전략회의를 가지면서 빠르고 정확하게 정보를 리뉴얼했다.

다음 해인 2003년 전 세계 플래시 메모리 수요량은 공급량의 2배에 달했다. 지금까지도 스마트폰과 패드 시장은 메모리 용량에 따라 가격이 정해지고 있다.

2004년 매사추세츠주립대학에서 수여하는 최고동문상(Distinguished Allumnus Award) 시상식이 주청사 중앙홀에서 열렸다. 이날 오후에는 미국 동부 지역 인재를 확보하는 차원으로 MIT 빌게이츠강당에 특강이 준비돼 있었다. 400명 정도 학생으로 가득 찼고 100여 명의 학생이

2004년 MIT 빌게이츠강당에서 특강을 했다.

입장을 못 해서 강연장 양쪽 문을 열어둔 채 강의를 시작하는 해프닝
이 벌어지기도 했다.

학생들은 숨을 죽인 채 너무도 진지하게 반도체 시장에 대한 나의
이야기를 경청해줬다. 1시간 정도의 강의가 끝난 후에는 쏟아지는 질
문에 정신이 없었다. 예상했던 시간보다 10여 분이 더 흘러 강의를 마
쳐야 했다. 정리하려는 찰나에 마지막으로 질문이 하나 더 나왔다.

"저는 도시바 반도체 연구원 출신으로 MIT에서 박사 과정을 밟고
있습니다. 지금까지 저는 낸드 플래시를 세계 최초로 제안하고 개발
한 도시바가 업계에서 독보적인 위치를 차지하고 있다고 알고 있었습
니다. 그런데 오늘 강연자께서 삼성전자 반도체가 도시바를 꺾고 상
당한 격차로 앞지르고 있다고 하셨는데요. 그 구체적인 이유는 무엇

입니까?"

도발적인 질문에 학생들은 숨을 죽였다. 나는 대답을 정리하기 위해 잠시 시간을 벌고자 질문을 던졌다.

"학생은 일본에서 왔습니까?"

그 순간 수십 명의 한국 학생이 포함된 청중석에서 웃음이 터져나왔다. 그렇게 수십 초의 시간을 번 나는 차근차근 답변했다. 질문자가 지적한 대로 일본은 한동안 반도체 업계에서 독보적인 위치를 차지했었다. 그것도 불과 얼마 전까지 말이다. 그 이유를 나는 잘 알고 있었다.

"일본은 세계 최고의 '기술의 필라(Pillar)', 즉 장인들로 구성된 누구도 넘볼 수 없는 집단을 가지고 있습니다."

내가 하고 싶은 이야기는 이제부터였다.

"그에 비해 한국인은 기술의 깊이는 깊지 않지만 동기 부여가 강하고 인터그레이션(Integration, 통합) 능력이 뛰어난 면을 갖고 있습니다."

그리고 나는 잠시 쉬었다. 장내는 다시 정적이 흘렀다. 장내가 살짝 소란스러워졌을 때 나는 마지막 대답을 했다.

"그리고 이보다 더 중요한 차이가 있습니다. 바로 체어맨 리(Chairman Lee)입니다. 체어맨 리가 있어서 모든 것이 가능했습니다."

삼성전자에서 나는 꿈을 꾸는 엔지니어였다. 이건희 회장은 누구보다 나의 꿈을 믿어줬다. 반도체 시장이 아무리 안 좋고 시장이 수시로 변해도 이건희 회장은 결정과 지원을 아끼지 않았다. 그것이 삼성전자 반도체를 만들었다. 낸드 플래시 시장에서 삼성전자가 도시바를 역전하고 격차를 넓히는 데는 불과 2년도 걸리지 않았다. 플래시 전체 시장에서 인텔의 독주와 낸드 플래시 시장에서 도시바의 독주는 이전에 십수 년간 유지됐고 이후로도 바뀔 것 같지 않았다. 세계 산업계는 삼성전자의 추격과 역전이 전에도 없고 후에도 없을 일이라고 표현했다. 그것은 사실이었다.

나의 설명을 들은 청중들은 아주 큰 박수갈채를 아끼지 않았다. 그렇게 강의는 끝이 났다.

2005년 초 아이팟 나노에 플래시 메모리가 탑재돼 시장이 폭발적으로 성장했다. 이후 10년 동안 IT 시장은 모바일 빅뱅을 거쳐 스마트 시대로 접어들었고, 1년 주기로 플래시 메모리가 2배씩 성장한다는 황의 법칙은 지켜지고 있다.

2005년에는 하버드대학에서 가장 큰 강의장인 버든홀에 1,000명이 넘는 교수와 학생들이 나의 이야기에 귀를 기울였다. 경영대학원 1학년 전 학생을 대상으로 반도체 케이스 스터디를 진행한 것을 기념하고, 이건희 회장이 첫 번째로 강조한 인재 확보를 위한 자리였다. 나는 모바일 시대를 선언할 수 있었던 배경에 관해 설명했다. 애플에 반도체를 공급하면서 전면적 협력을 맺는 시발점이 됐다.

2016년, 나는 KT의 CEO로 다시 하버드대학을 방문했다. 당시 주제는 B2C(Business To Consumer) 영역에서 일어난 네트워크 혁신(기가토피아) 이야기였다. 강산이 한 번 바뀐 사이 나는 B2B(Business To Business) 영역의 리더에서 B2C 영역의 경영자가 되어 있었다. 그래도 통신 시장의 수장에게도 반도체의 영향은 대단한 것이었다. 나는 800여 명 학생 앞에서 2TB(테라바이트)의 SSD(16테라비트, 132쪽 참고)를 선보였다. 2001년에는 1G 낸드플래시를 선보였고, '황의 법칙'을 선

2005년 하버드대학 버든홀에서 특강을 했다.

언한 2002년에는 2G 낸드플래시를 선보였다. 2001년을 기준으로 할
때, 15년간 매년 2배의 용량을 갖는 메모리가 상품화되었음을 확인시
켜준 것이다. 5G가 상용화되는 상황에서 메모리 수요 증대는 지속적
인 성장이 예견된다. 동영상 활용이 폭발적으로 늘어나면서 메모리
성장세 역시 지속될 것이다.

　배움과 경험을 통해 나는 위기의 때일수록 통찰은 매우 강력한 힘
을 발휘한다는 것을 깨달았다. 누구에게나 미래라는 시간은 공평하
다. 꿈꾸던 미래를 현실로 만들고자 하는 이들은 미래를 내다보는 눈
으로 과감한 선택을 해야 한다. 그것이 미래를 위한 투자라면 결코 후
회는 없을 것이다.

02 뜨거움은 가슴에 품은 명확한 비전에서 나온다

| 스티브 잡스 |

20대는 누구에게나 가능성의 시절이다. 나 역시 그러했다. 학과 공부는 물론이고 음악, 운동 등 관심이 가는 것에 머물렀다.

평소에는 도서관과 연구실에서 반도체에 관한 자료를 찾고 연구를 했다. 그러다 하루는 국립극장에 가 공연을 관람하고, 하루는 테니스 대회에 참석하기 위해 휴일에도 학교를 찾았다. 서울공대 부산고 동문회장을 하면서 사람들과 어울리는 역량을 키우기도 했다.

자연스럽게 멀티태스킹(Multitasking)을 몸에 익히는 시절이었다. 그런 중에도 '가야 할 길이 보이는 순간들'은 우연처럼 찾아왔다.

광화문에서 찾은 앤디 그로브의 책, 그리고 두 천재와의 만남

1975년, 광화문 서점에서 앤디 그로브(Andy Grove)의 책(《Physics and Technology of Semiconductor Devices》)을 만났다(책 제목은 '반도체 소자 기술과 물리학' 정도로 번역할 수 있겠다).

비공학도에게 앤디 그로브는 낯선 인물일지 모르나 '무어의 법칙'의 고든 무어, 로버트 노이스(Robert Noyce)와 함께 '인텔의 설립자 CEO'로서 오랫동안 명성을 떨쳐온 인물이다.

1968년에 인텔을 설립하고 1987년부터 1997년까지 인텔의 사장으로 일하며 인텔을 세계 최고의 반도체 기업으로 만들었다. 또한, 오랜 기간 인텔을 세계 최고의 기업으로 이끈 수장이었다. PC 중심의 IT를 만든 CEO이기도 하다. 전기전자 분야의 세계 최고 권위 단체이자 미국 전기전자학회인 IEEE(Institute of Electrical and Electronics Engineers) 학회는 그의 업적을 기려 반도체 기술 분야에서 최고 권위를 자랑하는 '앤디 그로브상'을 만들어 수여하고 있다.

앤디 그로브의 책은 집적회로와 반도체 소자에 대한 '물성과 동작 이론'을 담고 있었다. 내가 대학을 다닐 때만 해도 실리콘 기판 위에 여러 개의 전자회로가 배열되는 집적회로(IC, Integrated Circuit)는 새로운 기술이었다. 손톱만 한 칩 속에 전자, 물리, 화학 등 이공계 학문이 모두 들어가 있으니 알면 알수록 흥미로웠다.

책을 읽으면서 반도체의 매력에 점점 더 빠져들었다. 아날로그에서 디지털로 전환되는 중심에 반도체가 있다는 생각을 하게 된 나는 앤디 그로브의 책을 이정표 삼아 미래를 계획했다. 반도체를 연구하겠다는 명확한 비전을 세우고 대학원 진학을 결정한 것이다.

대학원에서 반도체 공부는 사실 수월하지 않았다. 내가 공부를 시작했을 때만 해도 우리나라의 반도체 산업은 선진국보다 훨씬 뒤처져 있었다. 우리나라에서는 유일하게 한국반도체라는 회사가 있었는데, 막 삼성그룹에 인수된 상태였다.

석사 논문을 위한 실험이 필요했지만 실험실이 없어서 소규모로 연구 실험실을 만들고 한국반도체로부터 2인치짜리 웨이퍼(실리콘 기판)를 구해 실험했다. 당시 한국반도체는 디지털시계에 들어가는 칩을 만들고 있었는데 그나마도 정상적인 웨이퍼를 구하기 어려워 깨진 웨이퍼를 얻어다 실험을 진행해야 했다. 그래도 서울대와 과학기술원 학생들과 어울려 스터디를 하고 발제도 하며 나름 즐겁게 열중할 수 있었다.

그리고 1977년, 또 다른 중요한 사건이 펼쳐졌다. 세계 최초로 트랜지스터를 개발해 1956년에 노벨물리학상을 받은 윌리엄 쇼클리(William Bradford Shockley)가 서울대에 방문해 특강을 진행한 것이다. 간발의 차이로 특강을 놓친 나는 세미나 멤버의 구연을 통해 반도체(Semiconductor)를 '세미콘닥터'가 아닌 '세마이콘닥터'로, '이온'을 '아이온'으로 발음하며 자신만의 반도체 세계를 설명한 윌리엄 쇼클리의 이야기를 전해 들을 수 있었다. 그렇게 반도체의 대가들을 직간접적으로 만나며 내가 가야 할 길이 점차 선명해지는 느낌을 받았다.

이후 매사추세츠주립대학에서 전자공학 박사 학위를 받고 반도체의 메카인 실리콘밸리의 스탠퍼드대학에서 연구와 실험에 열중했다. IBM과 텍사스인스트루먼트 같은 글로벌 기업의 스카우트 제의를 거절할 수 있었던 것은 현실적 만족이 아닌 '반도체 연구'라는 확고한 비전이 있었기 때문이었다. 스탠퍼드대학에 있을 때는 인텔과 HP에 컨설팅을 하고 있어서 최신 기술에 대한 접근이 가능했고 전문가들과의 교류도 활발했다.

그곳에서 나는 우상들과 감격스러운 만남을 가질 수 있었다. 나의 스탠퍼드대학 연구실 앞방은 70대 후반 명예교수의 연구실이었다. 다름 아닌 노벨상 수상자로 서울대에서 강의했던 윌리엄 쇼클리였다. 아내의 부축을 받으며 연구실로 들어서던 윌리엄 쇼클리를 발견했을 때의 감격은 아직도 생생하다.

며칠 후, 나는 박사 학위 논문을 들고 윌리엄 쇼클리의 연구실을 두드렸다. 논문은 그가 처음 제시한 핫 일렉트론 이론을 적용한 것으로 제목은 '초고속 반도체 소자의 특성 및 연구'였다. 반도체에 강한 전기장이 적용되면 전자가 높은 에너지를 받게 되는데 윌리엄 쇼클리는 이것을 핫 일렉트론(Hot Electron, 뜨거운 전자)이라고 불렀다. 그의 이론이 없었다면 나의 논문 또한 존재할 수 없었을 것이다.

평소 고집스럽다는 평가를 받는 그였지만 친절하게 나를 맞아주고 나의 논문을 주의 깊게 살펴봤다. 나는 20대 때 그의 특강을 전해 들은 이야기와 반도체 공부에 확신을 하게 된 계기 등을 이야기했다. 긴장과 설렘이 넘치던 시간이었다.

감격의 순간은 그뿐만이 아니었다. 컨설팅을 위해 찾은 인텔의 식당에서 나는 앤디 그로브 회장을 직접 만났다. 전 세계 반도체 분야의 거장으로 나의 반도체 인생에 가장 큰 영향을 주었다고 해도 과언이 아닌 인물이었다. 그는 강한 카리스마를 발휘하며 인텔을 세계 최고이자 최강의 반도체 기업으로 키워놓았다. 나는 서슴없이 그에게 다

세계 최초로 트랜지스터를 개발하여 1956년에 노벨물리학상을 수상한 윌리엄 쇼클리(왼쪽)
1968년에 인텔을 창업하고 25년간 인텔 CEO로 재직한 앤디 그로브(오른쪽)
출처: 위키피디아

가가 인사를 나눴다.

　인텔 본사에서 주 2회 컨설팅을 하던 어느 날, 점심식사 후 앤디 그
로브를 만나 인사를 나눴다. 식당에서 회장실까지 함께 걸으며 그와 이
야기를 나눴다. 그의 사무실은 회장실이라고는 하지만 일반 연구원들
이 쓰는 책상보다 좀 더 큰 책상, 그리고 회의할 공간이 있는 정도였다.
상하 고하를 막론하고 벽 없이 소통하는 인텔의 분위기를 단번에 느낄
수 있었다. 나는 책으로 시작된 그와의 인연과 반도체에 대한 비전, 그
리고 연구 과제들을 서슴없이 이야기했다. 캐주얼한 차림의 앤디 그로
브는 진지하고도 사려 깊게 나의 이야기를 들어줬다. 그리고 "차차세
대 CPU에 사용되는 0.35마이크론 트랜지스터 기술은 어떤 기술이
고, 특성은 어떠한가요?" 등의 질문을 했다.

나는 광화문에서 앤디 그로브의 책을 발견하면서 삶의 비전을 세웠고, 한참 연구에 몰두하던 시절에 반도체의 전설인 두 천재를 연달아 만나며 가슴의 열정을 또 한 번 불태우는 행운을 누렸다. 이 덕분에 명확한 비전을 세우고 목표를 향해 맹렬히 달려올 수 있었다.

돌아보면 연구실에서의 몇 년은 내게 '완전 연소'의 시간이었다. 그날의 몰입이 없었다면 지금의 나도 존재하기 어려웠을 것이다. 그리고 살아가면서 완전 연소를 경험한 몇 명의 스승을 더 만나게 된다. 지금은 세상에 없는 벗, 스티브 잡스(Steve Jobs)가 그중 한 명이다.

우리가 할 일은 새로운 세상을 여는 것

2004년 12월 6일 캘리포니아 쿠퍼티노를 찾았다. 이름도 생소한 그곳에서 나는 우리가 사는 세상에 막대한 영향력을 미칠 '중요한 결정(협상)'을 해야 했다.

테이블 너머에는 스티브 잡스와 팀 쿡(Tim Cook, 당시에는 애플 COO였다), 개발총괄 존 루빈스타인(Jonathan J. Rubinstein), 구매총괄 제프 윌리엄스(Jeff Williams), 그리고 핵심 의사 결정자 2~3명 정도가 더 앉아 있었다. 애플의 경영진과 나란히 앉게 된 사연은 이러했다.

3년 전인 2001년, 세계는 낯선 휴대용 오디오 기기 하나에 열광하기 시작했다. 이미 1990년 후반에 한국에서 개발된 MP3 기술에 소형 하드 디스크를 탑재해 1,000곡이 넘는 음악을 휴대하도록 한 이 기기에 전 세계 사람들은 열광했다. 애플의 스마트 생태계를 세상에 알린

'아이팟'이었다.

갓 출시된 아이팟에 소비자들이 열광한 것은 단순히 하나의 기기에 수많은 음악을 담을 수 있기 때문만은 아니었다. 직관적인 디자인, 이전에 없던 음악 생태계(아이튠즈)는 스티브 잡스만이 만들 수 있는 독창적인 것이었다. 아이팟을 통해 애플은 PC 제조사에서 모바일 영토의 강자로 변신에 성공했고 미국 시장에서 승승장구의 길을 걸었다.

그러나 전문가의 눈에 비친 애플의 아이팟은 최고의 성공작은 아니었다. 기술적인 면에서 분명한 결함이 있었다. 휴대용 기기임에도 충격에 약했고 영하의 온도에서는 작동이 잘되지 않았다. 방전도 잘돼서 2시간 이상 사용하려면 충전기를 함께 들고 다녀야 했다.

휴대용 기기임에도 휴대하기에 불편한 것이 아이팟의 특징이었다. 이 모든 불편함은 '하드 디스크'를 장착한 기기의 고질적인 문제였다. 내가 보기에는 하드 디스크 대신 삼성전자에서 개발한 플래시 메모리를 장착하면 간단히 해결될 문제였지만 그것이 말처럼 쉽지 않은 상황이었다.

아이팟이 출시되고 얼마 지나지 않아 삼성전자는 애플에 하드 디스크 대신 플래시 메모리를 탑재해보자는 제안을 보냈다. 그러나 이미 시장에서 독점적 지위를 확보하고 있던 애플은 삼성전자의 제안을 거들떠보지도 않았다. 미국 시장의 점유율이 70%에 달했으니 굳이 비싼 플래시 부품을 사용하면서까지 전면전에 나설 이유가 없었던 것이다. 특히 스티브 잡스는 아이팟 안에 1,000곡을 담을 수 있어야 한다는 데 집착하며 플래시 메모리 가격이 대폭 내려가지 않는 한 하드 디스크를 계속 사용하겠다고 고집을 부렸다.

그런데도 그대로 놓아버리기에 애플이라는 고객이 가진 잠재력은 매우 컸다. 게다가 마침 삼성전자는 하드 디스크보다 충격에 강하고 전기를 적게 소모해 재생 시간을 월등히 높이는 '플래시 메모리'를 개발해놓고 대규모 판로를 찾기 위해 동분서주하는 상황이었다. 이미 시작된 모바일 중심 세상에서 플래시 메모리의 영향력을 확대하기 위해서라도 애플을 잡아야만 했다.

그리고 플래시 메모리는 기능과 편리성 등 모든 면에서 HDD와 비교해 경쟁력이 뛰어났고, 기술 개발 속도가 빨라져서 가격 경쟁력도 점점 향상되고 있었다. 그런 가운데서 나는 플래시 메모리에 대한 자신감으로 2004년 6월에 플래시 메모리를 장착한 MP3를 만들어 애플에 보냈다. 하드 디스크 기반의 기존 제품과 플래시 메모리로 설계된 MP3를 비교 및 사용해보고 두 제품의 극명한 차이점을 확인하길 바랐다. 그 이후는 지루한 기다림의 시간이었다.

그렇게 만 3개월을 넘길 즈음 스티브 잡스에게서 직접 연락이 왔

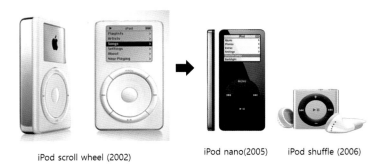

iPod scroll wheel (2002)   iPod nano(2005)   iPod shuffle (2006)

2002년에 출시된 아이팟과 플래시 메모리를 탑재하고 출시된 아이팟 나노(2005년), 아이팟 셔플(2006년)

다. IT 거물들이 모여 있는 캘리포니아 팔로알토에 자신이 영빈관이라고 부르는 장소가 있으니 들러달라는 초대의 메시지였다. 그 순간 플래시 메모리의 경쟁력을 증명하는 정공법이 통했다는 걸 알았다. 기쁜 마음을 진정하고 11월 말 IBM에서 회의를 마친 다음, 팔로알토로 날아갈 일정을 잡았다.

그러나 우리의 만남이 수월하게 진행되지는 못했다. 팔로알토로 가기 위해 비행기를 타러 간 노스캐롤라이나공항에서 발이 묶인 것이다. 대기 중인 비행기를 타러 가는 길에서 비행기 주요 부품의 배터리가 방전돼 이륙이 어렵다는 통보를 받았다. 수리까지 하루나 이틀이 걸린다니 팔로알토로 날아가는 것은 불가능했다. 그때는 정말 심장이 내려앉는 것만 같았다.

깊게 숨을 몰아쉬고 직접 스티브 잡스에게 전화를 걸었다. 상황을 설명하고 아쉽다는 말도 잊지 않았다. 그런데 스티브 잡스의 반응이 의외였다. 기분이 상해 "그럼 다음 기회에…"라며 전화를 끊을 것만 같던 그가 실망한 기색이 역력한 목소리로 "12월 초라면 회의를 할 수 있습니까?"라며 적극적으로 다음 일정을 잡는 것이 아닌가! 애플이 삼성전자의 플래시 메모리를 채택할 것을 확신한 나는 일단 한국으로 돌아가 반도체 30주년 기념 행사를 마친 후 다시 돌아오겠노라고 약속했다.

사실 전화를 마치고 나는 정식 계약까지는 지난한 과정이 남아 있겠지만, 애플에 삼성전자의 플래시 메모리 탑재는 반드시 실현될 것임을 알았다. 그리고 이제 곧 세계인에게 펼쳐질 '모바일-스마트 기기의 시대'를 떠올렸다. 시간과 장소에 구애받지 않으면서 인터넷에 접속하고, 원하는 정보를 다운받을 수 있어서 전 세계가 온라인으로 연결되는 새로운 미래가 코앞에 와 있다는 것을 직감했다.

삼성과 애플이 함께 연 '모바일-스마트 시대'

쿠퍼티노의 애플로 가기로 한 당일 삼성에서는 반도체 사업 30주년을 맞는 행사가 열렸다. 이건희 회장이 직접 삼성전자 반도체 화성단지로 와서 30주년 축하 인사를 전했다.

당시에는 12인치 웨이퍼 제조 라인이 완성되었고, 추가 건설도 속속 진행하고 있었다. 반도체총괄이었던 나는 보고 자리를 마련하고 여러 현안을 보고했다. 보고한 현안 중에는 반도체 관련 인력 확보의 중요성에 대한 것도 있었는데 이듬해인가 성균관대학교에 반도체공학과가 만들어졌다.

당시 애플과 플래시 메모리 계약은 중요한 사안이었다. 곧 쿠퍼티노 출장이 계획돼 있다는 보고를 들은 이건희 회장은 애플과 좋은 관계가 만들어지길 바란다는 당부를 했다. 이전에 노키아와 함께했던 협업이 삼성전자의 큰 자산이 된 것을 경험했기 때문에 그런 당부를 했다고 생각했다(노키아와의 협업은 뒤에서 설명하겠다). 모두가 애플과의 협업이 또 다른 기회가 될 것이라는 기대를 전달해줬다.

출발하기 며칠 전에는 이재용 상무가 내게 전화해서 출장에 동행하고 싶다고 했다. 이재용 상무도 반도체 업무를 맡고 있었으므로 흔쾌히 함께 가자고 했다.

애플 본사에서 스티브 잡스와 미팅을 했다.

12월 6일, 애플 본사 회의실에는 그야말로 팽팽한 긴장감이 돌았다. 이후에 애플의 경영진도 인정했듯이 이미 삼성전자의 플래시 메모리 공급은 정해진 상황이었다. 그래도 확정을 위한 협상 과정은 만만치 않았다. 문제는 가격이었다.

나는 애플이 순순히 수용하기 어려운 수준의 가격을 제시했다. 스티브 잡스는 상상을 초월하는 주문 수량을 말하며 적극적으로 가격 협상에 나섰다. 3시간 넘게 치열한 신경전이 펼쳐졌다. 이재용 상무는 회의에 들어가기 전에 "사장님, 오늘 저는 옵서버(Observer, 참관인)입니다"라는 말로 내게 힘을 실어준 상황이었다.

그날 가장 인상 깊었던 것은 스티브 잡스가 펼쳐놓은 '애플이 열어갈 스마트 왕국'에 대한 플랜(Plan)이었다. 터틀넥에 청바지 차림으로 그 플랜을 화이트보드에 적기 시작했다. 직선적인 말과 제스처, 강렬하게 상대를 압도하는 어조로 스티브 잡스는 자신이 꿈꾸는 제품과 출시 로드맵을 설명했다. 금세 화이트보드가 도표와 글씨로 꽉 찼다. 스티브 잡스의 손으로 직접 쓰인 아이폰(iPhone), 아이패드(iPad), 아이티브이(iTV), 맥북 에어(MacBook Air) 등의 글씨는 아직도 머리에 선명히 남아 있다. 스티브 잡스가 뿜어내는 열기 속에서 나는 아직 세상에 나오지 않았으나 출시와 동시에 세상을 바꿔놓을 애플 제품들의 위력을 쉽게 상상할 수 있었다.

플랜에 대한 이야기를 끝낸 스티브 잡스는 새로 출시할 아이팟에 삼성전자의 플래시 메모리를 사용하겠다고 말했다. 그러면서 애플이 야심 차게 준비하는 스마트 왕국에도 삼성전자의 플래시 메모리를 탑재하겠다면서 어마어마한 주문량을 강조했다. 물량을 다 구매할 테니 가격을 낮춰달라는 요구를 하기 위해서였다. 하지만 나는 "삼성전자에는 애플과 같은 중요한 고객들이 있습니다. 그들과의 신뢰를 생각해서라도 그렇게 할 수는 없습니다"라고 차분히 답했다. 사실 고객과의 관계는 돈으로 계산할 수 있는 그 무엇이 아니었다.

그런데도 스티브 잡스의 거친 요구는 계속됐다. 거래에서는 물량과 가격이 중요하다. 아마도 스티브 잡스는 당시 애플의 위치와 이후의 라인업을 생각할 때 이번 거래에서는 자신이 매우 유리하다고 생각했던 것 같다. 그러나 나는 삼성전자에 애플이라는 고객이 필요하듯, 애플 역시 삼성전자라는 파트너가 필요한 상황이라는 데 집중했다. 이미 스티브 잡스는 삼성전자의 플래시가 없는 애플 제품은 상상할 수 없는 상황이었다.

　한참 열을 올리던 스티브 잡스는 터틀넥과 찢어진 청바지 차림으로 테이블을 돌아서 나와 이재용 상무가 나란히 앉아 있는 사이를 비집고 들어와 책상에 걸쳐 앉으면서 이야기를 계속했다. 3시간 반 동안 조용히 이야기를 들었던 이재용 상무에게 한 번 더 어필하려는 것으로 보였다. 그래도 우리가 의견을 굽히지 않자 자신의 자리로 돌아갔다.

　스티브 잡스가 다시 제자리로 돌아가는 찰나, 이재용 상무가 내게 살짝 기대며 "사장님, 스티브를 한국에 오게 하면 어떻습니까?"라고 의견을 냈다. 당장은 결론을 내기 어려우니 한 번 더 회의하되 우리도 홈그라운드의 이점을 이용해보자는 것이었다. 일단 그날 회의는 '세부 사항은 추후 더 논의한다'라는 선에서 정리가 됐다.

　스티브 잡스와 악수로 첫 회의를 마무리한 나는 세계 최초로 개발에 성공한 60나노 8G 낸드 플래시 웨이퍼를 그에게 선물했다. 개발에 성공했을 때 첫 번째 런(Run, 반도체 개발 시 웨이퍼 10~20장을 모아서 개발 공정을 진행할 때의 한 묶음을 말함)에서 확인된 5장 중 두 번째 것이었다. 애플이 플래시 세계의 일원이 된 것을 상징하는 의미로 선물했다.

　업무를 마치고 호텔로 돌아왔을 때 이재용 상무에게 와인 한잔하자는 연락을 받았다. 나와 이재용 상무는 오늘 하루 동안의 업무를 복기한 다음, 이후 일정을 논의했다. 이재용 상무는 조심스럽게 "사장님, 플래시를 공급하는 조건을 맞춰주면서 시스템LSI를 함께 공급할 수 있도록 타진해보는 것은 어떨까요?" 하고 제안했다.

　그동안 삼성전자에서는 산업 기기에 다양한 용도로 사용되는 반도

회의를 끝내고 스티브 잡스에게 60나노 8G 낸드 플래시 웨이퍼를 선물했다.

체인 시스템LSI의 경쟁력을 키우고자 노력을 많이 했다. 하지만 글로벌 시장을 독점적으로 장악하고 있는 인텔의 아성을 쉽게 넘지 못했다. 그만큼 CPU 부문에서 인텔의 위력은 대단했다. 플래시를 지렛대 삼아 애플에 AP(Application Processor)를 공급한다면 시스템LSI의 글로벌 시장 진출이 훨씬 용이할 수 있었다. 참고로, AP는 모바일용 CPU로 각종 애플리케이션 작동과 그래픽을 처리하는 핵심 반도체이다. 새로운 서비스와 멀티미디어 콘텐츠가 등장하면서 스마트폰, PDA 같은 휴대용 단말기에도 CPU가 필요했는데 이것이 'AP'였다.

　평소 같은 생각을 하고 있던 나는 이재용 상무의 이야기를 조용히 듣고 고개를 끄덕였다. 차마 입 밖으로 내지는 못했지만 이재용 상무의 경영자로서의 혜안을 확인하는 기회였다. 한국에 돌아온 나는 애플에 거절하지 못할 제안을 했다.

"애플이 원하는 가격까지는 받아들이기 어렵지만 일부분 양보를 해서 낸드 플래시를 공급하겠습니다. 그 대신 삼성의 AP 사용을 검토해주십시오."

그제야 스티브 잡스는 나의 제안을 받아들였다. 애플은 삼성전자의 낸드 플래시뿐만 아니라 AP, 모바일 D램까지 공급받기로 계약을 체결했다. 이로써 애플은 삼성 반도체사업부의 최대 고객사가 되었다.

우연의 일치인지 몰라도 리더 두 명이 같은 생각을 하고 있던 덕분에 이후 삼성전자의 AP 개발은 매우 전격적으로 이뤄졌다. 팀원을 대폭 보강해서 비교적 이른 시간에 애플이 생산하는 제품에 삼성전자의 AP를 장착할 수 있게 됐다.

삼성전자는 준비와 테스트 기간을 거친 1년 반 뒤인 2007년 아이폰에 처음으로 AP를 독점적으로 제공하게 됐다. 2006년에는 먼저 MP3에 들어가는 MPU(AP보다는 기능이 단순한 제품)를 공급하기도 했다. 아이팟에 MPU를 공급하면서 삼성전자는 공부도 많이 하고 AP를 준비할 수 있는 시간적 여유도 2년 정도 갖게 되어 일석이조 혜택을 누릴 수 있었다.

경영의 어려움을 겪고 있던 시스템LSI 사업부는 애플에 AP를 공급하게 되면서 AP 한 제품만으로 조 단위 이익을 내는 사업부로 변신했다. 6년 동안 독점적으로 공급하면서 AP 실력도 강화됐다.

애플이 야심 차게 준비하는 스마트 왕국에서 플래시 메모리는 핵심 부품이라는 사실이 분명해졌다. 스티브 잡스에게 확실한 비전이 있었다면 삼성전자에는 애플의 비전을 실현해줄 최신의 기술이 있었다. 애플에 있어 삼성전자는 확고한 비전을 실현해줄 최고의 파트너였다.

글로벌 모바일 혁명의 시작과 완성

2005년 플래시 메모리가 탑재된 아이팟 나노가 세상에 나왔다. 예상대로 대히트를 기록했다. 당연하다고 생각했다. 아이팟 나노는 기존 제품보다 얇고 가벼우면서 재생 시간이 5배가 넘었다. 아이팟 나노의 성공과 더불어 삼성전자의 플래시 메모리 매출과 시장 점유율은 기하급수적으로 상승했다. 불과 1년 만에 매출이 47% 상승했고, 플래시 메모리의 시장 점유율도 35%로 껑충 뛰어올랐다.

이후 몇 년간 삼성전자의 성장은 애플의 성장과 궤를 같이 했다. 애플은 2006년 아이팟 터치, 2007년 아이폰, 2008년 아이폰 2G, 2009년 3G와 3GS를 연달아 출시하며 MP3에 이어 PMP(Portable Multimedia Player)와 스마트폰 시장의 최강자로 자리를 굳혔다. 애플의 성장은 예상했던 대로였다. 7~20달러를 오가던 주가는 아이폰이 출시되고 아이패드 출시 후 200달러를 넘겼다. 아이패드에 플래시 기반 SSD(Solid State Drive)가 장착된 후인 2011년에는 400달러까지 올라갔다.

2006년 내가 반도체총괄 사장으로 재직하던 시절 64GB SSD 제품을 세계 최초로 발표했다. SSD는 고용량 하드 디스크를 대체하는 반도체 메모리 저장장치로 메모리 미세공정의 한계를 벗어나 아파트처럼 수직으로 층을 쌓는 방식으로 집적도를 향상해 개발한 제품이다.

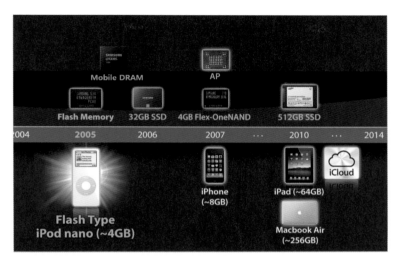

Mobile DRAM
AP
Flash Memory 32GB SSD 4GB Flex-OneNAND 512GB SSD

2004 2005 2006 2007 · · · 2010 · · · 2014

iPhone
(~8GB)
iPad (~64GB)
iCloud

Flash Type
iPod nano (~4GB)
Macbook Air
(~256GB)

애플 제품들에 탑재된 삼성전자의 다양한 메모리 반도체와 AP

크기가 매우 작으면서 소모 전력도 적고 소음도 적다. 그리고 속도도 훨씬 빨라 기존 하드 디스크를 탑재한 제품과는 확실한 차별점을 나타낸다.

그 탄생에는 또 다른 히든 스토리가 있다. 스티브 잡스와 협상을 마치고 귀국하는 비행기에서 나는 노트북과 기업형 메모리 시스템 스토리지에 대한 니즈(Needs)가 늘어날 것을 감지하고 대용량 플래시 메모리 시장이 빠르게 성장할 것으로 예측했다. 사무실로 출근한 날, 나는 바로 팀을 꾸렸다. 내부 조직으로 산하에 있는 HDD팀, 시스템LSI의 SOC(System On Chip, 여러 기능을 하는 반도체를 한 칩에 구현하는 기술)팀, 소프트웨어팀, 상품기획팀을 통틀어 200명으로 구성했다. 일명 SSD 팀이었다. 소프트웨어 인력은 윤종용 부회장의 도움으로 40~50명의 인력을 삼성전자 본사로부터 확보할 수 있었다.

1차 타깃은 노트북이었다. 그때까지 모든 PC와 노트북의 메모리는 HDD였다. 당시 플래시 메모리는 비싼 가격과 작은 스토리지 용량 때문에 HDD의 경쟁 상대로 여겨지지 않았다. 그러나 기술 개발을 통해 메모리 용량을 늘리고 가격을 낮춘다면 압도적 경쟁력을 가질 수 있다고 봤다.

우선 캠코더나 산업용 애플리케이션에 적용할 16GB SSD, 32GB SSD를 생산했다. 이렇게 해서 2005년에 플래시 기반의 스토리지 시장에 진입했고 2006년에는 32GB SSD가 탑재된 노트북을 개발했다. 그리고 2007년에 64GB SSD가 탑재된 애플의 맥북 에어가 탄생한 것이다.

스티브 잡스가 모바일 시대를 예견하고 애플의 제품으로 글로벌 모바일 혁명의 포문을 열었다면, 이를 삼성전자가 단독으로 개발해낸 메모리 반도체가 실현하고 완성했다.

특히 맥북 에어와 2010년에 발표된 아이패드는 기존의 하드 디스크 대신 삼성전자의 SSD를 탑재하면서 노트북과 스마트폰 간의 경계를 무너뜨리는 새로운 시장을 만들어나갔다. 삼성전자의 SSD가 얇고 용량이 크면서도 데이터 읽기와 쓰기를 빠르게 구현했기 때문에 가능했다. 맥북 에어는 고가였지만 가볍고, 얇고, 예쁜 디자인으로 시장에 돌풍을 불러일으켰다. 무게, 속도는 다른 노트북에 비해 압도적 제품이었다.

내가 다음에 공략한 큰 타깃은 서버 시장이었다. 인터넷 서버는 빠른 랜덤 액세스가 가장 중요하다. 인터넷 서버와 클라우드 서버에서 데이터 처리 속도는 플래시 메모리가 HDD에 비해 압도적으로 빠르기 때문이다. 그리고 신뢰성, 내구성, 저소비 전력도 구현됐다. 미래에는 서버에 플래시 기반의 SSD가 필수적일 것이므로 그 시장은 어마어마하게 커진다고 예측했다. 실제로 현재 서버 관련 SSD 시장은 폭발적으로 성장했다.

시장의 흐름과 기술의 발전 속도를 확인하고 먼저 준비한 덕분에 나는 반도체로 나름 글로벌 성공 신화를 만들 수 있었다. 애플에 플래시 메모리를 적극적으로 소개한 것처럼 고객이 알지 못하는 숨은 니즈를 일깨워 아직 도래하지 않은 시장을 만드는 것도 중요한 전략 중 하나였다. 결과적으로 애플과 삼성전자의 만남은 글로벌 스마트 혁명의 시작을 가져왔고, 이후 삼성전자의 플래시 메모리 개발로 혁명은 점차 완성되어가는 과정을 지나고 있었다. 그 과정에서 애플과 삼성전자, 모두가 각자의 분야에서 글로벌 최강자로 서게 된 것은 당연한 수순이었다.

승리가 아니라 변화와 혁신이 우리를 행복하게 한다

애플과 협상을 타결하고 1년 후, 도쿄의 애플스토어 1호점에서 스티브 잡스를 다시 만났다. 그는 밝고 힘이 넘치는 표정으로 "헤이, 미스터 플래시"라며 다정다감한 인사를 건넸다. 협상 테이블에서와는 다른 모습으로 삼성전자를 애플의 미래와 함께할 진정한 파트너로 대우하고 있다는 인상을 받았다.

스티브 잡스가 처음 생산된 2G 아이폰을 보내줬다.

스티브 잡스와 몇 번의 만남을 이어간 후에 나는 그와 이병철 선대
회장과의 인연을 들었다. 애플 초창기 때였는데 삼성전자에 주문한
부품에 결함이 생겼다. 스티브 잡스는 직접 컴플레인을 했는데, 당시
이병철 선대회장이 엔지니어들을 급파해 문제를 능숙하게 해결해줬
다고 한다. 이때 처음으로 삼성전자에 좋은 인상을 받게 됐다고 했다.
미래를 내다보고 성심을 다해야 한다는 선대회장의 말씀이 귓전에 울
리는 듯했다.

"현재 수요의 충족이 아닌 상상력에 기반한 미래 수요를 창조해야
합니다."

몇 번의 만남에서 스티브 잡스는 일관된 주장을 펼쳤다. 현재 시장
에 안주하지 말고 한발 앞서 미래를 준비하자는 메시지였다. 평소 통

찰을 통해 미래를 준비하는 것이 기업의 사명이라는 생각을 하고 있던 내게 스티브 잡스의 말들은 깊은 인상을 남겼다.

"닥터 황, 기술의 한계는 어디까지일까요?"

스티브 잡스의 질문 중 가장 인상 깊었던 질문이다. 그는 이 질문을 끊임없이 반복했다. 5년 뒤, 또는 10년 뒤에도 애플은 혁신적인 제품을 개발해야 하는데 그러기 위해서는 반도체가 어디까지 발전할 수 있는지를 알아야 했기 때문이다.

얼굴을 마주하지 못할 때는 수시로 전화를 했다. 나는 혁신적 기술 CTF를 비롯해 다양한 신기술을 설명하고 확장되는 기술의 지경(地境)을 알렸다. 그러면서 10년 뒤, 20년 뒤의 제품과 기술을 알고자 했던 그의 열정에 깊이 감화됐다.

나는 요즘도 강의 현장에서, 혹은 지면에 "우리에게는 왜 아직 스티브 잡스와 같은 혁신형 리더가 없는가?"라는 질문을 던지곤 한다.

글로벌 모바일 혁명을 이끈 남다른 통찰은 하루아침에 만들어지지 않는다. 상상력을 현실로 만드는 저력은 시장의 트렌드에 대한 '치밀한 분석'과 미래 시장을 직접 만들겠다는 '의지'에서 시작된다.

스티브 잡스는 빛나는 영감과 완벽주의로 잘 알려졌다. 또한, 그 영감과 완벽주의를 실현하기 위해 기술을 활용하고 비전을 공유하는 데도 남다른 감각을 가진 리더였다. 그리고 남다른 비전과 열정을 더해 꿈꾸던 미래를 현실로 만들었다.

'황의 법칙'을 발표하고 혁신에 혁신을 거듭하던 그때 많은 기자가 물었다.

"1년에 두 배씩 메모리 용량을 올리려면 사장님도 연구원들도 스트레스가 이만저만이 아닐 텐데요."

나는 항상 그런 질문에 대한 대답이 준비돼 있었다.

"몸은 물론 고달픕니다. 하지만 우리가 만든 반도체 기술로 세계 젊은이들이 열광하는 제품을 만들고, 또 새로운 시장을 속속 창출한다는 상상을 해보십시오. 누가 시키지 않아도 스스로 알아서 도전하게 됩니다. 이 기분은 고달픔을 누르고 남습니다."

나와 연구원들은 '미래는 우리가 만드는 것'이라는 명확한 비전을 갖고 있었다. 그래서 성과가 나타났을 때는 보람과 행복을 느꼈지만 실패했을 때는 다음을 기약할 수 있었다.

나는 한국의 스티브 잡스를 꿈꾸는 이들에게 "변화와 혁신을 위해 매진할 때에 미래를 보는 통찰도 얻을 수 있다"라는 힌트를 전해주고 싶다. 가슴에 품은 명확한 비전이 현실의 나를 뜨겁게 만드는 재료가 될 것이다.

03 기회에는 주저함이 없어야 한다

| 이순신 |

학창 시절, 내게는 습관 하나가 있었다. 공부하다가 집중력이 흐트러지거나 한가한 시간이 찾아오면 교과서나 노트 여백에 한자를 썼다. 할아버지 덕에 한자는 내게 익숙한 글자였다.

평소에는 그때그때 생각나는 글자를 썼다. 그런데 어느 날, '필사즉생(必死卽生) 필생즉사(必生卽死)'를 쓰게 됐다. 임진왜란 당시 충무공 이순신 장군이 썼던 《난중일기》를 배운 후였다. 여덟 글자를 쓰고 또 쓰며 나는 '글'이 지닌 힘에 빠져들었다.

'살고자 하는 이는 죽을 것이오, 죽고자 하는 이는 살 것이다.'

이순신 장군에 관한 책을 여러 권 찾아 읽었다. 큰 뜻을 세우고 이를 실천하며, 임진왜란을 승리로 이끈 이순신 장군에 대한 존경심이 일었다. 나의 10대를 적셨던 열기는 쉽게 사그라지지 않았다. 이순신 장군이 남긴 가르침은 용기가 필요할 때 주저함 없이 나아가게 하는 힘이 되었다.

"아직도 신에게는 12척의 전선이 있습니다."

대한민국 사람치고 이순신 장군을 모른다고 할 사람은 없을 것이다. 그러나 그의 면면에 관한 이야기를 해보면 그다지 아는 사람은 많지 않다. 나 역시 김종대 선배가 쓴《이순신, 신은 이미 준비를 마치었나이다》를 여러 번 읽은 후에야 그 면면을 하나의 주해(註解)로 엮을 수 있었다(김종대 선배는 나와 부산고 동문이며 서울대 법대를 졸업하고 헌법재판소 재판관으로 퇴임했다).

'공은 엄하고 진중해 위풍이 있는 한편, 남을 사랑하고 선비에게 겸손하며 은혜와 신의가 분명하고 식견과 도량이 깊으며 기쁨과 노여움을 잘 나타내지 않았다.'

이순신 장군이 죽고, 그의 인물됨을 정리한 행장(行狀)의 한 대목이다.

이순신 장군의 삶은 그야말로 한(恨)과 애환(哀歡)이었다. 개인적인 허물을 감싸주고 힘껏 싸우도록 해줘야 할 지원자가 그에게는 없었다. 자신을 죽이려고까지 했던 왕의 교서를 받고 다시 적진으로 나가야 했을 때, 그에게는 남은 것이 없었다. 그를 모함했던 원균이 정유년(1597년) 7월 칠천량해전(현재 거제시 북쪽)에서 대패하고 목숨까지 잃었을 때 그가 훈련을 시킨 수군과 판옥선은 대부분 사라졌다. 당시 전투 결과는 지휘관 포함 수군 2만여 명 궤멸, 거북선 3척 등 판옥선 100여 척 침몰이었다. 4년 동안 피땀으로 이루어놓은 한산진의 장엄한 모습은 하루아침에 한 줌 재로 변해버렸다.

불과 3개월 전, 이순신 장군은 사형 직전까지 갔다가 "백의종군하라"는 명령을 받고 옥문을 나왔다. 옥에 갇힌 지 28일 만인 4월 1일이었다. 삼도수군을 통괄 지휘하던 통제사 지위는 없어지고 합천 초계의 권율 막하에 배치됐다. 그리고 열흘 만에 어머니가 향년 83세로 별세한다. 아들을 위해 거처를 옮기고 한양에서 가까운 아산으로 가는 도중 풍랑을 만났다가 고통 끝에 숨을 거두었다. 주위의 도움으로 장례를 마친 이순신 장군은 19일 남쪽으로 향하는 길을 재촉했다.

몸을 추스르고 두 달 만인 6월 8일, 권율의 원수진(합천군 내)에 도착했다. 원균의 연이은 패배에 이어 칠천량해전의 결과, 삼도수군이 무너져버렸다.

권율의 허락을 얻은 이순신 장군은 지체 없이 패전 지역으로 내달렸다. 두루 둘러보고 흩어진 군사를 모아 새로운 응전 대책과 구국의 방략을 세워야 했기 때문이다. 위험을 무릅쓰고 원균이 패전한 연해안 쪽까지 이르렀다. 진주, 노량 바닷가에 이르자 군사와 백성이 찾아와 울부짖었다. 8월 3일, 선조는 이순신 장군에게 다시 삼도수군통제사를 맡으라는 재임명 교서를 보냈으나 조정에서는 아무 지원도 해주지 않았다.

교서를 받은 날, 이순신 장군은 다시 길을 떠났다. 하동의 횡천과 섬진강을 거슬러 화개장터를 지났다. 피난을 떠나는 백성들이 인산인해였다. 말에서 내린 그는 백성들의 손을 잡고 전란을 잘 견디도록 타일렀다. 장정들은 이순신 장군을 따라나섰다. 이렇게 한 달이 되도록 이순신 장군은 적과의 충돌을 무릅쓰고 300킬로미터나 되는 남도의 내륙을 순회했다.

이순신 장군이 군비(軍備)를 정리하고 자리를 잡은 곳은 진도의 벽파진이었다. 그런데 이를 눈치챈 왜군은 "이순신 장군이 다시 행동하려 한다. 지금 섬멸하지 않으면 해상 운송이 안전할 수 없다"라며 총출동한다. 그러자 장수들은 달아나고 이순신 장군은 막다른 길에 내몰렸다. 게다가 조정에서는 배를 버리고 육지로 올라와 적을 막으라는 명령이 내려온다. 빈약한 전선(戰船)과 패잔병들을 데리고 의지할 곳조차 없지 않느냐는 것이 이유였다. 이순신 장군은 고심 끝에 한마디 말로 수군을 폐지하려는 조정에 맞섰다.

"아직도 신에게는 12척의 전선이 있습니다. 죽을힘을 다해 막아 싸우면 아직도 할 수 있습니다."

그리고 9월 16일, 너무도 유명한 명량해전이 벌어진다. 이를 계기로 임진왜란의 승기는 조선으로 넘어왔다. 이후 4번의 전투를 더 치르고나자 백성을 지옥으로 내몬 7년 전쟁은 막을 내린다.

죽고자 하면 살 것이고, 살고자 하면 죽을 것이니

내가 이순신 장군을 더욱 가깝게 느낀 시기는 해군 시절 때였다. 졸업 후 유학길에 오르기 전, 군 복무를 위해 해군사관학교 교관 요원에 지원했다. 그리고 석사 과정을 마치고 중위로 임관했다.

진해에 있는 해군사관학교의 명물 중 하나가 '박물관'이다. 이순신 장군의 애국애족 정신과 해상 전투 시 활약상을 교육할 목적으로 건립됐다. 내 기억으로는 당시 기준으로 이순신 장군에 관한 문헌 자료가 가장 많은 곳이었다. 나는 틈만 나면 박물관에 가서 시간을 보냈다. 《난중일기》원본이 있었는데 확대기로 확대해보는 것이 큰 재미였다. 두 눈으로 이순신 장군이 직접 세필로 쓴 '필사즉생 필생즉사'를 보니 감회가 새로웠다. 20대 후반의 왕성한 혈기를 '각오하고 나아감에 주저함이 없어야 한다'라

1978년 해군사관학교 교관 시절

는 이순신 장군의 의기(意氣)로 바꾸던 날들이었다.

나 역시 때가 되면 모든 악조건을 감수하고 나아가는 이순신 장군의 '리스크 테이킹(Risk Taking)' 정신을 실현하리라 다짐했다. 살다 보면 리스크 테이킹을 통해서만 원하는 승리, 원하는 역사의 대반전을 이룰 수 있는 날이 오리라 생각했다.

이후에도 이순신 장군의 정신을 삶에 녹아내는 계기가 여러 번 찾아왔다. 일생일대의 모험 중 하나는 2001년 때의 일이다.

살다 보면 한 번쯤 '하늘이 내려준 행운'을 마주할 때가 있다고 한

다. 그런데 막상 그때에는 그걸 잘 모른다. 내가 됐든, 남이 됐든 기회를 낚아채 성공까지 일궈낸 후에야 그것이 행운이었음을 알 수 있다. 그러나 나는 당시 하루도 안 돼 그것이 행운이자 기회인 줄 알았다. 죽고자 하면 살 것이고, 살고자 하면 죽을 것이라는 '절박함'이 가슴에 가득했다.

그해 11월 삼성전자 메모리사업부에서는 '노어 플래시 워크숍' 준비가 한창이었다. S램 위주의 기존 비즈니스로는 매출 확대에 한계가 있었다. 기존의 주 고객이었던 인텔이 펜티엄칩 내에 S램을 내장시킴으로써 수요가 급감했다. 당시 플래시 메모리 시장의 메인은 노어 플래시였다. 삼성 반도체의 시장 점유율은 1% 미만이었다. 내가 가고자 했던 낸드 플래시는 전체 플래시 시장의 20%도 되지 않았다.

시장의 중심으로 들어가기 위해 노어 플래시 디자인에 박차를 가하기로 방향을 잡고 워크숍을 기획했다. 당시 플래시 메모리 시장에서 낸드 플래시 시장의 비중이 미비하다는 것도 중요한 이유가 됐다. 2000년 전체 플래시 시장에서 노어 플래시 비중은 96.5%, 2001년에는 88.4%였다. 나머지가 낸드 플래시였다. 낸드 플래시 시장을 확대하기 위해서라도 노어 플래시 시장에서 인텔을 견제할 필요가 있었다. 한편에서는 인텔을 제압하고, 다른 한편에서는 우리 스스로 성장하는 '양면작전'을 준비했다.

노어 플래시 시장에 나서는 건 말처럼 쉬운 일이 아니었다. 1990년대 후반, 플래시 메모리 사업에 본격적으로 뛰어들면서 삼성전자는 노어 플래시와 낸드 플래시에 모두 진출했다. 이제 막 시장이 형성되기 시작한 낸드 플래시 분야에서는 곧 세계 2위로 자리매김할 수 있

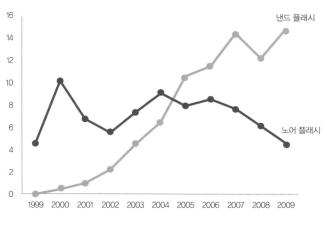

〈노어 플래시와 낸드 플래시 시장에서의 비중 변화(1999~2009)〉

• 단위: 10억 달러

었다.

그러나 이미 성숙기에 들어선 노어 플래시 분야에서는 그 위치가
매우 미미했다. 기술 면에서도 마찬가지였다. 낸드 플래시의 기술은
보유하고 있었지만 노어 플래시 부문의 개발 경험은 그리 많지 않았
다. 이런 상황에서 노어 플래시 워크숍을 열자고 하니 참가자들 사이
에서도 회의적인 시각이 없지 않았다. 하지만 내게는 주춤할 여유가
없었다.

오후에 워크숍을 진행하기로 한 날, 급한 연락이라며 직원이 뛰어
왔다. 노키아 측에서 회장의 특사가 방문했다는 소식이었다. 사업부
장실에서 직접 손님을 맞았다. 그는 노키아 회장의 말을 전달하기 위
해 나를 찾아왔다고 말했다. 그가 들고 온 메시지는 그야말로 놀라운

것이었다.

"우리가 제시한 기간까지 노키아에 64M과 128M 고용량 노어 플래시를 만들어주면 시장 점유율은 원하는 대로 보장해주겠습니다."

당시 시장에서 용량이 가장 큰 노어 플래시는 32M였다. 그들이 요구한 것은 그것의 2배, 4배 향상된 메모리였다. 또한, 당시 업계의 주요 기술이 0.21마이크론이었는데 이보다 앞선 0.18마이크론을 원했다. 한마디로 한 세대 앞선 최첨단 기술을 요구했다. 눈앞에서 이야기를 듣고도 처음에는 무슨 이야기인지 이해하기 어려웠다. 게다가 당시 삼성전자 반도체는 노어 플래시 시장에서 10위권 밖의 업체였다.

'어떻게 이런 제안이 가능한 것일까?'

이야기를 들어보니 노키아에도 그럴 만한 이유가 있었다. 당시 노키아가 사용하는 노어 플래시는 인텔이 100% 독점 공급을 하고 있었다. 인텔은 이러한 독점적 지위를 이용해 부품 가격을 올리겠다는 통보를 해왔다. 인텔에 휘둘리기 싫었던 노키아는 대안으로 삼성전자라는 카드를 꺼내든 것이었다. 그리고 공교롭게도 노어 플래시 워크숍이 열리던 날, 노키아 오릴라 회장의 특사가 나를 찾아오게 됐다.

점심식사를 마치고 머리를 최대한 가동해 생각에 생각을 거듭했다. 노키아에서 제시한 기한은 그야말로 '가슴을 졸이고 피를 말리는 수준'이었다. 1년은 족히 넘는 개발과 승인 기간을 9개월 안에 맞춰야 했다. 300단계로 이뤄지는 공정을 마무리하는 데 보통 60일이 걸리는데 이 역시 3분의 1 수준으로 줄여야 했다. 그렇지만 우리가 제대로 해내기만 한다면 '하늘은 스스로 돕는 자를 돕는다'라는 말이 실현될 터였다. 워크숍을 마친 후 나는 '무슨 일이 있어도 개발에 성공한다'라

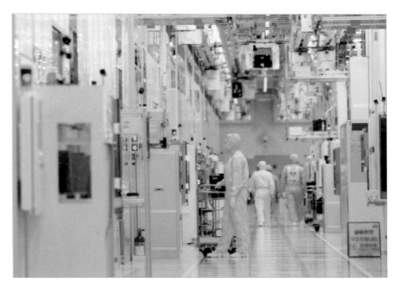
반도체 12인치 제조 라인

는 결론을 내리고 이후 일정을 강하게 추진했다.

메모리사업부는 노키아와 약속한 대로 9개월 안에 노키아가 요청한 스펙을 갖춘 제품을 개발했다. 직원들은 시제품을 갖고 핀란드의 헬싱키로 날아갔다.

2002년 초, 유럽 출장길에서 노키아 휴대폰에 적합한 노어 플래시 시제품의 테스트 결과를 받아봤다. 그런데 어처구니없게도 99.9% 실패라는 결과였다. 당혹스러운 일이었지만 곧 이상하다는 생각이 들었다. 아무리 부적격 제품이라도 실패율이 99.9%라는 것은 현실적으로 불가능했다. 테스트 조건이 잘못됐다는 확신을 하고 새롭게 테스트를 진행하라는 지시를 내렸다. 다음 날에 나온 테스트 결과는 100% 성

핀란드 노키아 본사를 방문해 오릴라 회장을 만난 이건희 회장

공이었다. 지금이야 가벼운 해프닝이라고 말할 수 있겠지만 당시에는 하룻밤 사이에 지옥과 천당을 오간 것 같았다.

이후 노키아와의 관계는 탄탄대로였다. 노키아는 부품 소싱(Sourcing)에 관해 삼성전자와 가장 먼저 상의했다. 노키아 회장은 공급업체 사장인 나를 1년에 2번씩 만났다. 공급업체 대표는 만나지 않는 노키아 회장이 삼성전자 반도체 사장인 나는 예외로 한 것을 보면 삼성전자가 그만큼 대단한 거래처였다.

2003년 6월에는 이건희 회장, 윤종용 부회장과 함께 핀란드에 가서 노키아의 오릴라 회장을 만났다. 당시 노키아는 글로벌 휴대폰 시장에서 45%의 마켓 셰어를 차지하고 있었다. 주 공급업체가 된 이후 노키아가 만드는 휴대폰 대부분에 노어 플래시를 공급하는 상황에서 진행한 준비된 만남이었다. 당시 이건희 회장은 노키아 오릴라 회장에게 "우리 반도체에 노키아는 가장 중요한 파트너입니다"라는 인사를 건넸다.

호텔로 돌아온 우리 일행은 저녁에 다시 모여 이야기를 나눴다. 이건희 회장의 물음에 나는 삼성그룹의 여러 관계사를 노키아에 연결해주고 있다는 답변을 했다.

노키아 회장과 이건희 회장의 만남은 여러 의미가 있었다. 우선 주력 사업인 반도체를 지원하는 효과가 있었다. 다음으로 반도체를 지렛대 삼아 삼성그룹의 여러 관계사도 노키아와의 거래에 물꼬를 틀 수 있었다. 이건희 회장의 수준 높은 전략을 읽을 수 있었다.

이후 노키아를 놓친 인텔의 매출은 8억 달러에서 0달러로 급전직하했고 2007년에는 사업부 매각의 상황까지 몰렸다. 반면, 2004년 삼성전자의 메모리 반도체 매출 중 노키아 관련 매출은 2조 원에 다다랐으며 삼성그룹 전체 매출도 점점 증가해갔다.

애초에 위험 없는 기회란 없다

노키아와의 파트너십이 삼성전자 반도체에 '하늘이 내려준 행운'이라고 생각한 것은 비단 매출액의 신장 때문만은 아니다.

처음부터 나는 노키아와의 거래가 단순히 '시장 내 삼성전자의 노어 플래시 점유율 상승' 정도로 끝나지 않을 것이라고 예상했다. 노어 플래시 시장에서 위치를 확고히 한 후, 낸드 플래시 시장을 성장시키는 것이 나의 빅 피처였다. 당시 노키아는 눈치채지 못했으나 나는 처음부터 노키아의 노어 플래시를 레버리지 삼아 낸드 플래시를 띄운다는 복안을 갖고 있었다. 원만한 신뢰 관계가 구축되고 계획은 속전속결로 추진됐다.

나는 노어 플래시를 낸드 플래시로 전환하는 작업을 위해 수십 명의 엔지니어를 노키아에 상주시켰다. 그리고 노키아 담당자에게 설명하고 또 설명했다.

"다가올 멀티미디어 중심의 모바일 시장에서는 속도뿐만 아니라 용량에서도 만족할 만한 품질이 나와야 합니다."

끈질긴 설득이 계속되자 담당자는 "이미 우리는 노어 플래시에 익숙해 있습니다. 우리에게 불편함이 없다면 고려해보겠습니다"라고 답변했다.

나는 그들의 눈높이에 맞춰 인터페이스(프로그램)도 바꿨다. 시장을 예측함과 동시에 프로토 타입 제품까지 만들어 제시한 삼성의 전략은 주효했다. 노키아 구매 담당은 삼성에서 준비한 데모를 보고, 눈이 휘둥그레졌다.

수고가 아깝지 않게 결과는 그야말로 '대박'이었다. 노어 플래시에서 낸드 플래시로 전환하는 과정에서 노어 플래시의 장점과 낸드 플래시의 장점을 함께 결합한 '퓨전 메모리'가 탄생했다. 이후 2~3년간 삼성전자의 베스트셀러로 활약한 퓨전 반도체인 '원낸드'가 만들어진 것이다.

낸드 플래시의 용량과 노어 플래시의 속도를 하나에 담았다는 뜻

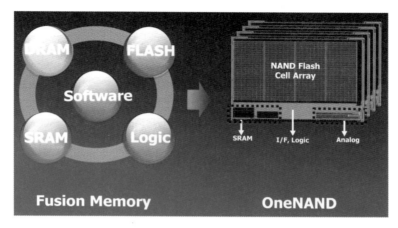

2003년 세계 최초로 개발된 퓨전 반도체인 원낸드

의 '원낸드'는 낸드 플래시 기반에 속도를 획기적으로 높인 퓨전 메모리이다. 휴대폰에 사용되는 노어 플래시를 대체한다는 의미도 있으나 용량 면에서 장점이 많은 '낸드 플래시'를 '노어 플래시' 기반에서 사용할 수 있도록 한 제품이라는 강점이 더 크다.

처음에는 모바일 시대가 열려 '고용량'이 필요하게 되면 낸드 시대가 올 것이니 그때를 대비하는 제품을 만들어 업체를 접촉해보자는 전략을 폈다. 필요로 하는 속도와 용량을 동시에 만족시켰기 때문에 프로토 타입에 대한 노키아의 반응은 예상대로 뜨거웠다.

그러나 본격적으로 원낸드가 상용화되기까지에는 여러 난관이 남아 있었다. 우선 원낸드와 유사한 제품을 내놓은 이스라엘의 기업이 있었다. 삼성전자 반도체는 경쟁사보다 개발 일정을 서둘러야 했고, 갈수록 까다로워지는 노키아의 요구도 맞춰줘야 했다. 다행히 이스

라엘의 기업이 만든 제품은 2개의 칩으로 구성되어 있어서 우리가 만든 퓨전 기술의 원낸드에 비해 성능과 원가 경쟁력에서 뒤처진 것으로 판명났다.

예상 일정보다 한 달을 앞당겨 노키아에 소프트웨어를 공급했다. 노키아에 처음 문을 두드리고 2년 만인 2004년 삼성전자의 원낸드가 탑재된 노키아폰이 출시됐다.

이렇게 '노어 플래시가 장악하고 있던 휴대폰 시장'에 낸드 플래시를 진출시킬 방법을 찾던 과정에서 탄생한 '원낸드'는 휴대폰 시장에서 또 하나의 혁명을 일으켰다. 원낸드는 주류였던 노어 플래시 시장을 빠르게 잠식했고 플래시 시장의 판도는 낸드 플래시 중심으로 재편됐다. 그 과정에서 2000년 25%에 불과했던 삼성전자의 낸드 플래시 시장 점유율은 2004년에 54%까지 성장했다. 2006년에는 노어 플래시의 최강자였던 인텔마저 노어 플래시를 버리고 낸드 플래시 시장에 뛰어들었다.

노키아와의 거래에서 발생하는 수익 창출, 새로운 기기의 발명과 함께 '조직 문화'를 바꾸는 기회도 만났다. 2000년대 초, 반도체 시장은 침체의 늪에서 벗어나지 못했고 시장에서 삼성전자는 미미한 존재였다. 상황이 이러니 조직 내에는 엷게나마 패배주의가 스며들고 있었다.

노키아와의 거래는 이런 분위기를 일신시켜줬고, 나쁜 공기도 바꿔줬다. 정말 신바람 나게 일하고 얻은 열매는 한 번의 경험으로 끝나지 않는다. "해보니까 되는구나!"라고 말하는 조직원들은 그 감동을 손수 전파하러 다녔다. 조직 내에서는 어느새 혁신의 연쇄 고리가 이어지고 있었다. 조직 전체에 가장 든든한 아군인 '자신감'이 굳게 자리를 잡았다. 이 과정에서 노어 플래시 세계 시장 점유율이 1% 미만에서 15%로 성장했다.

"어떻게 그런 결정을 하셨습니까?"

뛰어난 성장을 이룰 때마다 조직 내에서 이런 질문을 자주 받았다. 돌이켜보면 내게 '실패의 부담'이 전혀 없었던 것도 아니었다. 일류 고객이었던 노키아가 제시한 조건은 현재의 기술을 뛰어넘는 고사양이었다. 게다가 시간조차 우리 편으로 만들 수 없었다. 그들이 제시한 시간은 너무 촉박했다. 나는 애초에 무리한 요구인 줄 알았지만 제안을 수락했다. 수락할 수밖에 없었다.

애초부터 위험이 없는 기회란 없다. 기회를 잡는다는 것은 리스크도 함께 받아들이겠다는 말이다. 기회를 잡기로 했다면, 남은 것은 할 수 있는 노력을 다하면서 리스크를 하나씩 줄이는 것뿐이다. 조직 혁신, 부서 간 벽 허물기, 개발 초기 과정에서 융합 시도, 기술자와 영업자 사이의 의사소통 개선 등 숙제들이 끝도 없이 밀려왔지만 나는 묵묵히 그것을 풀어나갔다.

기회는 뒤통수가 없다는 말이 있다. 지나가면 잡을 수 없다. 설령 정면에서 낚아챈다고 해도 그리 만만한 상대는 아니다. 천우신조의 기회라도 제대로 대응하고 활용하지 못하면 열매를 거둘 수 없다. 철저하게 준비해서 헤쳐 나가야 한다. 그 끝에는 보이는 성공과 함께 나와 조직을 성장시키는 값진 경험이 기다리고 있다.

돌다리, 나무다리 가릴 것 없이 가장 먼저 건너야 한다

경험상 '리스크 테이킹'이 가장 어려운 조직이 있다. 바로 안전을 중시하고 보수적인 조직이다. 한 우물을 파는 것은 좋지만 '우물 안 개구리'로 그 안에 매몰되어서는 안 된다. 그러나 역사가 오래된 기업일수록 이 함정에 빠져 현장에서 사라지는 경우가 흔하다.

처음 KT에 갔을 때 분위기 일신은 매우 중요한 과제였다. 그러나 구호만으로 해결될 일은 아니었다. 정확한 비전과 목표가 있어야 그걸 보고 한 방향으로 나아갈 수 있다. '5G 선언'은 우리가 가야 할 곳을 알리는 이정표였다. 그러나 "나를 따르라"라고 외치는 선봉장이 가장 앞서 달려 나가지 않으면 조직은 움직이지 않는다.

KT에서 나는 가장 먼저 손을 들고 앞서 나갔다. 2015년 스페인 바르셀로나에서 GSMA(Global System for Mobile communication Association) 회의가 열렸다. GSMA는 세계 최대 규모의 이동통신사업 전시회인 MWC(Mobile World Congress)가 주최하며 세계 통신사 대표가 멤버로 참여한다. 참석 인원은 보드 멤버를 포함해 20명 정도다.

차례대로 멤버들의 이야기가 이어졌다. 일본의 최대 통신사인 NTT도코모 CEO가 발표를 마친 다음, 나는 의장을 향해 손을 들었다. GSMA 의장은 내게 마이크를 넘겨줬다.

"방금 NTT도코모 CEO께서 2020년 도쿄올림픽 때 5G를 실현하자고 이야기하셨는데 저희 KT에서는 이미 2018년 평창 동계올림픽 때 5G를 구현하려고 준비하고 있습니다. 평창에 5G 인프라를 준비하기 시작했고 빠른 속도로 진척되고 있습니다."

회의장은 찬물을 끼얹은 듯 조용해졌다.

실상은 이러했다. NTT도코모 CEO는 2013년부터 (당시 기준으로) 2020년에 개최될 도쿄올림픽에서 실현하고자 5G 상용화 프로세스를 진행하고 있었다. 연구, 개발에 엄청난 정부 지원을 받고 있던 NTT 도코모로서는 순조로운 일정이었다. GSMA 로드맵 역시 2018년 표준화, 2020년 상용화로 기획되어 있었으므로 일본이 5G 상용화에 가장 빠른 대상 지역이 되는 상황이었다. 그런데 불쑥 한국에서 5G를 먼저 치고 나가겠다고 해버렸다!

일본은 다른 나라의 통신 사정이 자국에 미치지 못하기 때문에 경쟁 상대가 나타나리라고는 예상하지 못하고 있었을 것이다. 그런데 가까운 한국에서 5G를 먼저 실현하겠다고 하니 당황한 표정이 역력했다.

회의장 분위기에 아랑곳없이 나는 다시 이야기를 이어갔다.

"NTT도코모 CEO가 이야기한 스케줄을 잘 알고 있었습니다. 하지만 2020 도쿄올림픽보다 2년 앞서 2018 평창 동계올림픽이 있습니다. 5G 실현을 위해 KT에서도 준비하고 있으니 두 기업이 협력하면 어떨까 합니다. 이후 2020 도쿄올림픽 때 KT에서도 5G 기술 노하우를 적극적으로 전수해드리겠습니다."

GSMA 의장은 잠시 뜸을 들인 후 바통을 받아 이야기를 정리했다.

"평창 동계올림픽에서 먼저 5G를 실현한다는 것은 KT로서도 엄청난 챌린지(Challenge)입니다. 그리고 일본에서 이 기술을 공유하면 서로 원원인 결과가 나올 것입니다."

다음 날, MWC가 개막했고 나는 첫 번째 기조연설자로 무대에 올라 무사히 '평창 동계올림픽에서의 5G 실현'을 선언할 수 있었다.

일부 사람은 내가 어떻게 보면 무례하기도 한 도전을 왜 감행했는지 이해하기 어려울 것이다. 그러나 절박함에 배수진을 쳐야 했던 나로서는 '필사즉생 필생즉사'의 정신을 다시 꺼내 들 수밖에 없었다.

KT의 수장을 맡을 때, 이미 KT라는 조직은 많이 침체돼 있었다. 조직을 재건하기 위해서는 원대하지만 명확한 비전이 있어야 했다. '기가토피아', '1등 KT' 등이 그러한 과정에서 탄생했다.

조직이 생존하고 완전히 새로워지기 위해서는 하나의 목표가 달성됐다고 안주해서는 안 된다. 그래서 내가 찾은 비전은 '5G 세상'이었다.

명량해전을 준비하던 이순신 장군에게 12척의 배가 있었다면, 5G를 준비하던 내게는 국가CTO를 맡았을 때 얻었던 수많은 기술 정보가 있었다. KT는 경영상 문제는 있었을지 몰라도 기술 면에서는 단연 국내 최고였다. 유선을 기반으로 차곡차곡 쌓아온 기술력이라면 '세계 최초 5G 상용화'도 못할 일이 없었다.

"한가롭게 돌다리를 두드려볼 시간이 이제는 없습니다. 돌로 만들어졌다고 해도, 나무로 만들어졌다고 해도 그것이 건널 수 있는 다리라는 확신만 서면 뛰어서라도, 아니 남들이 뛰어간다면 우리는 날아서라도 그 다리를 가장 먼저 건너야 합니다."

나는 임직원들을 모아놓고 다시 한번 '리스크 테이킹'을 강조했다.

처음에는 임직원들도 반신반의의 심정이었을 것이다. 당시 KT에는 '격차가 큰 2위로 밀려나는 쓰디쓴 경험'이 있었다. 3G에서 4G 기술로 넘어갈 때 KT는 한발 늦었다. 경쟁사에서는 화웨이 장비를 들여와서 KT보다 1년 먼저 투자를 하여 4세대(4G) 통신서비스를 앞서 진행했다. KT의 시장 점유율은 35%에서 27%로 내려앉았다. 먼저 치고 나가야 한다는 쓰디쓴 교훈이 새겨져 있었다. 덕분에 나로서는 조직원들의 동의를 구하는 것이 수월했다. 과거의 쓴 경험이 오늘의 약이 된 상황이었다.

쇠뿔은 단김에 빼야 한다. 2015년 MWC 기조연설 제의가 들어왔을 때 나는 '5G'로 주제를 잡았다. 이미 준비를 시작한 일본의 사정도 알았으나 그 사정을 봐줄 때가 아니었다. 내외부적으로 치고 나가는 것만이 살 길이었다.

GSMA 회의를 마치고 나는 NTT도코모 CEO를 찾아가 상호 협조에 관한 이야기를 꺼냈다. 서로 개발하고 있는 부분을 공유하고 윈윈의 계획을 실현하자는 제안이었다. 한편으로는 "NTT도코모가 잘하고 있다고 들었는데 우리도 상당히 잘해내고 있습니다"라며 기술 교류를 위한 밑밥을 흘리기도 했다. 그리고 얼마 지나지 않아 임원들과 일본으로 날아갔다.

NTT도코모의 기술 현장은 실로 대단했다. 통신 시장은 보통 사용자인 국민 수에 비례한다. 일본은 1억 2,000만 명으로 우리나라의 2배가 넘는다. 게다가 2020 도쿄올림픽은 국가적 행사다. 7년 전부터 정부는 만반의 준비를 한다. 관련해서 NTT도코모에도 상당한 지원을 해주고 있었다.

나는 임직원들을 모두 동원해 기술 교류에 나섰다. 최대한 배워오고 우리의 기술도 오픈하면서 서로의 장단점을 보완해나가며 기술력을 키워야 했다. 경영진만 아니라 모든 직원이 분투를 다짐하며 매달렸다. 엄청난 가속도로 내달렸다. 사실 요코하마에 있는 NTT도코모

연구소의 5G 기술개발센터를 보는 순간, 입을 다물 수 없을 정도로 놀랐다. 정부 지원도 탄탄하게 받고 있음을 실감했다.

결과적으로 2018년에 개최한 평창 동계올림픽은 완벽한 5G 세상이었다. 한 치의 실수도 없이 완벽하게 해냈다. NTT도코모 CEO와 임직원들도 그 현장에 있었다. 그들은 자신보다 2년 앞서 한국에서 펼쳐진 5G 세상에 혀를 내둘렀다. 공개적으로 KT에 도움을 요청하는 것도 잊지 않았다. 평창 동계올림픽을 성황리에 마친 KT는 기쁜 마음으로 전폭적인 지원을 해줬다.

5G 기술 표준화 주도로 대기업과 중소기업의 경쟁력도 글로벌 시장에서 두각을 나타내고 있다. 특히 5G 장비를 만드는 삼성전자 무선총괄 내 네트워크사업부는 5G 장비의 경쟁력으로 20%를 넘어선 수준으로 시장 점유율을 키울 수 있었다. 아울러 중소기업의 경쟁력도 5G 시장에서는 두각을 나타냈다.

현재의 삶이 위기인지 기회인지 알 길 없는 청춘들에게

광화문 사무실에 출근하는 6년 동안 나는 매일 액자에 담긴 '必死卽生 必生卽死'를 읽었다. 원본을 고성능 확대기로 확대 출력한 것으로, 내게는 남다른 의미가 있는 선물이다.

2005년 초였다. 해군사관학교 교장으로부터 한 통의 편지를 받았다. 1년에 한 번 있는 5기수(신입생, 1~4학년)를 위한 강의를 부탁한다는 내용이었다. 일정이 바빠 회신을 못 하던 사이 한 번 더 편지가 왔다. 마침 진해 인근 마산에 있는 노키아 공장을 둘러볼 일이 있어 일정을 맞출 수 있었다.

진해로 들어설 때부터 20년 전 기억이 새삼 떠올랐다. 출퇴근 때 자전거로 벚꽃길을 달렸던 일이나 전기과, 전자과, 기계과, 조선공학과 등 기술자들에게 반도체와 전기·전자를 가르쳤던 일, 박물관에서 이순신 장군의 글씨를 보고 또 보던 일까지…. 20년 가까운 세월이 지났지만 해사 건물은 전보다 산뜻해 보였다. 박물관은 그대로 자리를 지키고 있었다.

강의 주제는 '충무공과 반도체 사업'이었다. 1,250명 생도의 대장인 연대장의 경례를 받고 강단에 올랐다. 10대, 20대 때에 내 마음에 남았던 이순신 장군의 정신이 어떻게 반도체 사업에 적용되었는지를 이야기했다. 솔선수범 리더십, 뛰어난 정보력, 탁월한 전술과 전략, 거북선을 고안한 창의성 등 이순신 장군의 다양한 면모 중에서 나는 유비무환의 자세인 '위기 관리 능력'을 가장 먼저 설명했다. 21세기에 필요한 리더십 정신 가운데 가장 우선적으로 여겨야 하는 것이 '리스크 테이킹'이기 때문이다.

강의를 마치고 환담을 하는 자리에서 나를 초대했던 교장은 강의에 대한 답례로 선물을 하고 싶다고 했다. 나는 조심스럽게 교장실에서 보았던 '必死卽生 必生卽死'가 있는 족자에 관해 물었다. 교장은 1970년대 독일제 확대기로 16부를 찍었는데 마침 1부가 남아 있다고 했다. 그리고 몇 주 뒤, 우편으로 족자가 도착했다. 이후 족자가 담긴 액자는 항상 내 사무실 한편을 지켰다.

한가할 때 이순신 장군의 글귀를 보고 있노라면 장마철에 어머니를

해군사관학교 교장으로부터 선물 받은 이순신
장군의 족자

여의고 소복 차림으로 남도를 찾았던 이순신 장군의 안타까운 모습이 떠오른다. 칠천량해전에서 자식 잃은 부모들을 위로하고 조문하던 이순신 장군은 "전투는 군인이 하는 거지만 전쟁은 백성이 하는 것"이라는 말을 남겼다. 자신도 물러설 곳 없는 칼끝에 서 있으면서 힘들고 어려운 백성들을 먼저 챙겼던 그에게 승리는 운이 아니었다. 위험을 감수한 자에 대한 보상이었고 백성을 살핀 이에 대한 하늘의 배려였다.

요즘 친구들에게 이순신 장군은 어떤 의미로 다가올까? 가끔 만나는 청춘들은 "속내를 털어놓기도 힘든 지경"이라고 이야기한다. 나는 이럴 때일수록 이순신 장군과 사귀어보라고 조언한다.

2020년 퇴임을 하고 미루던 진도 답사를 다녀왔다. 코로나19 상황이라서 방역에 집중하며 신경을 곤두세운 여행이었으나 울돌목의 와류를 보는 순간 '늦게나마 오길 잘했다'는 생각이 들었다.

울돌목은 목이 좁아지는 지형에 융기형 지반으로 엄청난 소용돌이를 만들어낸다. 이순신 장군은 1597년 7월 삼도수군통제사로 임명되고 9월 명량해전을 준비하며 지역 주민들과 함께 그곳을 수차례 방문했다고 한다.

울돌목에 세워진 장군의 동상과 10장의 그림은 이순신 장군이 힘겹고 어려운 상황 중에도 뜻을 굽히지 않고 백성을 살폈던 모습을 잘 보여줬다. 수 시간 동안 바닷바람을 맡고 서서 울돌목을 지켜보니 개인적 감회가 더 깊어졌다. 바람의 등불 같은 나라를 지키기 위해 흩어진 군사를 모으고, 살고자 하는 마음까지 버렸던 그의 외롭고 고독한 삶이 눈앞에 보이는 듯했다. 나부터 그의 기상을 익히고 주변과 나누고픈 마음이 간절했다.

만일 현재의 삶이 위기인지 기회인지 분간이 어렵다면 인간 이순신 장군의 고뇌와 결정을 들여다보길 권한다. 나 또한 어려울 때 이순신 장군의 발자취를 돌아보며 큰 힘을 얻었다. 이순신 장군의 사람됨과 백성을 사랑하는 마음, 그리고 고난 중에도 자기 뜻과 의를 세울 줄 아는 용기는 어느 선각자에 뒤지지 않는다. 이순신 장군과의 만남을 통해 나의 청춘이 그러했듯 지금의 청춘들도 길을 찾을 수 있을 것이다.

04

파괴적 혁신과
도전을 시도하라

| 일론 머스크 |

역사적으로 보면, 신기술이 나오자마자 사람들에게 환영을 받은 사례는 매우 드물다.

가솔린 자동차가 처음 등장했을 때는 "수동 기어 변속이 불편하고 독한 배기가스를 배출하며 매번 주유소를 찾아야 하는 번거로움이 있다"라면서 마차를 고집하는 사람이 대부분이었다. 스티브 잡스가 매킨토시를 만들었을 때도 "마우스로 화면에 커서를 움직이는 방식이 눈을 피곤하게 해 적합하지 않다"라는 혹평이 있었다. 그런데도 이 기술들은 현시대를 점령하고 있다. 도전하고 포기하지 않은 이들 덕분에 우리의 삶이 바뀌었다.

'낙관주의'와 '도전 정신'은 수 세기 동안 변치 않은 도전자의 자세였다. 모든 분야에서 마찬가지겠지만 과학 기술 분야에서는 특히 낙관주의와 도전 정신이 중요하다. 지나치게 분석적이고 조심스러운 태도는 자칫 부정적인 면을 먼저 보는 상황을 만든다. '현실로 구현하기 어렵다'라는 이유로 단념한다면 원하는 미래는 실현할 수 없다. 에디슨은 전구를 발명하는 과정에서 경험한 무수한 실패를 '전구가 작동하지 않는 1만 가지 방법을 알아낸 것'이라고 하지 않았던가. 모든 성공은 수많은 도전과 실패의 결정체다.

모든 현재는 와해된다, 혁신이 미래를 만든다

"5년 뒤, 10년 뒤를 생각하면 등골이 오싹하다."

약 20년 전 이건희 회장의 위기의식은 현실에 대한 정확한 진단이었다.

현재는 삼성전자의 대표 상품이 된 '메모리 반도체'의 경우만 해도 그러했다. 메모리사업부장이 된 지 얼마 안 됐던 1999년 말, 플래시 메모리 분야 1등은 인텔(시장 점유율 26%)이었다. AMD(16%), 후지쯔 (15%), 샤프(13%)로 이어지는 후순위 업체가 나열된 한 보고서에 삼성전자는 3%로 10위권이었다. 경쟁 업체들이 인텔의 시장 점유율을 갉아먹으며 맹추격하고 있었지만(인텔의 시장 점유율: 1992년 75%→1995년 42%→1999년 26%) 기술도 제품의 경쟁력도 약한 삼성전자 입장에서는 그림의 떡일 뿐이었다.

연구실을 빠져나오지 못하는 날들이 계속되던 어느 날, 비서실에서 연락이 왔다. '미래 먹거리'를 주제로 회장님 주제 1박 2일 '전자 및 관계사 사장단 회의'가 예정됐다는 소식이었다. 내게는 배포 자료를 준비할 것 없이 구두로 발표하라는 지시가 내려왔다.

나는 수많은 자료와 기술 분석을 통해 '미래는 모바일의 시대가 될 것'이라는 강한 확신을 했고, 위기를 타개할 '미래 먹거리'를 고민하고 있었다. 일단 경영진에게 패러다임의 변화로 인한 반도체 기술 개발의 방향을 알려야겠다고 생각했다.

2002년 4월 19일 나는 최근에 읽은 〈IEEE Spectrum〉[미국전기전자학회(IEEE)의 학회지 중 하나]에 실린 클레이튼 크리스텐슨(Clayton M. Christensen) 교수(이하 '크리스텐슨 교수')의 논문인 '마이크로 프로세서 사업의 미래'만 들고 회의 장소인 창조관을 찾았다. 20여 명의 사장단과 비서팀 관계자 30여 명 등 50명 정도가 모인 자리에서 가장 먼저 발표자로 호명됐다.

크리스텐슨 교수는 논문에서 인텔의 CPU는 고가의 발전된 기술이지만 곧 한계와 딜레마에 빠질 수 있다고 지적했다. 그 내용을 내 언어로 정리하며 현재의 위기를 타개할 혁신의 길을 소개할 참이었다. 다른 경영진들이 자료를 배포하고 PPT 화면을 점검할 때 머릿속으로 발표 내용을 다시 정리했다. 만반의 준비를 마쳤을 때 내 이름이 호명됐다.

"지금 제 손에 들려 있는 것은 하버드 비즈니스 스쿨의 저명한 교수가 쓴 3장짜리 논문입니다. 크리스텐슨 교수는 인텔에 3년간 자문을 하며 이 논문을 썼습니다. 결론적으로 그는 현재 글로벌 최강 기업인 인텔에 한결같이 '무어의 법칙'을 추종하는 마이크로 프로세서 메이커들은 급변하는 시장에서 셰어(Share)를 잃을 수 있다고 말합니다."

회의장 공기가 무겁게 가라앉았다. 당시 주요 IT 기기는 컴퓨터였

하버드 비즈니스 스쿨 크리스텐슨 교수의 논문

는데 인텔의 CPU는 컴퓨터의 메인 상품으로 높은 가격에 전 세계로 팔리고 있었다. PC 시대에서 모바일 시대로 넘어가면 CPU의 패러다임이 무너지고 신기술이 주도하는 새로운 패러다임이 도래한다는 이야기는 자칫 신기루로 비칠 수 있었다.

"인텔을 포함한 마이크로 프로세서 업체들은 무어의 법칙과 같은 'CPU의 진화'에 의존한 사업을 펼치고 있습니다. 그러나 실제 CPU의 기능 중 고객이 사용하는 비중은 10~15%에 불과합니다. 고가의 앞선 기술이지만 고객들에게 꼭 필요한 기술인지는 의문입니다."

나는 미래를 이끌 새로운 혁신 기술로 '플래시 메모리'를 소개했다. 당시 메모리 반도체는 컴퓨터의 부속 부품 정도로 취급됐다. CPU가 능동소자라면 메모리는 새로운 OS가 나오지 않으면 침체기에 빠져버리는 단순 수동소자였다. 그러나 모바일 시대라면 그 위상이 달라질 터였다.

"크리스텐슨 교수는 여기까지 쓰지 않았지만 저는 앞으로 닥칠 모바일 시대에는 값은 저렴하지만 효용은 높은 '차세대 기술'이 새로운 패러다임을 이끌 것으로 생각합니다. 고객에게 필요한 것은 플래시 메모리와 같은 저비용 혁신 기술입니다."

요지는 CPU가 아니라 메모리 반도체가 중심이 되는 세상이 온다는 것이었다. 모바일 시대가 되면 네트워크 환경에서 정해지는 '속도' 구현보다 '저장 용량' 확보가 중요한 가치가 될 것이고 사진과 비디오 등 고용량 콘텐츠를 저장해야 하므로 '플래시 메모리' 같은 기술이 그 진가를 발휘할 것이다. 논문에서는 여기까지 답을 주지 않았지만 내 결론은 플래시 메모리 개발에 우리의 미래를 걸어야 한다는 것이었다.

"이 기술을 활용한다면 현재의 시장을 와해시키고 우리가 미래를 석권할 수 있습니다."

10여 분 만에 발표를 마치고 자리에 앉았다. 조용한 가운데 이건희 회장으로부터 반도체 개발 전략에 대해 이해를 했다는 사인을 받았다.

한참 시간이 흐른 뒤에 나는 '왜 하필 사장단 회의에서 나를 가장 앞서 발표를 하도록 했을까?'라는 의문을 가져본 적이 있다. 이 의문에 대한 나의 합리적 추론은 '자쿠로 미팅에서 도시바와의 협력을 거절하기로 하고 플래시 메모리 반도체에 힘을 실어주기 위해 사장단의 합의를 이끌어내려 했던 것은 아니었을까?'였다.

크리스텐슨 교수는 논문에 다음과 같이 썼다.

'파괴적 기술이란 첨단 기술이 아니다. 오히려 기존의 최신 기술보다 떨어진 전통 기술이지만 발전 속도가 더 빠르고 저가의 힘으로 로엔드(Low End) 시장을 치고 들어갈 수 있는 기술을 의미한다. 비싼 코스트(Cost)를 지속적으로 지급해야 한다면 시장은 더 크지 못한다.'

논문은 여기까지 기술됐다. 나도 모바일 시대를 여는 데 대단한 성능의 반도체가 필요할 것이라고 보지 않았다. 모바일 시대에는 CPU의 속도보다는 용량이 메인 드라이버가 된다고 전망했다. 플래시 메모리는 CPU에 비해 낮은 비용의 기술이지만 시장 요구에 대응하는 변화 속도가 훨씬 빠르고 개발 속도도 CPU보다 빨랐다. 이로써 플래시로 대변되는 황의 법칙은 CPU로 대변되는 무어의 법칙을 추월하고 시장에 빠르게 안착할 수 있었다.

저가의 전통 기술이 고가의 최신 기술이 만든 시장을 와해시킨다는 것이 크리스텐슨 교수의 와해 이론이다. 한 예로, 당시에는 고가의 최신 기술인 CPU 사업이 저가의 전통 기술로 와해할 것으로 예상했다. 나는 크리스텐슨 교수의 와해 이론을 황의 법칙에 적용해 플래시로 대변되는 모바일 시장이 CPU로 대변되는 PC 시장을 넘어설 것이라는 이론을 제시했다.

사장단 회의 이후 반도체 개발에 대한 전권을 위임받은 나는 플래시 메모리 개발에 가속도를 더했고 자쿠로 미팅에서 독자 사업으로

Christensen's theory
The Innovator's Dilemma(1997)

Hwang's theory
ISSCC (2002)

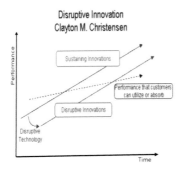

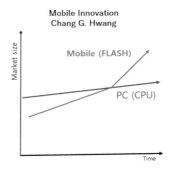

크리스텐슨 교수의 파괴적 혁신 이론을 '황의 법칙'의 모바일 혁신 이론과 비교한 자료

인정받으면서 개발 생산에 대한 힘을 받았다. 특히 2002년 반도체의 올림픽이라고 하는 최고 학회인 ISSCC 학회에서 '메모리 신성장론'을 발표한 이후여서 플래시 제품을 모바일 기기로 확대하는 전방위 전략을 만들기 시작했다.

글로벌 마케팅 전략으로는 대만에서 '삼성모바일솔루션포럼(Samsung Mobile Solutions Forum)'을 준비하고 USB 시장을 발굴했으며 MP3 시장 확대 등 상품 기획과 마케팅 관련 모든 부서에서 글로벌 시장 개척을 위해 노력하기 시작했다.

이 중 대만에서 열렸던 삼성모바일솔루션포럼은 2004년에 시작해 6년간 삼성전자 반도체의 플래시 제품을 알리는 중요한 역할을 했다.

대만은 세계 톱 수준의 모바일 기기 경쟁력을 자랑했는데, 이들이 삼성전자의 플래시를 중심으로 모바일 솔루션을 먼저 탑재했다. 이로써 대만 기업들은 세계 시장을 선도하는 삼성 반도체의 거대한 상품기획팀 역할을 했다. 이 전략은 인텔이 10년 넘게 PC 산업을 주도하며 벌였던 인텔포럼에서 착안한 것이다. 인텔 역시 대만의 PC 부품 및 칩셋을 주요 선도 시장으로 채택하고 있었다.

그런데 앞서 이야기했듯 미래는 거저 오지 않았다. 미래 시장의 트렌드를 예견하는 것과 이를 기술적으로 구현하는 것 간에는 커다란 간극이 존재한다. 경영전략회의 이전부터 연구소에서는 D램 병행 개발과 플래시 메모리 개발이 한창이었지만 한동안은 기술의 한계로 고전을 면치 못했다. 이를 뛰어넘기 위해 설계의 혁신, 공정의 혁신, 물질의 혁신을 계속 추진했다. 세 부문에서 원하던 조합이 완성됐을 때 원하는 결과를 얻을 수 있었다.

한 예로, 설계 및 공정의 혁신과 관련해 임직원의 노력이 대단했다. 플래시 메모리의 경우 개발이 되어도 제때 공장에서 제품이 나오지 않으면 적극적으로 시장을 주도할 수 없었다. 하지만 반도체의 경우 장치산업이라 불릴 만큼 라인을 새로 구축하는 데 어마어마한 돈과 시간이 들어간다. 나는 인텔이 S램〔컴퓨터 캐시(임시 저장)와 통신용 메모리 반도체〕을 내재화하면서 생산이 급감하게 된 S램 라인을 플래시 메모리로 변경할 수 있을지 담당 엔지니어들과 논의했다. 임직원들은 모든 기술을 동원해 최소한의 투자로 제조 라인을 세팅해줬다. 그들의 혁신적인 노력이 없었다면 플래시 메모리의 호황기는 그렇게 빨리 시작될 수 없었을 것이다.

〈플래시 메모리 시장 점유율 변화〉

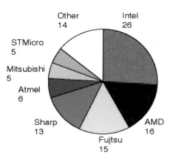

Flash Memory Market Share, 1999
($4.7 billion)

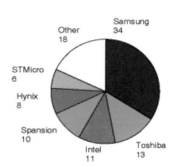

Flash Memory Market Share, 2005
($20.5 billion)

• 주: 1999년에는 삼성전자의 마켓 셰어가 5% 미만이라 'Other'에 포함되어 있었음.

5년도 되지 않아 나의 예상과 우리의 도전이 틀리지 않았다는 것을 수치로 확인할 수 있었다. 삼성전자의 플래시 메모리 시장 점유율은 2001년 4.6%에서 2005년 34.4%로 올랐는데 2위 도시바보다 21%p 나 높았다. 인텔의 시장 점유율은 11%로 줄어들었다. 도시바의 독점적 기술 주도에서 삼성전자의 기술 주도로 바뀌었다. CTF 탄생은 기술 독점의 중요한 분기점이 되었다.

지도에도 없는 길을 가는 혁신의 승부사

현재의 기술은 언젠가는 와해가 된다. 그러나 원하는 미래를 만나기 위해서는 도전과 혁신이 반드시 경주되어야 한다.

최근 나는 일론 머스크라는 '혁신의 승부사'를 통해 이러한 진리를 다시 확인하고 있다. 그는 자율 주행 전기차와 민간 우주선, 그리고 태양광 에너지 등 인류에게 '새로운 미래'를 열어주고 있다. 지금도 미국에 전기차 고속 충전소를 세운다거나 지하에 시속 1,220킬로미터의 하이퍼루프를 건설하겠다며 끝도 없는 도전을 계속하고 있다.

처음 검색창에 일론 머스크라는 인물을 찾아본 것은 2013년 봄으로 기억된다. 이전에도 그에 대한 기사는 여러 번 접했으나 TED (Technology Entertainment Design) 강연을 접한 후 푹 빠져들고 말았다.

2013년 TED 강연에 나왔을 때 그의 나이는 42살로 이미 많은 도전이 성과로 이어진 후였다. 그도 그럴 것이 스탠퍼드대학 박사 과정(응용물리학과 재료공학)을 그만두고 첫 창업(Zip.2)을 했을 때가 고작 24살이었다. 두 번째 창업인 인터넷 결제 플랫폼 '페이팔'을 매각한 것이 31살 때였다. 당시 그의 재산은 2,000억 원에 육박했다.

사실은 그때부터가 시작이었다. 무일푼으로 시작해 2번의 창업과 매각으로 엄청난 부를 거머쥔 그가 보인 다음 행보는 '세상 누구도 가지 않은 길'에 대한 도전이었다. 그가 운영하는 기업 3곳은 그의 도전과 성과를 잘 보여준다.

2002년에 설립한 '스페이스X'는 민간 로켓 기업으로서는 처음으로 유인 우주선을 쏘아 올려 임무를 마치고 무사 귀환시킨 쾌거를 이뤘다. 2004년에 출자하고 이사회 의장을 맡은 '테슬라모터스'는 전기로 가는 고급 스포츠카와 세단, SUV를 생산 및 판매를 했고 주식 상장도 이뤄냈다(테슬라모터스는 이후 테슬라로 사명을 변경했다). 2006년에 설립한 태양광 발전 기업인 '솔라시티'는 구글에 2억 8,000만 달러 투자를 받았고 창업한 지 6년 만에 주식 상장에 성공했을 뿐만 아니라 천연 에너지 연구에서 선두를 달리고 있다. 이 중 세간의 이목을 집중시킨 기업은 단연 스페이스X다.

"현재의 모든 로켓 물품은 재사용이 불가능합니다. 비행할 때마다 10억 달러가 사용되죠. 그러나 우리가 개발한 로켓은 출발한 곳으로 돌아옵니다. 그리고 몇 시간 안에 다시 발사할 수 있습니다. 재활용이 가능합니다. 로켓만 재사용할 수 있다면 금액을 획기적으로 줄일 수 있습니다."

진즉에 일론 머스크는 "우주 로켓 개발이 그토록 돈이 많이 드는 연구인지 누가 한번 분석해본 적이 있습니까?"라며 모든 우주과학자의 뒤통수를 때리는 질문을 한 바 있다.

일론 머스크는 디자인과 기술, 그리고 산업을 함께 통합하고 추진하는 자기 능력의 원천을 '물리학' 공부로 들었다.

"물질의 근본적인 것부터 파고들고, 유추하는 방식으로 하지 않습니다. 우리는 대부분을 이렇게 유추하는 데 생각을 조금 다르게 합니다. 뭔가 새로운 것을 하려면 물리학적으로 접근해야 합니다. 직관적입니다."

기술의 발전을 연속선으로 보지 않는 것, 기존의 관행을 파괴하는 것, 발상 전환을 통해 남들이 생각하지 못한 기술 혁신과 일치했다.

4년 뒤인 2017년 캐나다 밴쿠버에서 열린 TED 강연에서의 일론 머스크는 전보다 성숙한 느낌이었다.

"우리가 크게 착각하는 게 있는데 그건 기술이 스스로 발전한다고 믿는 것입니다. 기술은 엄청나게 많은 사람이 엄청나게 노력해야 만들어지고, 오직 그때만 발전합니다."

이전까지 많은 언론은 철자가 틀린 이메일을 보낸 직원을 해고한 일화, 휴일을 가족과 보내겠다는 직원에게 회사가 망하면 원 없이 그렇게 하게 될 것이라고 핀잔을 준 일화 등을 소개하며 그를 괴짜 경영자로 보도했지만 내게는 그의 열정이 더 크게 다가왔다.

우연인지 필연인지 강연을 보고 6개월 뒤 나는 KT 직원들과 함께 미국 캘리포니아 호손에 있는 스페이스X를 방문하게 됐다. KT의 무궁화 5A 위성 발사를 위한 일 때문이었다. 혹시 일론 머스크와 만날 수 있을까 생각은 했으나 일부러 일정을 잡지는 않았다. 세간에는 국가의 수상이나 글로벌 CEO가 가도 일론 머스크는 잘 만나주지 않는다는 이야기가 돌았다. '아이언맨'이라는 별명이 붙은 이유도 영화의 모델이라서가 아니라 표정 없이 거절을 잘하기 때문이라는 소문도 있었다.

상상을 현실로 만들기 위해 우리는 함께 달리고 있다

2017년 10월, 우리를 맞아준 사람은 스페이스X COO인 그윈 쇼트웰(Gwynne Shotwell) 사장(이하 '쇼트웰 사장')이었다. 그녀는 노스웨스턴대학교에서 기계공학과 응용수학을 공부하고 군사 우주 엔지니어링 프로젝트에서 근무한 재원으로 스페이스X의 역사에서 빼놓을 수 없는 인물이기도 하다. 세련되지만 배려심이 많은 이로 2008년부터 사장을 맡고 있다.

사전 조율이 충분한 상황에서 회의는 무리 없이 진행됐다. 무궁화 5A는 기존의 무궁화 5호를 대체하는 위성으로 위성이 담당하는 영역이 동남아에서 중동 지역까지 확대될 것으로 기대했다. 로켓 발사는 10월 말로 확정했다.

"괜찮으시면 사무실에서 뵙고 싶다고 하시는데요."

자리를 정돈하고 직원들이 움직이는 사이 쇼트웰 사장이 다가와 이야기를 전했다. 회의 전에 "일론 머스크가 잠시 들러 인사를 할 수도 있겠다"라는 이야기가 있었지만 나타나지 않았다. 그런데 돌연 일론 머스크의 사무실에서 일대일 면담을 하자는 전갈이 왔다. 나는 잠깐 시계를 보고 알았다고 답을 했다. 예정에 없던 미팅이 갑자기 잡혔으니 아무런 준비도 돼 있지 않았다. 그렇다고 '살아 있는 혁신의 아이콘'과 교감할 기회를 가벼이 흘려보낼 수도 없었다. 생각을 빠르게 정리해나갔다.

2가지 주제를 고민하는 사이 잠깐의 휴식 시간이 지나가고, 안내에 따라 쇼트웰 사장과 함께 일론 머스크의 사무실로 향했다. 그의 상징이기도 한 지구와 화성의 위성 사진이 있는 복도를 지나자 곧 그의 사무실이 나왔다. 한국의 사무실과 같은 공간은 아니었다. 일반 사원들과 공유하는 오픈 스페이스 사무실 한쪽에 일론 머스크의 책상이 있었다. 다소 냉랭한 첫인상에서 말을 아끼는 그의 성격이 그대로 드러났다.

"테슬라가 추구하는 것이 자율 주행 전기차로 세계를 제패하는 것이 아닌가요?"

나는 가볍게 입을 열었다. 대화는 듣는 이의 관심사에서 시작해야 한다. 당시 테슬라의 자율 주행 중 사고가 사회적 이슈가 됐다. 나는 일본과 한국에서 직접 자율 주행을 경험했다. 그러나 일개 소비자로서의 경험이 그의 관심을 끌 것 같지는 않았기에 화두를 '자율 주행을 완성하는 5G 기술'로 잡았다. 엔지니어와 경영자 모두가 공유할 수 있는 주제였다. 일론 머스크의 표정에 호기심이 싹트는 것이 보였다.

"자율 주행에서 제일 중요한 게 5G입니다. KT는 5G를 가장 먼저 선언하고 기술에 대한 전반적인 표준을 만들고 있습니다. 평창 동계 올림픽에서 이를 시연하기 위해 만반의 준비를 다 하고 있지요."

당시 KT에서는 5G를 활용한 자동차 자율 주행을 실현하는 시뮬레이션을 이미 진행하고 있었다. 자율 주행 버스와 미니 버스, 승용차가 함께 주행하는 체험과 드론이 가져온 물건을 자율 주행차에 전달하는 상황을 이야기하자 일론 머스크는 5G가 자율 주행 실현에 어떤 영향을 미칠지 물었다.

운전에서 가장 중요한 것은 브레이크이다. 정확한 시점에 조절이 되어야 한다. 5G로 컨트롤되는 자율 주행 자동차의 반응 속도는 인간의 반응 속도보다 빠르다. 눈 깜박하는 순간의 10분의 1 속도로 반응하며 승객의 안전을 담보한다. 대답을 들은 일론 머스크의 얼굴은 한층 밝아졌다. 그 표정 변화에 좀 더 자신감을 가진 나는 다시 이야기를 시작했다.

"자율 주행 인프라 기술 중에서 안전 및 정확도에 가장 기본이 GPS 오차를 극단적으로 줄이는 것입니다. 현재는 수십 센티미터지만, KT에는 이를 수 센티미터로 줄이는 측위 기술이 있습니다.

평창 동계올림픽에서 자율 주행차와 드론의 택배 전달을 시연했다.

모든 것을 경험해보길 원한다면 2018년 평창 동계올림픽에 한번 와보시죠. 전 세계에서 자율 주행을 시행해보고 테스트해볼 수 있는 곳은 이곳밖에 없습니다. 5G와 기본 인프라를 다 깔아놓아서 테스트 베드로 완벽한 곳입니다. 올림픽도 보시고 실무자들은 우리 기술팀과 협력해서 자율 주행을 시연하도록 하면 어떨까요?"

일론 머스크가 스케줄을 확인하는 사이, 나는 그가 관심을 가질 두 번째 화두를 꺼냈다.

"스페이스X나 기가팩토리에 우리의 스마트 그리드를 적용한다면 에너지를 혁신적으로 줄일 수 있습니다."

테슬라는 2016년 파나소닉의 투자를 받아 네바다주에 대규모 배터리 공장인 기가팩토리를 건설하고 양산에 돌입할 준비를 마쳤다. 이후로도 대규모의 기가팩토리를 추가로 건설하겠다는 발표도 했다. 공장들의 에너지 활용도를 높이는 것은 운영 효율을 높이는 것뿐만 아니라 환경 보존에도 매우 긍정적인 영향을 미친다.

나는 국가CTO 시절 때부터 에너지 생산 극대화와 소비를 최소로 줄이면서 에너지 효율을 높이는 방법을 고민해왔다는 점과 해외 석학들을 만나는 중에 에너지를 쓰는 형태를 AI나 빅데이터로 분석해서 최적화하는 마이크로 그리드(Micro Grid, 지역 단위의 소규모 독립형 전력망으로 자체 생산·소비·거래 프로세스를 통해 전력을 자급자족할 수 있는 스마트 그리드) 솔루션을 개발한 이야기를 풀어냈다. 당시 KT는 시연을 마친 앞선 기술을 갖고 있었다. 일론 머스크는 매우 흥미롭고 창의적인 아이디어라며 자료를 살펴보고 싶다고 화답했다.

두 가지 주제만으로도 30분이 금방 지나갔다. 아쉬운 마음으로 일정에 맞춰 일어나려는데 일론 머스크가 직원을 불러 "닥터 황과 임원들에게 투어를 진행해주세요"라는 지시를 했다.

스페이스X는 로켓을 직접 만드는 곳으로 새로운 기술이 집약된 곳이다. 외부인에게는 투어를 진행하지 않는 곳으로 유명하다. 고객사라도 예외는 없다.

일론 머스크의 제안에서 나는 순수한 호의를 느꼈다. 먼 길을 찾아온 손님에 대한 예우이자 미래를 함께 만들어가는 이에게 주는 선물

2017년 10월 스페이스X를 방문했을 때 처음 귀환한 로켓 앞에서 기념 촬영을 했다.

이라는 생각이 들었다.

스페이스X 내부는 좀 특별했다. 30년 가까이 수많은 곳을 방문한 내게도 로켓을 완제품으로 만드는 곳은 처음이었다. 상당한 규모에다 일반 제조 현장과 다른 작업 환경이었다. 부분을 완성해 결합하는 구조에 맞게 투어는 파트별로 진행됐다. 쇼트웰 사장은 엔진, 소프트웨어 파트를 차례로 소개하며 설명을 덧붙였다. 철저한 보안 중에도 쇼트웰 사장은 귀환한 인공위성 1호 앞에서 함께 사진을 찍자며 기념사진도 선물해줬다.

한국에 도착했을 때 일론 머스크로부터 "평창 동계올림픽에 방문하고 싶다"라는 연락을 받았다. 그러나 한 달 후에 상하이에서 테슬라 공장 설립 행사와 겹치는 바람에 부득이하게 참석이 어려워졌다는 연락이 다시 왔다. 재회가 무산된 데 나와 일론 머스크는 서로에게 아쉬움을 전했다.

가능성은 만들어지는 것이다

돌아오는 비행기에서 회의 자료를 정리하며 휴대폰으로 찍은 사진들을 살펴봤다. 인공위성 1호 앞에서 찍은 단체 사진과 일론 머스크와 찍은 사진이 눈에 띄었다.

일론 머스크와 나는 스페이스X를 상징하는 화성과 지구의 위성 사진을 배경으로 악수를 하며 사진을 찍었다. 순간 스마트폰 액정을 보는 내 입가에 미소가 번지는 것이 느껴졌다.

'혁신가와의 만남은 어떤 의미가 있는가?'

산업 현장에서의 삶은 늘 고달프고 치열하다. 명쾌한 답도 길도 없는 미래 기술을 개발하는 일은 어둠 속 행군과도 같다. 특히 반도체 사업을 하면서부터 통신업계 CEO로 세계를 누비는 사이 매년 다양한

미팅을 마치고 집무실 앞에 있는 지구와 화성의 위성 사진 앞에서 일론 머스크와 기념 촬영을 했다.

신제품, 신기술을 개발해야 한다는 부담이 어깨를 짓눌렀다. 외롭고 고독한 여정이었다.

그러나 내게는 이 힘든 과정을 견디게 해주는 버팀목도 있었다. 첫째는 우리가 꿈꾸는 미래는 반드시 올 것이라는 신념이다. 이 믿음이 기술의 한계에 부딪혀 자주 주저앉곤 했던 나와 연구팀을 추슬러주었다. 둘째는 미래를 만드는 우리는 결코 혼자가 아니라는 생각이다. 가뭄에 단비처럼 만나게 되는 혁신가들은 가슴속 열정을 불러일으키고 우리의 도전이 충분히 의미 있다는 것을 느끼게 해준다.

그걸 알기에 나 역시 눈코 뜰 새 없이 바쁜 와중에도 빼놓지 않는 일정이 하나 있다. 젊은 친구들과 소통하기 위해 캠퍼스를 찾는 것이다.

지난 30년간 부단히도 애를 쓰며 연구실과 학교를 오갔다. 젊은 친구들이 새로운 도전을 꿈꾸도록 현장의 생생한 경험과 글로벌 성공 사례를 들려주는 것이 나의 할 일이라 생각했다. 어쩌다 공학계 인사들이 모이는 자리에 서면 '기술 한국' 입지를 단단히 해야 한다는 다짐과 후배들을 위해 과학 기술의 중요성을 계속 알리자는 다짐을 했다.

그런데 요즘 들어 나는 젊은이들과의 소통이 즐겁지만은 않다. 꿈을 꾸고 도전해야 하는 젊은이들이 현실의 굴레를 벗어나지 못하는 모습을 지켜보는 것이 매우 안타깝기 때문이다. 일례로 우리나라에서 강연을 하고 받게 되는 질문 대부분은 '진로'와 '취업'에 대한 것이다. 해외 유수의 대학생들이 '전공'과 '비전'에 관해 묻는 것과 대조적이다.

현대는 정보력이 강하고 융합을 손쉽게 할 수 있는 환경으로 되어 있다. 우주로 로켓을 쏘고 가솔린이 아닌 친환경 에너지로 차가 움직이는, 인류 탄생 이래 가장 문명이 발달한 사회다. 그런데 그것을 기회로 인식하지 못하는 사람이 너무도 많다. 눈앞의 삶을 해결해야 하는 것은 분명하지만 일상에 매몰되면 큰 그림을 그릴 수 없다.

해마다 나는 미래를 함께 일구는 이들로부터 기쁜 전보를 받는다. 2018년 2월 스페이스X는 '출발지로 돌아와 착륙하는 로켓'을 실현했다. 플로리다 케네디우주센터에서 발사한 '펠컨 헤비(Falcon Heavy)'는 로켓을 바다로 떨어뜨리지 않고 출발지로 되돌려 착륙시켰다. 2013년에 일론 머스크가 말했던 가능성이 현실이 됐다. 2020년 8월에는 국제우주정거장에 2달간 머문 우주비행사가 스페이스X의 캡슐을 타고 해상으로 귀환했다. 우주선 캡슐이 낙하산을 펴고 해상에 내려앉으며 충격을 줄이는 귀환 방식은 우주여행의 안정성을 높여줄 것이다.

"어떤 문제를 풀기 시작할 때부터 가능하리라 생각하지 않습니다. 하지만 하다 보면 길이 열립니다. 가능성은 만들어지는 겁니다."

대담한 도전을 일삼으며 새로운 미래를 여는 중에 일론 머스크가 했던 말을 이 땅의 젊은이들에게 한 번 더 전하고 싶다.

05

편집광이
내일의 성장을 이끈다

| 앤디 그로브 |

　20대 때 내게 영향을 미친 인물을 꼽으라면, 나는 주저 없이 윌리엄 쇼클리와 앤디 그로브라고 답한다.

　윌리엄 쇼클리는 트랜지스터 개발자이자 노벨 물리학상 수상자다. 1951년 접합형 트랜지스터를 개발한 업적을 인정받아 1956년에 노벨상을 받았다. 그사이 그는 벡맨인스트루먼트(Beckman Instruments Inc)의 지원 아래 '쇼클리반도체연구소'를 세워 인재들을 불러들였다. 여기에는 나중에 인텔을 세운 고든 무어와 로버트 노이스도 있었다.

　그런데 이 둘은 윌리엄 쇼클리의 까다로운 성격과 고압적인 운영 방식을 견디지 못하고 연구소를 떠나기로 한다. 나중에 윌리엄 쇼클리가 '8인의 배신자'라고 비난한 동료들과 함께 '페어차일드반도체(Fairchild Semiconductor)'를 설립한다. 페어차일드반도체는 이후 트랜지스터 제조 선두 기업이 됐고 박사 과정을 마친 앤디 그로브도 합류

인텔의 창업자 3인. 왼쪽부터 앤디 그로브, 로버트 노이스, 고든 무어('무어의 법칙' 창시자).
출처: 위키피디아

를 결정한다.

　IBM이 3세대 반도체를 만든 것에 자극을 받아 고든 무어와 로버트 노이스는 인텔을 창립한다. 1968년 인텔의 창립 멤버로 합류한 앤디 그로브는 1979년 최고 경영자 자리에 오른 순간부터 2005년 회장직으로 은퇴할 때까지 25년 동안 인텔의 조정석에 앉았다.

　개인적으로 나는 윌리엄 쇼클리보다 앤디 그로브에게 더 많은 애정을 품고 있다. 그는 1990년대에 《편집광만이 살아 남는다(Only the Paranoid Survive)》라는 자서전을 출간해 화제를 모았다. 근본적인 변화를 수용하기 위해서는 초긴장 상태로 항상 경계를 늦추지 말아야 한다는 것이 그의 생각이었다. 첨단산업 분야의 기업을 경영하면서 예리한 관찰력과 판단력을 겸비한 경영자의 글을 읽는 것은 큰 즐거움이었다. 자연스럽게 그가 내 인생에 남긴 족적을 다시 되돌아보는 시간을 갖기도 했다.

그가 젊은 시절 썼던 《Physics and Technology of Semiconductor Devices》는 그야말로 내게 바이블이었다. 학부 4학년 때 이 책을 읽고 처음으로 '반도체'에 일생을 걸겠다고 결심을 했다. 이후에도 책에서 손을 떼지 못해 책이 닳고 헤져 3번이나 다시 사기도 했다.

이런 사정이 있던 내게 앤디 그로브와의 실제 대면은 감격 이상의 것이었다. 스탠퍼드대학에 있을 때 인텔의 컨설팅 업무를 하던 중 그를 만나 대화를 나눈 것은 일생일대의 사건이라고 할 수 있겠다. 이후로도 나는 책과 다양한 매체를 통해 그의 삶의 역경과 철학, 경영자로서의 이념 등을 확인할 수 있었다. 결과적으로 나는 앤디 그로브를 통해 고난과 도전, 그리고 성장이 하나의 연속선상의 일임을 자각했다.

경영자로서 어려움에 부닥친 그가 고든 무어에게 던진 하나의 질문을 통해 성장의 새로운 전기를 맞은 에피소드는 경영 현장에 있던 내게도 많은 생각할 거리를 던져줬다.

"만약 우리가 쫓겨나고 새로운 CEO가 온다면?"

1968년에 문을 연 인텔은 메모리 반도체에 승부를 걸었다. 1969년 첫 메모리칩을 출시한 이래 10여 년간 메모리 시장은 인텔의 독무대였다. 그리고 1990년대 때 인텔은 세계에서 가장 큰 기업 중 하나로 성장했다. 그러나 1980년대 초반은 상황이 달랐다.

일본 기업이 만든 반도체가 저가 공세를 펼치던 1985년 인텔은 매우 어려운 상황에 부닥쳤다. 인텔이 위기에 몰리자 사장 자리에 앉아 있던 앤디 그로브는 고민에 빠졌다. 방황은 1년간 계속됐다. 결국 암담한 상황을 어쩌지 못한 그는 고든 무어에게 가서 물었다.

"우리가 쫓겨나고 새로운 CEO가 온다면 이 위기를 어떻게 극복할까요?"

고든 무어는 앤디 그로브보다 예닐곱 살이 많았다. 똑똑했고 점잖았으며 무엇보다 깊이가 있었다. 젊은 혈기가 넘쳤던 앤디 그로브와 바위처럼 단단한 성품의 고든 무어는 서로 잘 맞았다. 고든 무어는 앤디 그로브가 예상한 대답을 했다.

"메모리 사업에서 손을 떼겠지요?"

고든 무어의 대답을 들은 앤디 그로브는 생각했다. 1982년 인텔은 세계에서 메모리칩을 제조하는 두 번째로 큰 기업이었다. 1986년이 되자 6번째 큰 기업으로 내려앉았다. 수익도 적자가 났다. 15년 전에 회사가 상장되고 난 후 처음으로 기록하는 적자였다. 상황은 명확했다.

"그럼 우리가 이 방을 나갔다가 다시 들어와서 그렇게 하면 되지 않을까요?"

결국 앤디 그로브는 D램 중심의 메모리 사업에서 손을 떼고 대신 '마이크로 프로세서'라는 성장 사업에 미래를 걸기로 했다. 지금이야 컴퓨터의 중앙처리장치를 구성하는 반도체 회로에 대해 모르는 이가 없겠으나 당시는 생소한 분야였다. 무엇보다 컴퓨터 보급이 지금처럼 많지 않았다. 리스크를 안고 앤디 그로브는 15년간 회사를 먹여 살렸던 기술을 버리고 전략적 전환점을 맞이하기로 했다.

메모리 산업에서 손을 떼면서 인텔은 1985년과 1986년에 7곳의 공장을 폐쇄하고 직원 7,200명을 집으로 돌려보냈다. 그러나 이날의 선택으로 인텔은 반도체 업계의 최강자가 되는 포문을 열었다.

인텔은 차세대 마이크로 프로세서 개발을 위해 수익의 30%를 투자했으며 IBM과 개인용 컴퓨터를 만드는 회사에 마이크로 프로세서를 공급하는 계약을 맺게 된다. 이렇게 인텔의 도전은 위대한 승리로 이어지게 됐다.

치열하게 고민해본 사람만이 질문할 수 있다

내가 앤디 그로브를 만난 때는 그가 조직 개편을 하고 한창 IBM과 사업을 키워나가던 1988년 전후였다. 나는 펜티엄에 들어가는 반도체칩의 트랜지스터를 디자인하는 업무를 맡고 1주일에 이틀씩 인텔 본사로 출근했다. 실리콘밸리에 있는 인텔 본사는 내게 '신선한 공기'를 불어넣는 공간이었다. 내가 연구하는 반도체가 실제 산업 현장에서 어떻게 활용되는지 주의 깊게 봤다. 그러다 직원 식당에서 앤디 그로브를 만나 인사를 하게 됐다.

"저는 한국에서 당신의 책을 3번이나 사서 읽었습니다. 조금 부풀려 이야기를 하자면, 몇 페이지에 무슨 내용이 있는지도 맞힐 수 있습니다."

앤디 그로브는 자신의 사무실 앞에서 등을 문에 살짝 기댄 채 나와의 대화를 이어갔다. 시간관념이 엄격하기로 유명한 그가 그 정도 관심과 호의를 보여준 것만으로 나는 몹시 감격했다.

당시 나는 그가 보여준 관심과 호의가 '동양에서 온 팬에 대한 배려'라고 생각했다. 그가 헝가리 이민자라는 것을 나는 알고 있었다. 아무리 기술 과학 분야가 개방적이고 실리콘밸리 문화가 격이 없다고 해도 당시는 1980년대였다. 미국 내의 뿌리 깊은 정서까지 없앨 수는 없었다. 미국 태생이 아닌 내게 약간의 동질감을 느끼고 있지 않았을까 나는 짐작했다. 그리고 10여 년 만에 내가 이끄는 조직이 인텔의 어엿한 경쟁사가 됐다.

한국에 돌아온 이후 나는 미국에서 (앞에서 소개했던) 앤디 그로브의 자서전이 출간됐다는 소식을 들었다.

인텔과 앤디 그로브의 책들을 섭렵하는 것은 새로운 즐거움이었다. 일례로 나는 책에 소개된 인텔의 이야기에서 내가 바이블로 여겼던 책의 탄생 비화를 접했다.

1967년 앤디 그로브가 첫 번째 직장인 페어차일드반도체에 근무할 때 일이다. 그는 회사의

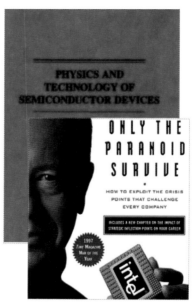

앤디 그로브의 《반도체 소자 기술과 물리학》과 《편집광만이 살아 남는다》 표지

통솔력에 좌절감을 느끼고 '보조 업무'를 하나 기획한다. 회사에 사직서를 내는 대신 모든 에너지를 반도체와 관련된 책을 집필하는 데 쏟기로 한 것이다. 그렇게 대중에게는 거의 알려지지 않은 대학 교재 하나가 세상에 나왔다. 내가 3번이나 샀던 바로 그 책이었다. 그런데 훗날 이 책은 '인텔이 훌륭한 인재를 모집하는 가장 좋은 방법'이 됐다. 공학도들 사이에서 앤디 그로브의 책은 '꼭 읽어야 하는' 고전이 됐고, 인재들은 위대한 저자와 함께 일하고 싶은 마음에 스스로 인텔의 문을 두드렸다고 한다.

이 밖에도 앤디 그로브와 관련한 이야기에는 내가 모르던 부분도 더러 있었다. 앤디 그로브의 유년기는 내게는 약간의 충격이었다.

나는 앤디 그로브가 헝가리 출신 이민자인 줄 알았다. 그러나 엄밀히 말해 그는 '이민자'가 아니라 '망명자'였다.

유대인이었던 앤디 그로브의 헝가리 이름은 안드라스 그로프(Andras Grof)였다. 어릴 때는 몸이 약해 성홍열과 중이염을 달고 살았다. 갓 초등학생이 되었을 무렵에는 제2차 세계대전이 터졌다. 독일의 홀로코스트 정책으로 인해 앤디 그로브의 가족은 피해자이자 희생자가 될 수밖에 없었다.

앤디 그로브의 아버지는 군대에 차출되어 전쟁터에 나갔다가 러시아군의 포로가 됐고, 어머니는 앤디 그로브와 함께 학살의 위험을 피해 숨고 도망 다니는 시간을 보냈다. 앤디 그로브에게 전쟁과 죽음은 목전의 생생한 것이었다. 제2차 세계대전이 막을 내리고 끌려갔던 아버지가 돌아온 후에도 위험을 견뎌야 하는 삶은 달라지지 않았다. 헝가리가 공산화되면서 친척들은 비밀경찰에 체포돼 사라졌다.

우여곡절 끝에 앤디 그로브는 헝가리에서 대학을 마치고 홀로 미국으로 망명해왔다. 미국의 교육 시스템 덕분에 학교는 무료로 다닐 수 있었지만 생활비 때문에 아르바이트를 계속해야 했다. 그러나 강인하고 정열적이었던 그는 버클리대학을 수석으로 졸업했다. 이후 미국식으로 이름을 바꾸고 미국 기업에 취직해 미국인으로 살았다. 자서전을 내기 전까지 헝가리에서의 유년 시절은 결코 입에 담지 않았다.

앤디 그로브의 성장기를 읽고 나는 그가 내게 보여준 배려가 내가 '한국인'이었기 때문일지 모른다는 합리적인 의심을 해보게 됐다. 어디까지나 나의 추측일 뿐이지만 전쟁의 위기와 폐허를 경험한 이에게 당시의 한국은 동질감을 가질 수밖에 없는 나라였다.

경영자로서 앤디 그로브는 미국의 경영 방식과 달리 매우 엄격하다는 평을 들었다. 그는 출근 시간을 8시로 정하고 퇴근 시간도 자유롭게 두지 않았다. 권위주의를 내세우지는 않았지만 조직원들에게 살아남기 위해 경계심을 가지고 단호하게 움직여야 한다고 강조했다. 그리고 자신도 항상 위험을 감수했다.

사실 앤디 그로브는 마이크로 프로세서 사업에 대해 반대했다. 하지만 치열하게 고민하고 나서 고든 무어와 자기 자신에게 적절한 질문을 던졌다. 애초에 그는 직원들과 논쟁을 벌이는 것을 좋아했다고 한다. 누구든지 자신의 아이디어를 공개적으로 비판하고 따질 수 있도록 했다. 이러한 투철한 도전 정신과 투쟁 정신으로 그는 수많은 시행착오에도 불구하고 인텔을 굴지의 기업으로 성장시켰다.

더 멋진 세상을 만드는 데 힘을 보태는 일

단상에 오를 때는 긴장과 설렘이 공존한다. 새로운 미래에 대한 선언을 할 때는 더욱 그렇다. 이전에 없던 것들을 이야기할 때 사람들은 더 집중한다. 그러나 나는 단상에 오를 때보다 내려올 때 더 긴장한다. 진짜 랠리는 이제부터 시작이기 때문이다.

2006년 5월 워커힐호텔에서 열린 서울디지털포럼에서 나는 'IT 다음 시대는 FT(Fusion Technology) 시대'라는 선언을 했다. '황의 법칙' 발표 이후 미래 기술에 대한 선언은 4년 만이었다.

당시에는 플래시 메모리의 등장으로 기존 저장 매체인 필름, 테이프, CD 등이 사라지고 TV와 인터넷을 즐길 수 있는 멀티미디어 휴대폰과 노트북 등이 탄생하고 있었다. 반도체 기술 발전으로 디지털 기기의 융복합화가 가속화되고 있으니 다음은 앞선 기술들의 융복합화가 진행될 것이다. 물론 2000년대 중반에 정보 기술(IT), 바이오 기술(BT), 나노 기술(NT)이 하나로 융합된 융합 기술, 퓨전 기술(FT) 시대가 펼쳐질 것이라는 주장은 다소 앞선 감이 있었다. 그러나 내 눈에는 모바일과 디지털 컨슈머(Consumer)가 주도하는 퓨전 기술의 시대가 열리는 것이 보였다.

21세기 3대 핵심 기술인 IT, BT, NT의 결합은 이제까지의 제품 혹은 기능의 단순한 결합과는 다른 차원의 기술을 예고했다. 거대 산업 간의 융복합이 이루어져 삶의 질 향상을 위한 새로운 가치가 만들어질 것이다. 궁극적으로 컴퓨터, 네트워크, 생명공학과 결합해 전혀 새로운 제품과 산업을 창출할 것이라는 이날의 발표는 8시 뉴스의 헤드

2006년 12월 IEDM 학회에서 기조연설을 했던 모습과 당시에 수상했던 앤디 그로브상

라인을 장식하며 반향을 불러일으켰다.

그해 12월 11일, 나는 샌프란시스코에서 열린 IEDM 학회 기조연설에서 다시 한번 '퓨전 기술의 도래'를 주장했다. 전 세계인을 상대로 이론적 근거와 구체적 사례를 정리하며 이제까지와 다른 더 큰 기회가 찾아올 것을 예견했다. 또한, 첫 번째 퓨전 반도체인 원낸드 제품에 이어 D램과 S램을 융합한 제2의 퓨전 반도체인 '512M 원D램'의 개발 성공 발표도 포함됐다. 초기 모바일폰에서 메모리 속도와 용량 등의 기능 문제를 해결한 원낸드에 제3의 퓨전 반도체 플렉스-원낸드(Flex-OneNAND)까지 퓨전 메모리 기술은 2007년 일본 반도체 기업에 라이선스를 제공하는 등 본격적인 융복합화 시대를 열게 한 것이다.

나의 퓨전 테크놀로지의 시작은 퓨전 반도체였다.

그날은 젊은 날부터 동경했던 연구자의 이름을 딴 '앤디 그로브상'을 수상한 날이었다. 세계 전기 · 전자 분야 최고 권위 단체인 IEEE 학회의 이사회가 수여하는 이 상은 2000년 이후 세계 반도체 및 관련 분야에서 혁신적인 발전에 기여한 인사에게 수여됐다. 수상자 선정에는 스탠퍼드대학, MIT 교수들과 인텔 CTO 등 반도체 학계와 업계 저명인사가 참여한다.

"오늘 이 상의 의미를 미래의 메가트렌드에 새롭게 챌린지하라는 채찍으로 이해하고 있습니다."

수상 소감에서 앤디 그로브의 책을 계기로 반도체 기술에 투신하게 된 사연을 전하며 남다른 감회를 전했다. 더불어 기술을 가지고 세상을 변화시키는 일에 매진하겠다는 포부도 밝혔다.

세계 최고 권위의 상을 동양계 기업인 최초로 수상했다는 감격과 감동은 길어야 며칠이었다. 앞날에 대한 부담이 더 크게 다가왔다. 선언한 것을 현실로 이루기 위해 부단히 노력하는 것만 남았다. 멋진 세상을 만드는 일은 신나지만 어려운 일임이 틀림없다.

편집광의 질문이 역량을 키운다

앤디 그로브에게서 내가 얻은 교훈은 하나다.

'질문할 수 있는 사람만이 답을 찾아서 실행할 수 있다.'

앤디 그로브가 자주 사용한 '편집광'이란 말이 무조건 좋은 말이라고는 할 수 없다. 어떤 것에 대한 과도한 집착은 엉뚱한 방향으로 나아갈 수도 있기 때문이다. 그러나 전문가의 영역에서만큼은 '편집광의 태도'가 꼭 필요하다. 특히 체계적이고 지속해서 몰입하는 역량은 문제 해결에 큰 도움이 된다.

실제 나는 경영 일선에서 '편집광의 질문'을 자주 접했다. 이러한 질문은 하나의 도전이었다. 나 스스로 답을 할 수 있는 수준이 됐을 때, 위기의 순간은 기회로 바뀌고 자신의 역량도 배가 되는 것을 느낄 수 있었다.

2006년은 내게 모처럼의 순항기였다. 원낸드 이후 퓨전 메모리 매출이 조 단위로 일어났다. 3월에는 삼성모바일솔루션포럼에서 세계 최초로 32GB 플래시 메모리 노트북을 선보였다. 5월 서울디지털포럼에서는 '퓨전 기술의 시대'를 선언했다. 뒤늦게 소니, 도시바, 후지쯔에서도 플래시 메모리 노트북을 선보인다는 소식이 들렸다. 오랜 노력 끝에 과실이 달리는 것이 보였다.

그 와중에도 해외에서 열리는 기업 설명회(IR) 참석으로 분주히 움직였다. 기업 설명회는 투자자들의 질문에 대답하고 그들의 공격을 방어하는 자리로 알려진 만큼 사실 많은 준비가 필요하다. 투자자들을 설득할 수 있도록 사업의 미래에 대해 비전을 가다듬는 과정이 선행되어야 한다. 2001년부터 2007년까지 해외 기업 설명회를 누비는 사이 스스로 수많은 담금질을 해야 했다.

여느 때보다 실적이 좋던 그때, 삼성전자의 대주주인 캐피털인터내셔널로부터 연락이 왔다. 캐피털인터내셔널은 삼성전자 전체 발행 주식의 10% 이상을 보유한 적이 있는 대형 투자사였다. 또한, 데이비드 피셔(David Fisher) 회장은 회의를 즐기는 사람으로 투자한 회사의 CEO들로부터 시황과 트렌드 변화에 관한 이야기를 듣는 걸 좋아했다. 나와는 몇 년간 기업 설명회를 통해 친해진 사이로, 개인적 안부를 물을 정도로 각별했다.

약속 시각에 맞춰 그의 사무실을 찾았다. 닥터 황 덕분에 주식이 올라서 고맙게 생각한다는 인사를 한 데이비드 피셔 회장은 곧장 본론으로 들어갔다.

"지금은 1등을 하고 있는 것이 맞습니다. 그러나 계속 1등을 한다는 보장은 없지 않나요?"

데이비드 피셔 회장은 어떻게 추격자들을 따돌릴 것이냐고 물었다. 1등을 하고 있다는 자만심에 휩쓸려 얼굴 인사만 하고 갈 생각이었다면 큰일 날 상황이었다.

"전에 이야기했듯이 우리에게는 노마드 정신이 있습니다. 얼마 전까지 D램 회사였으나 플래시로 바꾸고, 퓨전 메모리로 바꾸고, 이제는 SSD로 바꾸고 있습니다. 그 결과, 애플과 노키아 등 굴지의 기업이 우리의 고객이 되었습니다."

여기까지 설명을 하니 데이비드 피셔 회장의 표정이 조금 풀렸다. 하지만 나의 이야기는 끝나지 않았다.

"이러한 것보다 더 중요한 것이 조직입니다. 매출이 커지니 이익이 커지고 조직이 커집니다. 어쩔 수 없는 섭리입니다. 그래도 저는 불통은 용납하지 않습니다. 우리 엔지니어들은 언제든 저와 이야기할 수 있습니다. 저는 언제나 열려 있습니다. 의사 결정도 굉장히 단순합니다. 그래서 우리는 추격자보다 앞서갈 수 있습니다."

나는 구체적으로 '플랫 오가니제이션(Flat Organization)'이라는 표현을 썼다. 일반 회사는 단계가 많으나 우리 조직은 그렇지 않다는 것에 대한 간단한 설명이었다.

두 눈을 감고 대답을 들은 데이비드 피셔 회장은 미소를 지은 채 오른쪽 의자 팔걸이를 치면서 한마디를 했다.

"You Pass."

위기의 순간이 그렇게 지나갔다.

기업 설명회를 통해 나는 수많은 질문을 받았다. 반도체는 항상 초미의 관심사였다. 투자 규모가 크고 이익도 크게 나는 분야였다. 게다가 수요 불균형으로 시장이 출렁이는 경우가 많아 투자자들도 항상 신경을 곤두세웠다.

대단한 실력을 갖춘 투자자들은 흡사 '편집광'과 비슷했다. 그들이 던지는 질문은 좋은 칼과 같았다. 미래 전망에 대한 질문이 빈번하게 날아들었다. 나는 멋진 방패를 준비해야 했다. 확실한 차별화 전략과 시장 확보가 문제였다. 답변을 위해 '차별화된 제품이 포진한 막강한 포트폴리오'와 '성장 동력이 될 수 있는 신시장 개척'을 화두로 붙잡았다. 결국 미래 디지털 컨버전스의 비전을 내세워 많은 투자자를 설득할 수 있었다.

좋은 칼을 막기 위해 방패가 더 단단해지듯, 편집광의 질문들을 받아내면서 경영자로서 나의 역량도 한 계단씩 성장해갔다.

변신이 혁신이다

또 하나 기억에 남는 질문이 있다. 2018년 10월에 하버드 비즈니스 스쿨을 찾았을 때였다. 주제는 KT의 스마트 에너지 사업(KT Corporation in the New Energy Market)이었다. 허즈홀(Haws Hall)에는 하버드 학생은 물론 인근 대학의 학생들까지 몰려들었다. 의자에 앉지 못한 많은 학생을 보니 미안한 마음이 들었다. 그래도 강의를 시작해야 했다.

삼성전자의 상담역 시절 때 미래 기술을 배우러 동부 MIT의 어네스트 모리츠(Ernest Moriz) 교수를 만난 적이 있다. 당시 MIT 에너지 연구소장이었던 그는 오바마 정부에서 에너지장관을 역임한 에너지 분야 최고 전문가였다. 그는 앞으로 에너지가 국가 경쟁력을 좌우하는 가장 중요한 산업이 될 것이라고 주장했다. 마이크로 그리드를 활용한다면 에너지의 생산, 저장, 소비, 거래까지 가능한 혁신적 시스템이 될 것이라고 강조했다.

내가 소개한 'KT-MEG(Micro Energy Grid)'는 국가CTO 때 개발한 K-MEG 기술을 근간으로 KT에서 개발한 에너지 관제 플랫폼이었다. 이 새로운 기술의 콘셉트는 굉장히 단순했다. 사람들의 에너지 습관을 AI가 분석해 에너지 사용량을 최적화하는 것인데 결과적으로 IT 기술을 활용해 에너지 소비를 줄이는 기술이다.

개인적으로는 강의는 어려움 없이 진행됐다. 그도 그럴 것이 삼성전자에 있을 당시에도 수차례 케이스 스터디를 했고 KT 회장이 되고도 벌써 3번째 강의였다. 2016년 메모리얼홀에서 '네트워크의 힘(Power of Network)'을 주제로 특별 강연을 했고, 2017년 4월 '기가토피

2018년 10월 하버드 비즈니스 스쿨 에너지 케이스 스터디 강의 모습과 교재

아 전략(Korea Telecom: Building a GiGAtopia)'이 HBS 케이스 스터디로 등재되어 특강도 했다. 그쯤 되니 강연 자체도 편안하게 느껴졌다. 그러나 어떤 학생은 이국의 경영자에게 호의적이지만은 않았다.

"KT 같은 통신회사에서 왜 에너지 사업을 하죠?"

강의를 마칠 즈음 한 학생이 물었다. 다소 날이 선 질문이었지만 나는 약간 신이 났다. 준비된 답을 가지고 있었기 때문이다.

"한국의 통신업계에도 훌륭한 경쟁자들이 있습니다. 그런데 '그냥 훌륭한 통신사'와 '에너지 사용료를 30% 줄여주는 통신사'가 있다면 학생은 어느 통신사를 선택하겠습니까?"

KT-MEG 플랫폼에 연결된 고객들의 데이터는 새로운 기술의 효과를 잘 보여준다. KT-MEG는 에너지의 생산, 저장, 소비, 거래 전부에 대해 최적의 결과를 예측할 수 있는 최초의 에너지 플랫폼이다. e-브레인을 적용한 것만으로 에너지 비용이 10~20% 줄었고 낡은 설비를 대체하면 40%, 에너지 관리 서비스 및 자동 제어 등을 적용하면 최대 75%까지 절감됐다.

KT-MEG의 AI 분석 엔진인 e-브레인은 머신 러닝을 기반으로 에너지 소비와 생산을 예측하고 생산과 거래를 최적화한다. 에너지를 만들어내지는 못하지만 안 쓰게 하거나 덜 쓰게 해서 에너지 소비를 획기적으로 줄여준다. 궁극적으로 화석 에너지 사용을 줄여 지구의 환경 문제에도 도움을 줄 수 있다.

하버드 비즈니스 스쿨의 포레스트 라인하르트 교수는 이날의 강의를 소개하며 ICT 영역에서의 강점을 가진 KT가 전혀 상관없는 사업 분야인 에너지 관리 시장에 진출한 데 주목했다며 차별화된 경쟁력을 발 빠르게 이종산업과 연계한 KT의 시도가 학생들에게 많은 영감을 줄 것이라고 말하기도 했다.

몇 년의 시간을 거슬러 내가 그토록 자랑하고 싶은 KT-MEG를 시작할 때 나 역시 학생과 같은 질문으로 시작했다.

"KT가 왜 에너지 사업을 해야 하지? 어떻게 하면 잘 할 수 있지?"

'변신이 곧 혁신'이라는 답을 찾아냈다. 그렇게 통신회사의 에너지 사업이라는 파괴적인 비즈니스 모델이 완성됐다.

다시 앤디 그로브의 이야기로 돌아가보자. 2009년 스탠퍼드대학의 은사인 로버트 다튼 교수를 샌프란시스코 오페라 하우스(War Memorial Opera House)에 초대해 도니 제티의 '연대의 딸(La Fille du Régiment)' 공연을 함께 봤다. 그때 로버트 다튼 교수가 "얼마 전 바로 여기서 바그너의 '발퀴레(Die Walküre)'를 보러 왔다가 앤디를 만나 인사를 했습니다"라는 이야기를 전해줬다. 인텔에서 만난 앤디 그로브가 다시 떠올랐다.

전쟁을 겪고 치열하게 생존한 앤디 그로브는 경영자로서 때와 장소, 처해 있는 상황에 가장 중요한 질문을 하고 스스로 답을 찾아가면서 위기를 극복하고 도전을 승리로 이끌었다.

그도 그런 삶을 살았다. 1996년 자서전을 내던 해, 앤디 그로브는 전립선 암을 앓고 있다는 것을 세상에 알렸다. 2005년 회장직에서 은퇴할 때는 3년 전에 시작된 파킨슨병이 상당히 진행된 시기였다. 오랜 병마와 싸우면서도 그는 직원들에게 집요하게 묻고 들었다. 그렇게 강인한 리더로 기억됐다.

'앤디 그로브가 편집광의 삶을 살았는가?'

나는 그렇다고 생각한다. 현재 우리는 IT로 둘러싸인 환경에서 살고 있지만, 그는 정보통신이라는 용어가 생소하던 시절부터 IT 기업을 이끌었다. 수많은 기업이 나타났다 사라지는 그 긴 시간 동안 인텔을 지켜내는 것은 '초긴장 상태'가 아니었다면 불가능했을 것이다.

현재의 우리는 그가 살던 시대와 또 다른 시대에 살고 있다. 이제는 단순히 닥쳐오는 변화에 대응하는 수준에 그쳐서는 안 된다. 미래를 내다보고 자신을 성장시키는 관점에서 '편집광다운' 역량이 필요하다.

질문은 가장 실용적인 방법이다. 편집광의 질문에 대답을 찾는 과정을 반복하면 미래를 내다보는 자신만의 눈이 완성될 것이다.

대한민국 메모리 반도체의 역사를 쓰다

D램(DRAM, Dynamic Random Access Memory)

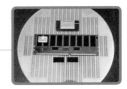

컴퓨터의 기억 장치로 사용되는 메모리 반도체.

한 개의 트랜지스터와 축전기로 구성되어 전력 소모가 적고 가격이 낮아 대용량 기억 장치에 많이 사용됨. 고속 메모리로 전원이 꺼지면 저장된 자료가 소멸되는 특징이 있음. 컴퓨터 CPU의 연산 작업 시 데이터를 빠르게 쓰고 지울 수 있는 보조 부품. PC산업의 변화에 따라 가격 변동 폭이 커서 성장의 한계가 있음.

1970년 인텔이 처음 개발했으나 현재는 한국이 글로벌 D램 시장의 70%를 차지하고 있음.

S램(SRAM, Static Random Access Memory)

컴퓨터의 캐시(임시 저장)와 통신용 메모리 반도체. 전원이

켜 있는 한 기억을 보존하는 특징을 갖고 있음. D램에 비해 집적도는 떨어지지만 (D램의 1/4수준) 데이터 처리 속도는 4배 이상 빠름.

플래시 메모리 반도체(Flash Memory)

용량 위주의 저장이 편리한 낸드 플래시와 속도 중심의

노어 플래시 두 종류가 있음. 낸드 플래시는 전원이 끊겨

도 저장된 정보가 지워지지 않는 비휘발성 기억 장치임. 한 개의 트랜지스터가 한 개의 셀을 구성하며 데이터, 음악, 영상 정보를 저장하는 용도로 사용됨. 저장 장치

의 소형화 및 저전력화를 가능하게 하였으며 스마트폰, 디지털카메라, MP3 플레이어 등 휴대가 편하지만 전원 공급이 제한적인 모바일 기기가 확산되면서 시장에 적용되기 시작함. 초기에는 속도 중심의 사이즈가 큰 노어 플래시 중심이었으나 2004년부터 저장 능력 중심의 낸드 플래시로 전환됨.

빅데이터, 인공지능(AI)의 확산에 따라 데이터 용량이 증가하고 5G 통신이 구현되자 사용처도 다양하게 빠른 속도로 늘고 있음. 또한, 고성능 저장장치(SSD) 증가에 따라 수요 증가도 가속화됨.

2002년

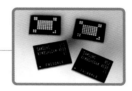

퓨전 반도체(Fusion Semiconductor)

• 원낸드(OneNAND)

퓨전 반도체인 원낸드는 낸드 플래시, S램, 소프트웨어를 한 칩(Chip)에 복합화시킨 메모리로서, 읽기 속도가 빠른 노어 플래시의 장점과 쓰기 속도와 고집적도에서 유리한 낸드 플래시의 장점을 동시에 구현함. 노어 플래시의 쓰기 속도보다 48배 빠르고, 칩의 크기도 3분의 1로 줄여 노어 플래시를 급속히 대체했음.

노어 플래시만 사용하던 휴대폰에 3G시대가 되면서 주도적으로 사용되었음. 당시 휴대폰 시장 점유율 1위 업체인 노키아에 노어 플래시 공급을 시작한 이후 노어 플래시에서 낸드 플래시로 전환하기 위해 두 타입의 플래시 특성을 모두 갖춘 퓨전 메모리 개발을 시작한 결과, 2003년에 1위 인텔을 제치고 삼성 반도체가 플래시 시장 1위를 달성케 한 세계 최초 퓨전 반도체로 인정받음.

2005년 애플에 공급하여 아이팟 나노, 맥북 에어, 아이패드, 아이폰에 탑재됨. 2006년 이후 플래시 시장 점유율이 빠르게 낸드 플래시로 전환(2000년 10%에서 2007년 80%로 증가)됨.

• 원D램(OneDRAM)

S램과 D램을 하나로 합쳐 놓은 D램. 모바일 제품의 통신 담당 CPU와 멀티미디어 담당 CPU에 각각 있는 D램을 통합해 데이터 처리 속도를 높이고 소비 전력을 줄인 제2의 퓨전 반도체.

모바일 D램(Mobile DRAM)

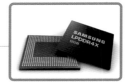

스마트폰, 태블릿 PC 등 모바일 기기에 사용되는 D램
으로 전원 공급이 제한된 상태에서 사용 시간을 극대화하기 위해 소비 전력을 최
소화하는 기능이 핵심 기술임. PC의 D램 대비 저전력이 특징임. 기존에는 스마트
폰에 주로 사용되었으나 최근 소비 전력 최소화를 위해 SSD와 함께 노트북 PC에
도 탑재되는 추세임. 2002년 세계 최초로 64M과 128M이 개발되어 노키아를 비롯
한 휴대폰 업체에 공급되기 시작했고, 2004년에는 256M, 2005년에는 512M 모바
일 D램이 개발되어 애플의 전 제품에 탑재되고 있음.

※ 단위: M(Mega): 10^6, G(Giga): 10^9, T(Tera): 10^{12}, B(Byte): 8b(bit)

      1Mbyte(MB)=1024KB

      1Gbyte(GB)=1024MB

      1Tbyte(TB)=1024GB

SSD(Solid-State Drive)

낸드 플래시를 이용한 데이터 저장 장치임. 기존의 PC
와 서버, 스토리지의 저장 장치로 사용되던 HDD를 빠르게 대체함. HDD는 자성
물질이 있는 원판에 자기를 정렬하는 원리로 데이터를 기록하거나 삭제하며, 이를
위해 기계 장치로 구성되어 소형, 경량, 저전력화가 어렵고 충격에 약함. SDD는
반도체로만 구성되어 HDD와 비교할 수 없는 수준으로 속도가 빠르고 소형, 경량,
저전력화가 가능하며 충격에도 강함. 애플은 2006년 32GB SSD를 맥북 에어에 탑
재했고 이후, 64GB, 128GB, 256GB, 512GB가 개발되어 상용화됨.
현재는 2TB SSD 기반으로 4, 8, 16, 32TB 용량이 상용화되고 있음.

CTF(Charge Trap Flash)

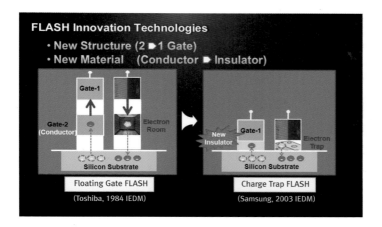

전하를 부도체와 도체에 저장할 때 생기는 셀 간 간섭 문제를 완벽히 제거한 신기술. 기존의 낸드 플래시에는 도시바에서 개발된 플로팅 게이트 기술이 30년간 사용되었으나 미세화가 진행되면서 만들어진 셀 간 간섭 문제가 나타남. CTF는 기존의 고정관념을 바꾸어 전하를 도체가 아닌 원자 단위의 얇은 복합물질로 구성된 **부도체**(New Insulator)에 저장하는 혁신적인 기술이며 해당 문제를 원천적으로 해결하면서 3D 입체구조 구현을 가능하게 한 획기적 기술임. 미래 반도체 개발의 과제인 초미세화, 고용량화, 고성능화 등을 동시에 해결할 수 있는 혁신 기술로 삼성전자가 원천 기술과 특허를 보유하고 있고, 뛰어난 원가 경쟁력 바탕의 고용량 낸드 플래시가 중심인 메모리 신성장론을 현재도 이끌어오고 있음.

세계 최초로 개발된 CTF는 초미세화, 고용량화가 진행된 10나노 이후에도 적용되어 플래시의 원천 기술을 주도하게 됨. 5년간의 기술 개발을 통해 2007년에 30나노 CTF 64G 낸드 플래시(24단)가 개발되어 상용화가 시작됨. 2020년에 172(176)단까지 개발되어 있음.

도전
Challenge

2장

위대해지기 위해서는 **먼저 시작**해야 한다

01 질문을 멈추지 마라

| 칼리 피오리나 |

질문은 내가 중요하게 생각하는 '행동' 중 하나다. 하나의 질문을 하기 위해서는 많은 에너지와 열정, 그리고 용기가 필요하다. 그래서 더더욱 리더가 된 후에는 직원들에게도 "되도록 많이 물어라. 질문하기를 두려워하지 마라"는 이야기를 많이 했다.

"저는 워낙 내성적이라 남 앞에서 이야기하려면 떨리고 말이 잘 안 나와요."

이처럼 어려움을 토로하는 이들을 만날 때마다 "나도 마찬가지"라고 말한다. 질문할 때는 누구나 자신의 일부가 노출된다. 그래서 더 떨린다. 그러나 이것이 두려워 질문하기를 꺼리면 발전은 없다. "그럼에도 불구하고 해내는 것이 열정을 가진 사람이 할 일"이라고 당부한다.

30년간 국내외 글로벌 리더들과 교류하며 나는 그들에게 '공통점'이 꽤 많다는 것을 확인하고 놀라곤 했다. 무엇보다 모두가 자기 일을 사랑했다. 원대한 비전을 좇아도 오늘에 충실했고, 내일의 세상이 어떻게 바뀔지 궁금해했다. 이 때문에 귀 기울여 들을 줄 알았고 '묻는 것'도 좋아했다. 나는 그들의 열정이 많은 질문으로 분출된다는 것을 확인했다.

질문은 우리가 성공으로 향해 나갈 때 반드시 거쳐야 하는 첫 번째 관문이다. 자신 안에 담긴 열정이 어딘가에서 표출되길 바란다면 질문을 멈추어선 안 된다.

모든 것은 질문에서 시작됐다

나는 대화를 하거나 발표를 들을 때 이야기에 집중하는 한편, '어떤 질문을 해볼 수 있을까?'를 늘 생각한다. 질문거리를 떠올리면서 듣다 보면 이야기에 집중하게 되고 상대의 논리를 나의 언어로 이해하게 된다. 이를 모두 종합해 하나의 질문을 던질 때 나는 '네트워킹 효과'까지 기대한다.

사람들은 누군가에게 질문을 받으면 본능적으로 옳은 답을 해주고 싶다는 생각을 한다. 그러기 위해 상대에게 한 번 더 집중하게 된다. 상대가 이해하는 상황을 먼저 파악해야 그에 맞는 답을 해줄 수 있기 때문이다. 여기서 질문자에 대한 '관심'이 생겨난다. 이 관심은 질문자와 답변자 사이에 '연결고리'가 되고 이후 네트워킹을 이어가는 좋은 시발점이 된다.

1985년 12월 스탠퍼드대학에서 책임연구원으로 근무할 때였다.

워싱턴 힐튼호텔에서 열린 IEDM 학회에 참석했다. 당시에도 IEDM 학회는 전 세계 4,000여 명의 연구자와 엔지니어들이 참석하는 글로벌 학회였고 기조연설 이후 3일간 분야별 발표가 이어졌다. 나는 반도체 및 메모리 분과를 찾아 당시 메모리 반도체 1위 기업인 도시바에서 엔지니어로 근무하던 마스오카 후지오 박사의 논문 발표를 들었다.

마스오카 후지오 박사는 전년도인 1984년에 '전원이 꺼져도 데이터를 쓰고 지울 수 있는 비휘발성 메모리'인 플래시 메모리를 발명해 주목받았다. 그러나 당시 주목도가 크지 않았다. 플래시 메모리는 전력 소모가 적고, 고속으로 읽기와 쓰기가 가능해 모바일 사용에 최적이었지만 당시는 1980년대였다. 시장은 물론 제품에 대해서도 아이디어를 얻기가 어려웠다. 하지만 나는 새로운 기술과 미래 시장에 관

플래시 메모리 이론을 최초로 발표한 마스오카 후지오 박사. 오른쪽은 그가 IEDM 학회에서 발표한 논문이다.

심이 많았고 가능성이 큰 기술이라는 데 공감했다. 개인적으로 마스오카 후지오 박사와 꼭 한번 만나보고 싶었다.

"박사님 이야기 잘 들었습니다. 그런데 박사님, 플래시 메모리가 미래에 기술이 발전해 서브마이크론(Submicron)으로 축소된다면 전자가 더 활성화(Hot Electron, 쇼클리 박사의 이론)되어 성능이 더 좋아질 수 있지 않겠습니까?"

발표가 끝나고 질의 시간에 나는 다소 공격적인 질문을 했다.

미래 기술이 발전해 반도체 제조공정이 1마이크론 이하로 축소되면 현재 이론적으로 기대하는 것 이상으로 큰 효과를 기대할 수 있지 않겠느냐는 지적이었다. 이러한 기술 발전의 가능성을 반도체 디자인에 반영해야 한다고도 생각했다.

지금은 도호쿠대학 교수로 재직하고 있으면서 세계적인 지명도를 갖고 있지만 당시만 해도 막 마흔을 넘긴 현업의 엔지니어였다. 마스오카 후지오 박사는 당황한 기색이 역력한 가운데 "좋은 아이디어인 것 같다"라는 간단한 답변을 했다.

세션이 마무리되고 사람들이 자리를 뜨는 중에 나는 마스오카 후지오 박사에게 다가가 인사를 건넸다. 마스오카 후지오 박사는 나의 질문에 대해 다시 한번 답변을 해줬고, 내 소개를 한 후에는 이런저런 대화를 나눌 수 있었다.

이날의 대화는 마스오카 후지오 박사가 최초로 개발한 플로팅 게이트 낸드 플래시(Floating Gate NAND Flash)를 이해하고 삼성에서 플래시를 개발하는데 여러모로 도움이 됐다. 마스오카 후지오 박사의 발명 이후인 1988년 인텔은 플래시 메모리의 가능성을 인식해 상업용 플래시 메모리 개발을 시작했다.

물론 마스오카 후지오 박사와의 교류는 내게도 큰 힘이 됐다. 플래시 메모리에 대한 다양한 정보는 훗날 삼성전자에서 CTF를 개발할 때 이론적 초석이 되기도 했다. 당시 공정의 복잡성을 일으키는 '플로팅 게이트'를 없애는 것은 크나큰 숙제였다. 이때 시작된 끝없는 질문과 생각은 오랜 시간이 지난 뒤, CTF를 개발하는 동기 부여가 됐다.

만일 IEDM 학회에서 내가 용기를 내지 않았다면? 마스오카 후지오 박사와의 교류가 없었다면? 그 하나의 질문에서 많은 것이 시작되었음을 자인하게 된다.

열정을 가진 사람만이 물을 수 있다

생각해보면 나는 유독 거래처와의 질문을 즐기는 엔지니어이자 경영자였다. 강박적이라 할 만큼 고객이 무엇을 요구하는지, 시장이 어디로 가고 있는지에 대해 알고 싶어 했다. 그래서 늘 거래처의 CTO를 만났다. 영업 쪽에서는 CEO나 구매 담당 임원을 만나지 않는 걸 아쉬워했다. 하지만 나는 내게 답을 줄 수 있는 상대가 누구인지 알았다. CTO의 이야기를 들어야 기술 변화를 읽을 수 있었고, 이로써 가장 먼저 미래를 준비할 수 있었다.

모바일 시대에서 삼성전자의 효자 상품인 '모바일 D램'의 개발도 거래처 CTO와의 만남으로 시작됐다고 해도 과언이 아니다. 삼성전자에서 2002년 노키아에 플래시 메모리를 공급한 이래 두 회사의 파

노키아가 개발한 최초의 스마트폰 '노키아 9000 커뮤니케이터'
출처: 위키피디아

트너십은 상당 기간 매우 공고하게 유지됐다. 노키아에서 개발한 스마트폰을 두고 CTO와 대화를 나눈 것은 내게 큰 행운이었다.

스마트폰 하면 2007년에 발매된 애플의 아이폰을 떠올리는 사람이 많지만 세계 최초의 스마트폰은 아이폰이 아니다. IBM은 애플보다 10여 년 앞선 1993년에 '사이먼'을 세상에 내놓았다. 3인치의 감압식 터치 스크린을 사용했고 이메일, 팩스 송수신, 메모장, 게임 등의 기능이 가능했다. 그러나 899달러라는 높은 가격과 사용상의 불편으로 대중화에는 실패했다. 이를 목도한 노키아는 3년 뒤 '노키아 9000 커뮤니케이터'라는 스마트폰을 세상에 내놓았다.

나는 핀란드를 오가며 노키아 CTO와 활발한 대화를 나눴다. 당시 노키아 직원들은 노키아 9000 커뮤니케이터를 사용하면서 제품에 대한 모니터링을 계속하고 있었다. 내가 보기에 노키아 9000 커뮤니케이터는 딱 '필통' 같았다. 2개의 판이 붙어 있는 형태로 위의 판은 디스플레이, 아래 판은 쿼티 자판이었다. 모바일로 사용하기에는 너무 크고 무거웠고, 그래서 불편했다.

나와 노키아의 기술 담당 임원은 사용 편리성을 높이기 위한 개선 방향을 논의했다. 노키아에서도 상당한 무게와 크기의 원인이 CPU를 감당해야 하는 배터리 때문인 것을 알고 있었다. 그러나 어떤 해결책을 내놓아야 할지 감을 잡지 못하고 있었다. 나는 직감적으로 모바일을 위한 저전력 CPU와 운영체제 위에 저전력 D램이 필요하다는 것을 간파했다.

나는 돌아오는 비행기에서 제품 개발을 위한 아이디어를 고심했고 기존의 D램을 모바일에 맞게 발전시키는 '모바일 D램'이라는 제품명을 떠올렸다. 이건희 회장과의 자쿠로 미팅에서 "D램이 미래에는 없어진다는데?"라는 질문에 "D램은 모바일 D램으로 진화해 더 큰 시장을 이룰 것입니다"라고 답했던 기억이 났다. 이후 팀 조직은 속전속결이었다. 몇 년 후인 2004년 5월, 세계 최초로 256M 모바일 D램이 개발돼 노키아 휴대폰에 탑재되었다. 2005년 1월에는 512M 모바일 D램이 개발돼 애플의 스마트폰에 사용됐다.

이후에도 CTO들과의 활발한 교류로 나는 조직과 고객의 변화를 능동적으로 인식하고 잠재된 니즈와 수요를 발굴할 수 있었다. 이 같은 경험은 이후에도 수없이 반복됐다. 모든 열정이 질문으로 쏟아져 나온 덕분이었다.

칼리 피오리나의 무기 '질문과 경청'

"닥터 황, 잘 아시겠지만 우리는 휴렛팩커드(HP)를 세계적인 IT 기업으로 변신시키고 있습니다. 네트워크와 네트워킹에 우리의 미래가 있습니다. 앞으로 어디에 더 집중해야 할까요?"

'질문에 대한 나의 생각'을 정리할 때, 칼리 피오리나는 가장 먼저 떠오른 인물이다. 경제전문지 〈포춘〉이 선정한 비즈니스계에서 가장 영향력 있는 여성 1위라는 자리를 6년간이나 지켜낸 인물이기도 하다.

나는 칼리 피오리나에게 첫 만남 때부터 질문 세례를 받으며 나와 공통점이 많다는 것을 알아차렸다. 우선 나이가 비슷했고, 젊은 시절 미국의 동부와 서부를 오가며 학교와 직장 생활을 했던 경험이 같았다. 현재는 IT 회사에 몸담으며 글로벌 회사를 상대한다는 것도 비슷했다. 무엇보다 직장 생활의 첫 시작이 그리 화려하지 않았다는 것에 동질감이 느껴졌다.

칼리 피오리나는 25살에 AT&T(American Telephone & Telegraph)에서 첫 번째 명함을 만들었다. 바로 남다른 두각을 나타내며 초고속 승진을 했고 35살에는 최초의 여성 임원이 됐다. 그리고 10년도 안 돼 40대의 젊은 나이로 HP의 CEO로 전격 발탁되었다.

명성이 자자했던 칼리 피오리나와 내가 처음 만난 건 그녀가 HP 수장이 되고 얼마 후였다. 2004년 반도체총괄 사장에 취임한 나는 주요 거래처와의 인사를 위해 실리콘밸리의 팔로알토로 향했다. 당시 델, IBM, HP는 삼성전자의 주요 거래처였고 이들의 주문량을 합치면 삼성전자 반도체 메모리 부문 매출의 30%를 훌쩍 넘겼다. 거래처들과 우호적인 관계를 유지하는 것은 반도체총괄 사장의 주요한 업무 중 하나였다.

HP 본사 회장실에서 선명한 컬러 슈트를 갖춰 입은 칼리 피오리나가 나와 임원들을 맞아줬다. 100조 원에 가까운 매출을 올리는 HP의 수장답게 그녀는 당당하고 카리스마가 넘쳤지만 말은 꾸밈이 없고 진솔했다. 질문에 담긴 그녀의 관심사는 매우 다양했다.

당시 실리콘밸리의 많은 리더는 테크놀로지의 세세한 부분에 관심이 많았다. 그런데 칼리 피오리나는 테크놀로지가 인간에게 미치는 영향을 궁금해했다. 자신의 조직이 집중력이나 속도, 공격성에서 필요한 만큼의 역량을 발휘할 수 있기를 바랐던 그녀의 혜안에는 남다른 구석이 있었다.

이후 몇 번의 만남을 통해 나는 "엔지니어 출신도 아닌 그녀가 어떻게 이러한 혜안을 가질 수 있을까?" 하는 감탄과 호기심을 느꼈다. 궁리 끝에 그녀가 스탠퍼드대학에서 역사와 철학을 전공했기 때문이 아닐까 하는 추측을 해봤다. 내가 공대생이었으므로 인문학 전공자들은 으레 그런 것인가 생각했다. 그러나 2006년에 출간된 그녀의 자서전 《칼리 피오리나, 힘든 선택들》을 읽으며 나는 칼리 피오리나의 혜안은 칼리 피오리나만의 독특한 이력 때문임을 알았다.

칼리 피오리나의 아버지는 유명한 법학자였다. 그래서 그녀는 여러 지역을 돌아다니며 유년을 보냈다. 초등학교는 3개 주(뉴욕, 코네티컷, 캘리포니아)에서, 중학교는 미국과 영국에서, 고등학교는 아프리카와 2개 주(캘리포니아, 노스캐롤라이나)에서 마쳤다. 빈번한 이사로 유년 시절에 혼란을 겪을 법도 했건만, 그녀는 나름대로 해결책을 찾아 실천했다. 그녀의 어머니는 '새로운 환경에 적응하는 법'을 보여준 롤 모델이었다.

"어머니는 늘 손님들에게 질문을 던졌고 대답에 관심을 보였습니다. 그래서 저도 그렇게 했습니다."

'질문과 경청'은 낯선 상황에 맞닥뜨릴 때마다 적응을 도와주는 주요 무기가 됐다.

"늘 새로운 환경에 맞닥뜨리면 하던 대로 해요. 많이 묻고, 대답을 평가할 수 있도록 자료를 충분히 읽지요."

나와 마찬가지로 항상 변화의 연속선에 서 있던 칼리 피오리나에게 '질문'은 일의 방향을 파악하는 중요한 과정이었다. 질문은 수많은 길을 안내했고 답을 알려줬다.

모든 것이 가능하다

삼성전자의 기업 설명회를 위해 스코틀랜드 에든버러로 출장을 갔을 때 칼리 피오리나가 직접 전화를 걸어왔다. 새로 꾸려지는 서버를 위해 다량의 반도체를 주문한 후였다. 그녀는 갑작스러운 주문이지만 일정에 차질이 없도록 신경을 써달라는 당부의 말을 전했다. 개인적인 안부를 물었더니 그녀 역시 유럽에서 일정을 마치고 전용기를 타고 미국으로 돌아가는 길이라고 했다. 갑자기 장난기가 발동했다.

"칼리, 지금 하늘에서 걸려온 전화를 받고 있습니다. 여왕님이 손수 연락을 주셨는데 땅에 있는 내가 어찌 명령을 따르지 않을 수 있겠습니까?"

칼리 피오리나와 나는 전화기를 붙들고 한참을 웃었다.

그녀와 내가 돈독한 관계를 유지할 수 있었던 데는 공식 석상에서의 만남도 한몫을 했다.

2004년 칼리 피오리나가 〈매일경제신문〉에서 주최한 '세계지식포럼'에 참석하기 위해 한국을 찾았다. '파트너십을 통한 세계 경제 재도약'이라는 주제를 중심으로 칼리 피오리나를 포함해 모리 요시로 일본 총리, 로버트 먼델 노벨경제학 수상자, 잔디 데미컬리스 이탈리아 부총리 등 세계 저명인사가 한자리에 모였다.

연설자들과 인사를 하는 중에 금발의 쇼트 머리에 검은색 정장을 갖춰 입은 칼리 피오리나를 다시 만났다. 그녀는 김대중 대통령의 개회 연설에 이은 첫 번째 기조연설자로 지목됐다. 그리고 다음이 내 차

2004년 '세계지식포럼'에서 기조연설을 하기 전에 칼리 피오리나와 환담하고 있다.

레였다.

세계적인 베스트셀러 《강대국의 흥망》의 저자이자 예일대 역사학과 교수인 폴 케네디의 이야기는 분위기를 한껏 밝게 했다. 그의 연설이 시작되고 수분 만에 다소 진지하고 엄숙했던 분위기가 달라졌다.

"오늘 닥터 황 덕분에 한국의 명장 충무공 이순신 장군의 정신을 배웠습니다. IT를 포함해 앞으로의 산업에는 도전과 리스크 테이킹 정신이 꼭 필요한 것 같습니다. 그런데 오늘 제가 준비한 내용이 공교롭게 '리스크 매니지먼트'입니다. 빛이 좀 바랜 이야기일 수 있습니다만, 이왕 준비한 것이니 이야기나 해보겠습니다."

'리스크'와 관련된 연설이 연달아 발표되는 것에 대해 폴 케네디는 청중들에게 겸손과 재치로 양해를 구했다.

그날 나는 충무공 이순신 장군을 예로 들며 '리스크 테이킹'을 강조하는 연설을 했다.

충무공 이순신 장군은 적군의 강점인 조총과 칼싸움을 무력화시키는 거북선을 발명했다. 그리고 명량해전에서 고작 12척의 배로 120척의 대함대를 무찔렀다. 주요 전략은 위기를 감내하고 나아가는 '리스크 테이킹'이었다. 절체절명의 위기의 순간이 닥치더라도 이를 감내하고 앞으로 나아갔다. 나 역시 하나의 성공에 안주하지 않고 위험 요소를 기꺼이 감내하면서 앞으로 나아간 덕분에 D램으로 시작해 플래시 메모리, 모바일 D램, SSD 등 점진적으로 새로운 제품군과 시장을 만들어낼 수 있었다.

내가 삼성전자를 떠난 지 10년이 지났지만 삼성전자 반도체는 지금까지 4개 제품(D램, 모바일 D램, 낸드 플래시, SSD)에서 탁월한 성과를

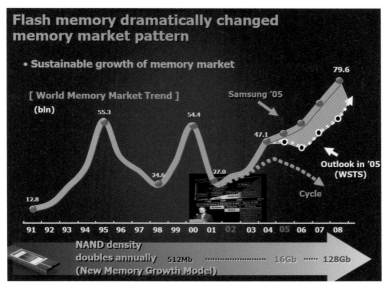

20년간의 메모리 반도체 매출 곡선(2004년부터 플래시 메모리의 영향으로 상승 곡선이 됐음). 이후에도 모바일 디램, SSD 제품이 시장성장을 주도하고 있다.

내고 있어 항상 든든한 생각이 든다. 당시 나는 한국과 글로벌 기업들이 실패를 두려워하지 않는 리스크 테이킹의 정신으로 무장해야 한다고 강조했다.

짧은 스피치를 마치고 헤드 테이블로 갔을 때 먼저 연설을 마친 칼리 피오리나가 나를 맞아줬다. 리스크 테이킹 주제가 매우 인상적이었다는 말과 함께 "그동안 올림픽 사이클을 그리며 널뛰기를 하던 삼성전자의 반도체 매출이 안정적인 상승 곡선을 그린 비밀을 오늘에서야 알았습니다"라며 너스레를 떨기도 했다. 면전에서 칭찬을 아끼지 않았지만 사실 그날의 하이라이트는 그녀의 기조연설이었다.

칼리 피오리나는 '변화와 적응'에 대해 이야기했다. 현대 사회에 일어나는 근본적 변화를 3가지 측면(디지털 시대로의 진입, 변화의 핵심은 기술, 수직적이었던 조직이 수평적 통합으로 변화)으로 강조하며 '강한 종이 살아남는 게 아니라 적응력이 있는 종이 살아남는다'라는 다윈의 진화론을 인용했다. 앞으로는 강한 적응력을 가진 기업만이 생존할 것이라는 결론은 매우 설득력이 있었다.

다음 날, 여러 신문에서 칼리 피오리나의 연설이 기사로 인용됐다. 기사들을 보면서 나는 '모든 것이 가능하다'라는 HP의 구호를 떠올렸다. 칼리 피오리나가 HP의 수장이 된 후부터 HP는 이 구호를 중심으로 글로벌 캠페인을 진행했다. 나는 이 구호의 주인공은 단연 칼리 피오리나라고 생각했다. 실제 당시 많은 사람이 성공의 롤 모델로 그녀를 선택했다.

최초의 여성 수상자와 최초의 외국인 수상자

2004년에 칼리 피오리나는 미국의 전자산업협회(EIA)로부터 명예 훈장(Medal of Honor)을 수상했다. EIA의 상은 흔히 IT업계의 노벨상으로 불리는데 1952년부터 매년 미국의 전자 산업 발전에 기여한 인물에게 수여했다. 모토로라의 밥 갈빈, 텍사스인스트루먼트의 마크 셰퍼드, IBM의 토머스 왓슨 등이 EIA의 상을 받았다. 칼리 피오리나는 프린터와 컴퓨터 회사였던 HP를 IT 기업으로 변모시키고 혁신을 이끈 공로를 인정받았다.

5월 워싱턴에 있었던 수상식에 참석한 칼리 피오리나는 "우리를 더 많이 사용하십시오!"라는 수상 소감을 남겼다. 그런데 이날의 수상 소감은 그녀가 'EIA 역사상 첫 여성 수상자'라는 것만큼 화제가 되진 못했다. HP 공동 창립자 데이비드 패커드가 1974년에 받은 상을 여성 CEO가 받았다는 것이 언론 기사의 주요 내용이었다.

이전까지 나는 칼리 피오리나가 '여성'이기 때문에 리더로서 다른 평가를 받고 있다는 생각을 하지 못했다. 이전까지 여성 리더를 한 명도 만나본 적이 없었음에도 그랬다. EIA 수상 기사를 보고 나서야 나는 칼리 피오리나가 그 자리에 오르기까지 남다른 고충과 어려움을 겪었음을 헤아릴 수 있었다.

그런데 이듬해인 2005년, 칼리 피오리나가 섰던 무대에 내가 서게 됐다. EIA로부터 '기술 혁신 리더상(The EIA Leadership in Technology & Innovation Award)의 첫 번째 외국인 수상자로 결정됐다'는 소식을 들었다. EIA가 53년 만에 시상군을 세계 기업인으로 확대한다는 소식을 들은 지 불과 몇 개월 만이었다.

'EIA 사상 최초의 여성 수상자가 나오더니, 올해에는 최초의 외국인 수상자가 나오게 됐다'는 뉴스가 삽시간에 퍼졌다. 사람들의 관심을 받으며 나는 워싱턴으로 향했다.

로널드레이건빌딩에서 열린 시상식에서 데이브 매커디 EIA 회장은 선정 이유를 간단히 밝혔다.

"황 사장은 수년 전부터 모바일과 디지털 제품 시장의 확대를 예견하고 세계 반도체 산업 발전에 강력한 리더십을 발휘해왔습니다. 그가 이룬 성과는 전 세계 시장과 정보 기술 기업들에 혁신을 일으키며 대변혁을 가져왔습니다."

2005년 EIA의 '기술 혁신 리더상' 수상(오른쪽은 데이브 매커디 EIA 회장)

정재계 150여 명이 참석한 가운데 나 역시 칼리 피오리나와 같은 간단한 수상 소감을 밝혔다.

"경제, 사회, 문화에 극적인 변화를 가져오는 디지털 혁명은 반도체로 인해 가능했습니다. 반도체의 빠른 발전은 모바일과 디지털 사회로의 이전을 앞당기고 있습니다. 앞으로의 미래는 예측되는 것이 아니라 창조되는 것입니다. 이를 위해 기술 개발에 더욱 정진하겠습니다."

나의 수상 소감 또한 '첫 번째 외국인 수상자'라는 화제에 밀려 크게 화젯거리가 되지 못했다. 순간 칼리가 여성 수상자로서 느꼈을 '이방인'의 심정이 어떤 것인지 짐작할 수 있었다. 물론 이것이 워싱턴에서 느낀 감흥의 다는 아니었다.

기쁨과 감동의 수상식을 뒤로 하고 여지없이 밀려드는 일 덕분에 나는 바로 다음 날 한국으로 돌아와야 했다. 상패를 챙겨 만다린오리엔탈호텔 로비에서 체크아웃을 기다리고 있었다. 그때 호텔 정문 앞에 파란 하늘을 배경으로 펄럭이는 국기들이 눈에 들어왔다. 정중앙의 국기가 유독 눈에 익었다. 바깥에 나가보니 태극기가 창공에서 나를 내려다보고 있었다.

내가 낯익은 풍경을 감상하는 사이, 함께 간 직원은 체크아웃을 진행하며 태극기가 어떻게 국기들 중앙에 걸리게 됐는지를 물어봤다. 직원은 "EIA의 상을 수상한 분이 한국분이라는 이야기를 듣고 태극기를 걸게 됐다"라는 답을 해줬다. 이야기를 전해 들은 나는 가슴 한편이 뻐근해지는 걸 느꼈다. 이역만리 타국에서 자랑스럽게 흩날리는 태극기를 볼 수 있는 것으로 더할 수 없는 포상을 받았다고 생각했다.

질문하라, 그리고 멈추지 마라

칼리 피오리나는 일하면서 '남성을 뛰어넘겠다'라는 목표를 세운 적이 한 번도 없다고 했다. 그저 현실을 직시하고 한 발, 한 발을 내디디며 앞으로 나아갔을 뿐이었다. 그러다 어느 순간 남들이 '한계를 넘어선 자리'라고 말하는 그곳에 오르게 됐다.

나 역시 마찬가지였다. 누구처럼 준비하고 기회를 만들고 성취를 쌓아갔을 뿐이다. 그런데 돌아보니 반도체 후방 국가를 '반도체 강국'으로 일으켜 세우는 주역이 돼 있었다.

많은 사람이 성공하는 사람들의 비법을 알고 싶어 한다. 그들에게는 특별한 무언가가 있다고 기대한다. 나도 칼리 피오리나를 비롯해 많은 글로벌 리더를 만나며 그런 궁금증을 품어봤다. 그러나 '특별한 무엇'은 찾지 못했다. 그들이 이룬 놀라운 성공에 비하면 모든 것이 평범해 보였다. 결국 '다른 지점'이 아니라 '공통점'으로 주제를 돌렸을 때 무엇이 그들을 그 자리로 이끌었는지 깨닫게 됐다.

소크라테스는 "인간이 지닌 최고의 탁월함은 자기 자신과 타인에게 질문하는 능력이다"라고 했다. 실제 지혜로운 질문은 나와 조직을 바꿀 힘을 지니고 있다. 나 역시 시작을 기다리는 청춘들에게 낯익은 조언을 전해주고 싶다.

"질문을 시작하라. 그리고 멈추지 마라."

02 담대하게 선언하고 끝까지 관철하게 하라

| 스티브 잡스 · 팀 쿡 |

사람들은 '새로움'을 좋아한다. 그래서 흔히 소비자는 '새로운 것'에 열광할 것이라고 생각한다. 그것은 대단한 착각이다. 사람들은 새로운 것에 너그럽지 않다. 오히려 처음에는 날 선 저항감을 드러내기도 한다.

새로움에 도전했던 사람들 대부분은 '이건 별로야', '생각했던 것보다 그저 그런데…'라는 반응에 낙담한다.

나는 2002년 '황의 법칙'을 시작으로 '퓨전 기술 시대의 도래(2006년)', '스마토피아(2011년)', '기가토피아(2014년)', '5G 시대의 개막(2015년)' 등 다양한 '새로움'을 세상에 내놓았다. 물론 그 과정은 쉽지 않았고 특히 사람들의 반응에 적지 않은 스트레스를 받기도 했다. 드러내놓고 "그게 되겠어?"라고 말하는 사람은 오히려 낫다. 앞에서는 "대단한 혜안이고 미래를 예견했다"라고 하면서 실패를 기다리는 사람도 적지 않았다.

사실 모든 새로움은 일정 기간 실패한 후에 달성된다. 작은 성공조차 제대로 평가를 받기까지도 부단한 노력의 시간이 요구된다. 그러나 지난 30년간 내게 값지지 않은 시간은 없었다. 담대하게 선언하고 끝까지 관철하게 하면서 변화를 이끌었다. 세상을 바꾸는 기술을 실현한 것이다.

사나운 열정의 소유자와 그를 포용했던 파트너

책을 쓰면서 신났지만 어려운 일들의 영감을 어디서 얻었는지 생각해봤다. 그러면서 '담대한 선언과 도전'으로 내게 강렬한 인상을 남긴 인물을 떠올려봤다. 삼성전자라는 글로벌 기업에서 20년, 국가CTO로 3년, 통신업계 수장으로 6년, 그렇게 약 30년 동안 만났던 인물을 찬찬히 떠올려보았다. 누구도 '그'를 압도하지 못했다. '괴팍하고 깐깐한, 그리고 사나운 열정의 소유자' 스티브 잡스 말이다.

스티브 잡스는 애플의 창업자로 크게 성공했지만 처절한 실패를 겪기도 했다. 자신이 세운 회사에서 쫓겨나는 치욕을 겪었다(1985년 9월 애플에 공식적인 사직서를 제출했다). 스무 살에 창업해 서른 살에 백수가 된 스티브 잡스가 방황 끝에 내린 결론은 도전의 깃발을 치켜세우는 것이었다.

그렇게 넥스트와 픽사가 탄생했다. 고성능 컴퓨터를 만드는 회사와 컴퓨터 그래픽으로 3D 애니메이션을 만드는 회사였다. 이후로도 넥스트가 만든 컴퓨터가 값이 비싸 소비자에게 외면받고 픽사의 공동 설립자가 스티브 잡스와의 마찰로 나가는 등 위기는 끊이지 않았다. 하지만 1995년 크리스마스 시즌에 개봉한 〈토이 스토리〉는 미국에서 2억 달러 가까운 수익을 올렸고, 1993년에 전체 인력의 절반이 넘는 280명을 해고했던 넥스트는 운영체제(Operating System)를 팔아 수익을 올리다가 1996년 애플에 인수됐다. 1997년 스티브 잡스는 연봉 1달러의 CEO로 애플로 돌아왔다. 1998년에 아이맥을 출시한 후부터 애플 생태계를 차근차근 만들어 나갔다.

위기의 순간을 견뎌낸 스티브 잡스는 '위기를 기회로 바꾸는 저력'을 보여줬다. 그의 도전과 끈질긴 집념, 그리고 마침내 이룬 승리는 많은 경영자에게 영감을 줬다. 그런 그가 2011년 10월 5일 세상을 떠났다.

스티브 잡스의 부고를 들은 나는 스티브 잡스의 후계자인 애플의 CEO 팀 쿡에게 이메일을 보냈다.

세상을 바꾼 사람이 떠났습니다. 우리 생전에 다시는 스티브 잡스와 같은 이를 만나지 못할 것입니다. 그가 그립습니다. 위대한 CEO를 잃은 애플에 삼가 조의를 표합니다.

팀 쿡과 나의 인연은 스티브 잡스와의 인연보다 더 오래됐다. 내가 메모리사업부장을 맡게 된 2000년에 팀 쿡은 애플의 수석부사장이었다. 스티브 잡스가 제품에 집중할 동안 뒤에서 회사 경영을 조용히 도맡았다. 나와는 맥 컴퓨터에 들어가는 반도체 물량 확보를 위해 자주 만났다. 당시 PC 시장에서 애플의 시장 점유율은 5% 전후였다. 당시 시장의 강자는 델, HP, IBM이었다. 그런데 애플은 주요 거래처와 동일한 거래 조건으로 공급을 요청하기도 했다. 나는 애플이라는 네임 밸류와 팀 쿡에 대한 개인적인 신뢰를 이유로 들어 영업부서의 동의를 받아 거래 조건을 조정해줬다. 팀 쿡은 반도체 가격이 널뛰는 바람에 주요 거래처가 물량을 받지 않을 때도 일정한 물량을 받아줬다. 그래서 어려울 때 협력의 끈을 놓지 않을 것이라는 믿음이 있었다.

스티브 잡스에게 제품에 대한 통찰력과 고집 센 추진력이 있었다면, 팀 쿡에게는 조용한 포용력과 상대에 대한 배려, 그리고 신의가 있었다. 개인적으로 이러한 리더십의 조합이 애플에 매우 유익했다고 생각했다.

스티브 잡스는 병이 위중해지자 후임으로 팀 쿡을 지명했다. 팀 쿡은 2009년에 CEO 대행을 했고 스티브 잡스가 애플 이사회 의장으로 물러난 2011년 8월부터 전면에 나서면서 애플의 CEO로 업무를 시작했다.

많은 사람이 스티브 잡스 없는 애플을 상상하지 못했다. "애플은 끝났다"라는 말까지 나돌았다. 팀 쿡이 애플의 아성을 흐트러뜨릴 것이라는 예상이 팽배했다.

하지만 나는 다르게 생각했다. 스티브 잡스는 자신과 같지 않았기 때문에 팀 쿡을 믿었다. 팀 쿡은 애플이라는 거대한 엔진에 기름을 칠하며 소소한 곳들을 챙겼다. 협력에 집중하는 팀 쿡의 경영 방식은 4차 산업혁명과 2세대 경영이라는 허들을 넘기에 반드시 필요했다. 나는

2011년 국가CTO 재임 시 팀 쿡의 초청으로 그의 집무실을 방문했다.

내심 팀 쿡을 지지했다. 그리고 그가 애플을 어떻게 변화시키고 발전시킬지 기대하고 있었다.

내가 보낸 메일을 받은 팀 쿡은 바로 회신을 보내줬다. 심심한 위로에 감사하다며 미국에 올 일이 있으면 꼭 얼굴을 보고 싶다는 내용이었다. 당시 나는 국가CTO로 바쁘게 보내고 있었지만 몇 달 후에는 미국 출장이 잡혀 있었다. 나는 몇 달 후에 미국 출장이 있으니 그때 회포를 풀자고 답신을 보냈다.

스티브 잡스를 회상하며

스티브 잡스의 부고가 전해질 당시, 한 시사 잡지에서 스티브 잡스와 관련된 회고의 글을 써주길 요청해왔고, 공식 전기인《Steve Jobs》의 한국어판을 준비하는 국내 한 출판사로부터 추천사를 의뢰받았다.

스티브 잡스는 생전에 '점을 연결하라'는 메시지를 남겼다. 모든 경험과 사유가 난관의 해결점이 되었음을 설명하는 메시지였다. 나는 회고 글과 추천사를 쓰기 위해 고심하는 사이 그와의 연결점을 발견하고 놀랐다.

첫 번째 연결점은 내가 스탠퍼드대학 책임연구원 시절에 사용하던 매킨토시였다. 1980년대 후반 미국에서 매킨토시는 현재의 아이폰보

도서 《스티브 잡스》의 표지와 추천사 메모

다 더 대단한 '잇템(Ittem, 'It'과 'Item'의 합성어로 꼭 있어야 하거나 갖고 싶어 하는 아이템을 말함)'이었다. 4,999달러라는 가격을 정확히 기억한다. 책임연구원의 급여를 몇 달 모아야 살 수 있는 금액이었다. 가격이 비싸다는 평판은 애플세(Apple Tax)라는 새로운 용어를 만들었다.

나는 아내와 상의 후 대출을 받아 '매킨토시 SE/30'을 샀다. 그래도 그 컴퓨터를 만든 창조자에게 얼마나 감사했는지 모른다. 이전에 없던 편리한 UI(User Interface, 사용자 환경)와 다양한 서체로 논문 쓰는 시간이 즐거웠기 때문이다.

두 번째는 스탠퍼드대학이다. 그와 나는 동시대에 캠퍼스를 누볐다고 할 수 있다. 당시에 이미 스티브 잡스는 유명 인사였다. 1976년에 애플 컴퓨터를 만든 스티브 잡스는 1984년 매킨토시를 발매하고 광고비가 비싸기로 유명한 미국 슈퍼볼에 조지 오웰의 《1984》에서 모티브를 딴 '1984' 광고를 내보내 큰 반향을 일으켰다. 앞에서 말했던 것처럼 1985년에 애플에서 추방됐으나 곧바로 넥스트와 픽사를 인수해 활발한 활동을 이어가는 중이었다.

그런 그가 1989년에 스탠퍼드대학 경영대학원에서 하는 강의의 1회분씩을 맡아 캠퍼스를 찾았다. 이후 그의 아내가 된 로렌 파월을 스탠퍼드대학 경영대학원에서 만났다. 1989년 내 연구실과 경영대학원과의 거리는 얼마나 됐을까? 나는 가고 없는 친구를 그리며 젊은 날의 향수에 젖었다.

세 번째는 음악이다. 그는 공공연하게 밥 딜런이 자신의 롤 모델이라고 강조했다. 나 역시 음악을 좋아했다. 고전음악은 물론 현대음악까지 다양하게 좋아했다. 2001년에 아이팟이 세상에 나왔을 때 나는 단순한 음악 애호가가 아니라 엔지니어이기도 했다. 더 나은 물건이 될 수 있다는 것을 직감적으로 알아챘다. 내가 만든 플래시 메모리를 넣는 상상을 했고, 실제로 플래시 메모리를 장착한 제품을 보내 우리의 만남을 성사시키기도 했다.

2004년 11월 차세대 아이팟을 준비하던 스티브 잡스에게서 연락이 왔다. 당시 삼성전자에서는 플래시 메모리가 장착된 MP3, 디지털카메라, USB를 준비하고 있었다. 애플은 PC 분야의 혁신적인 기업이지만 시장 점유율은 3%로 낮았다. 그런 애플이 아이팟으로 모바일 디지털 컨슈머 시장에 들어와 큰 반향을 일으키고 있었다.

스티브 잡스와의 첫 만남은 앞에서 이야기한 것처럼 비행기 문제로 불발됐다. 다음 날에 스티브 잡스가 박용환 당시 미국 법인장에게 전화를 걸어 심하게 항의했다고 훗날 들었다.

"팔로알토에 있는 내 집에 온 대통령은 단 두 명뿐입니다!"

비행기가 고장 났다면 전세기를 빌려서라도 와야 하지 않느냐면서 자신의 영빈관에 부인까지 기다리고 있었는데 만나지 못해 불쾌하다는 말도 했다고 한다. 그 이야기를 듣고 내게 승기가 넘어왔다는 걸 확신했다.

12월 6일, 샌프란시스코공항에서 차를 타고 애플 본사가 있는 쿠퍼티노로 향하는 동안 나는 긴장을 누르며 머릿속으로 전략을 세웠다. 어떤 식으로 협상을 주도할지, 우리 제품을 얼마의 가격에 얼마나 원할지 등 여러 생각에 빠져 있을 때, 애플 본사에 도착했고 스티브 잡스가 기다리고 있는 회의실로 들어섰다. 문을 연 순간, 얼굴에 미소를 머금은 스티브 잡스가 앉아 있었다.

그의 첫인상은 유난히 날카로웠다. 쾌활하게 웃으며 반기는 모습을 보니 역시 카리스마가 대단하다는 생각이 들었다. 팀 쿡 COO와 존 루빈스타인 개발총괄 부사장까지 동석한 자리에서 우리는 웃고 이야기를 나눴지만 가장 밑바닥에는 팽팽한 긴장감이 흘렀다.

막상 협상에 들어가자 스티브 잡스는 고집 세고 깐깐한 모습을 여지없이 드러냈다. 그러면서도 디테일했다. 제품에 대한 이해와 활용 방향, 이로 인한 변화를 세세하게 이야기했다.

나는 삼성 반도체에서 일하며 세계의 주요 고객들을 수시로 만나고 다녔다. 그러면서 수많은 탁월한 인재를 만났지만 스티브 잡스는 차원이 달랐다. 경영과 기술을 이해했고 몽상가인 동시에 실천가였다. 계약이 체결됐을 때부터 다음 세대의 모바일 기기에 적용될 주요 부품에 대해 끊임없이 물었다. 기술의 발전 방향, 메모리 성능과 속도 등 기술력을 알고 싶은 열의가 대단했다.

그러나 앞에서 말했듯이 당일에는 결론을 내리지 못했다. 삼성전자가 애플에 플래시 반도체를 공급하기로 한다는 정도의 합의만 했다. 다음 날, 나는 일행과 함께 한국행 비행기에 올랐다.

며칠 뒤 뜻밖의 손님이 나를 찾아왔다. 팀 쿡이 사전 예고 없이 나의 사무실로 찾아온 것이다. 팀 쿡은 공항에 내린 후에야 나의 사무실로 연락을 했다. 나는 급하게 오후 일정을 취소하고 그를 맞았다. 스티브 잡스 없는 미팅의 분위기는 그야말로 화기애애했다.

"그런데 닥터 황, 잡스가 전화할 것 같아요."

그리고 10분 뒤쯤 비서를 통해 스티브 잡스로부터 전화가 왔다는 전갈을 받고 옆방에 가서 전화를 받았다. 간단히 안부를 물은 후 본론을 말했다.

"팀 쿡도 바쁜 중에 시간을 내서 닥터 황을 보러 갔습니다. 이번에는 꼭 비즈니스가 성사되면 좋겠습니다. 닥터 황이 각별하게 챙겨주기를 바랍니다."

완곡하고 부드러운 부탁의 말을 듣는 것으로 통화를 마쳤다. 통화를 마친 나에게 팀 쿡은 다음과 같이 말했다.

"우리가 무엇을 해주면 좋겠습니까?"

나는 미국 출장길에 이재용 상무와 교감했던 이야기를 꺼내놓았다. 물량과 가격을 검토해보겠으니 다음 아이폰에 삼성의 AP를 독점적으로 사용해줄 것을 요청했다. 팀 쿡은 그 자리에서 "적극적으로 검토하겠습니다"라고 확답을 줬다.

협상이 마무리되자 팀 쿡은 자리에서 일어나려고 했다. 나는 그런 팀 쿡을 보면서 오랜 친구에게나 하는 장난기가 발동했다.

"팀 쿡, 그게 다인가요?"

팀 쿡은 의아스럽다는 눈으로 나를 쳐다봤다. 나는 우리 반도체로 애플은 곧 대박을 칠 텐데 우리한테 좋은 선물이라도 해야 하는 거 아니냐고 웃으며 얘기했다. 팀 쿡은 웃으면서 '화이트 체크(White Check, 백지수표)'를 말했다. 그리고 일이 잘되면 당연히 보답하겠다는 말과 함께 떠났다.

부탁받은 스티브 잡스에 대한 회고 글을 마무리할 즈음 나는 스티브 잡스에게 자주 들었던 질문을 떠올렸다.

"닥터 황, 황의 법칙은 언제까지 계속될까요?"

CTO가 할 법한 걱정을 하는 그에게 나는 "당신이 상상하는 그 시간 이상으로 계속될 것"이라는 답을 주곤 했다.

스티브 잡스에 대한 평가는 다양하다. 억지를 부리고 허풍을 잘 떤다거나 누군가는 스티브 잡스에게 배신을 당해서 억울하다는 이야기도 들린다. 그러나 내가 만난 스티브 잡스는 신뢰할 수 있는 비즈니스맨이었고 IT 생태계가 풍성해지는 사업을 책임감 있게 밀고 갔던 기업가였다.

'위대하다는 말로는 부족하다. 인류는 그에게 큰 빚을 졌다. 그가 남긴 흔적을 좇아 그가 그렇게도 원했던 사람과 기술이 쉼 없이 소통하는 세상을 완성하는 것만이 남아 있는 우리가 할 수 있는 최상의 추모가 아닐까?'

위기의 순간에서도 퀀텀 점프는 가능하다

스티브 잡스가 세상을 떠나고도 나는 '사람과 기술의 소통'에 매진하고 있었다. 그에 대한 회고 글을 완성하고 3년 뒤에 KT 회장이 되어 있었다. 그리고 2014년 5월, 취임 4개월 만에 첫 기자간담회이자 KT의 미래 비전을 밝히는 KT스퀘어 무대에 올랐다.

많은 사람의 눈과 귀가 쏠린 가운데, 나는 '글로벌 No. 1'이라는 비전을 선포했다. 세계 어느 사업자보다 더 혁신적이고 뛰어난 서비스와 경쟁력을 확보해 누구에게나 당당한 최고의 기업으로 인정받는 것이 목표였다. 이를 위해 기가토피아(GiGAtopia)라는 새로운 미래상을 제시했다.

'기가토피아'란, 기가 인프라와 서비스로 점점 더 많은 사물과 사람이 연결되고 다양한 산업 간 융합이 이뤄지는 세상을 말한다. 그러한 변화 속에서 삶을 더 편리하고 안전하게 만드는 융합 서비스로 ICT 생태계를 다시 한번 활성화하면서 새로운 성장 동력을 찾겠다는 전략을 갖고 있었다.

2000년대 중반 모바일 시대가 본격화되면서 KT의 위상은 흔들리기 시작했다. 캐시카우(Cash Cow, 수익 창출원)였던 유선전화 매출이 매년 큰 폭으로 감소했다. 언론은 'KT에 무엇을 이식하고 어떤 변화를 주도해야 하느냐?'보다 '과연 KT를 정상화할 수 있느냐?'에 초점을 맞추고 있었다. "황의 법칙이 아니라 황의 마법이 필요하다"라는 말까지 돌았다.

KT의 위기를 정면 돌파하기 위해 나는 기가토피아라는 승부수를 던졌다. 물론 나의 도전은 하루아침에 만들어진 것은 아니었다. 스마트폰이 생기기 전인 2006년에 이미 모바일 기기에서 모든 것이 가능한 퓨전의 시대가 온다고 예상했듯이 국가CTO 시절에 국가 R&D의 비전으로 스마토피아(Smartopia)를 제시했다. 모든 과정이 '기가토피아'를 이루는 밑거름이 됐다.

국가CTO로 있었던 2011년 3월에 독일 하노버에서 열린 세계 최대 정보통신박람회인 세빗(CeBIT)에서 글로벌 컨퍼런스 기조연설자로 초대됐다. 'IT Enables Smart World'라는 주제에 맞춰 세계에 대한민국을 '스마토피아'로 만들겠다는 비전을 제시했다. 스마토피아는 '스마트'와 '유토피아'의 합성어로, IT와 타 산업과의 융합으로 편리를 넘어 편안한 세상을 말한다.

"최근에 기술 중심에서 사람 중심으로 패러다임이 바뀌면서 모든 기술이 사람을 중심으로 재배열되는 이른바 휴머니테크(HumaniTech)를 향한 요구가 강하게 대두되고 있습니다. 사람을 둘러싼 각종 기기가 스스로 알아서 사람이 느끼는 최적의 환경을 구축하는 세상이 스마토피아입니다."

스마토피아 시대는 사람이 힘들게 조작하지 않아도 사람의 마음을 미리 읽고 스스로 알아서 동작하는 기기, 즉 스스로 생각하는 기기가 속속 등장하고 사람과 이 기기들이 대화하듯 끊임없이 교감하는 시대다. 2021년 현재 우리의 삶이라 할 수 있다. 그러나 당시만 해도 과학 영화에나 나올 법한 이야기라는 비판이 있었다.

국가CTO로서 나는 스마토피아의 핵심 기술로 클라우드, 빅데이터, 인공지능, IT 융합을 꼽았다. 융합된 이 기술들이 기존 산업과 만난다면 기술의 혁신은 몇 단계 더 진행할 수 있을 것이라고 주장했다. 이를 준비하며 국가적 미래 먹거리를 만들고자 했던 내가 곧바로 KT의 수장이 되어 IT와 다른 산업과의 융합을 진두지휘하게 될 줄은 그때는 몰랐다.

시작은 좌절의 연속이었다. 기가토피아 전략은 내부에서부터 만만치 않은 반대에 부딪혔다. 이미 초고속 인터넷 시장이 포화한 상태였고 지나친 경쟁으로 매출이 계속 하락하고 있었다. 초고속 인터넷 속도는 지금도 매우 빠르므로 더 빠른 속도에 대한 수요는 없다는 것이 일반적인 생각이었다. 그러나 나는 기가인터넷이 인터넷 사업에서 새로운 시장을 만들 뿐만 아니라 다가오고 있는 ICT 산업의 진화와 관련한 준비를 하려면 필요하다고 확신했다.

과거 '황의 법칙' 선언 당시에도 비슷했다. 황의 법칙이 선언되던 2002년 IT 업계는 최악의 시간을 보내고 있었다. 삼성전자도 D램 가격의 폭락으로 긴축을 검토할 수밖에 없던 상황이었다. 주변의 반대를 무릅쓰고 메모리 수요가 폭발적으로 늘어날 것이며 PC 중심의 성장이 모바일 중심으로 전환될 것이라는 '메모리 신성장론'을 제시했다. 이후 현실이 되었을 때야 비로소 반신반의하던 사람들도 PC 중심에서 모바일 중심인 시대로 패러다임이 전환됐음을 인정했다.

황의 법칙으로 모바일 시대를 예측했다면, 기가토피아는 기가급 인프라와 서비스가 중심이 되어 산업 간 융합이 이뤄지는 새로운 시대를 예측한 결과물이었다. 선언을 실현하기 위해 나는 끈질기게 직원들을 설득하고 신기술 개발을 독려하며 앞서 나갔다.

마침내 2014년 10월, 기가인터넷이 전국에 상용화되었고 2006년 이후 10년 가까이 제자리걸음이던 인터넷 속도에 퀀텀 점프가 일어났다. 유선에서 기가 시대가 시작되자 기가인터넷 출시의 순효과는 5년 누계로 1조 원에 이르렀다.

기가인터넷 전략으로 KT는 영업이익 1조 클럽에 복귀했고 글로벌 경쟁력을 한 단계 업그레이드했다. 미래 먹거리 개발과 기술 고도화를 통해 위기의 순간에도 퀀텀 점프가 가능하다는 것을 보여줬다.

담대하고 끝까지 관철하게 하다

"더 이상 덧붙일 게 없을 때가 아니라 더 이상 뺄 게 없을 때 비로소 완성된다."

나는 스티브 잡스가 남긴 이 말을 참 좋아한다. 큰 그림을 잘 그려서 혁신을 밀어붙이는 일, 세부적인 것에 완벽성을 더하는 일, 이 모두에 스티브 잡스는 매우 능했다.

그런데 디지털 혁명의 창조 신화를 써내려 간 그의 발자취를 돌아보면 그가 모든 것을 이뤄냈다고 말하기는 힘들다. 애플의 모든 기기는 처음부터 끝까지 그에 의해 발명되지 않았다.

스티브 잡스는 그래픽 인터페이스의 힘을 이해하고 매킨토시를 디자인했지만 이 창조의 원천을 제록스에서 "영감받았다"라고 공공연하게 이야기했다. 수천 곡의 노래를 넣고 다니는 아이팟 역시 그가 최초로 개발한 것은 아니다. MP3 기술과 기기는 우리나라에서 처음 만들어졌다. 음악을 다운받는 아이튠즈 역시 원천 프로그램을 인수해 변형해 발전시킨 것이다. 그런데 왜 스티브 잡스는 해내고 다른 누구는 해내지 못했을까?

그 누구도 스티브 잡스만큼 아이디어와 예술과 기술을 서로 결합해 미래를 창조하는 방식으로 실현하지 못했기 때문이다. 스티브 잡스는 능력 있는 사람이 능력치를 최대로 발휘해 창조적 제품을 만들도록 이끌었다. 사람들의 열정에 불을 붙이는 방법을 잘 알고 있었다.

'선언'은 그와 내가 공통으로 사용하는 방법이다. 동료들과 미래가 궁금한 이들이 비전을 품고 미래를 개척할 수 있도록 시동을 거는 것이다.

스페인 바르셀로나에서 열린 'MWC 2015'에서 나는 '5G, 새로운 미래를 앞당기다'라는 제목으로 기조연설을 했다(모바일 월드 콩그레스인 MWC는 세계 최대 모바일 전시회다). '5G는 단순히 빠른 네트워크가 아니다', '초연결성과 초저지연성을 확보한 플랫폼으로 인류의 미래를 바꿀 수 있는 기술이다', '인류에게 새로운 시대를 열어줄 5G를 실현할 것이다' 등의 내용을 선언했다.

그러나 "5G는 모든 사람과 사물이 연결되는 초연결 시대에 속도, 용량, 연결을 모두 해결한 궁극의 네트워크이며 이제 지금까지와 차원이 다른 성장과 삶의 변화가 일어날 것"이라는 주장에 많은 사람이 고개를 갸웃거렸다. 당시 글로벌 통신업체들은 5G 기술의 진화 측면에서 볼 때 5G의 실질적인 등장은 2020년에나 가능하다고 내다봤다. 4G도 제대로 활성화되지 않은 상황에서 5G에 관심을 두는 통신업체는 많지 않았고 일본과 중국만이 각각 2020년 도쿄올림픽, 2022년 베이징 동계올림픽에 맞춰 5G 서비스를 선보이려고 대규모 연구와 투자를 준비 중이었다. 일본은 총무성 산하에 5G TF팀을 꾸렸고, 중국은 간판 IT 기업인 화웨이의 기술력을 과시할 채비를 하고 있었다. 세계 유수의 업체들을 참여시켜 5G 프로젝트를 이끌어가는 것은 크나큰 모험이자 도전이었다.

나는 5G의 실현 가능성을 보여주기 위해 KT 주도하에 2018년 평창 동계올림픽에서 세계 최초 5G 시범 서비스를 제공하겠다고 선언했다. 1964년 도쿄올림픽에서 세계 최초로 컬러 TV를 통한 위성 중계를 한 이후 일본이 전자산업 강국으로 발돋움했듯이 평창 동계올림픽을 세계 최초 5G 올림픽으로 만들어 한국의 통신 기술을 글로벌 넘버 원으로 도약시키겠다는 포부였다.

연설 이후 몸이 10개라도 모자라게 뛰었다. 혼자서는 할 수 없었다.

우선 Pre-5G 기술인 기가 LTE를 세계 최초로 상용화하고 노키아, 삼성, 에릭슨, 인텔, 퀄컴 등 세계 유수의 장비 제조사들, 칩 제조사들과 5G SIG(Special Interest Group, 5G 규격 협의체)를 결성했다. 내부적으로는 직원들을 모아 대토론회를 열고 기술과 서비스, 글로벌 협력에 대한 진척사항을 점검해나갔다. 우리끼리만 열심히 하는 데서 그치지 말고 글로벌 업체들과 협력해야 하며 새로운 기술을 개발한 후에는 학술지 기고와 특허 출원이 필요하다고 강조했다.

KT는 우면동에 평창 5G R&D센터를 개소하여 글로벌 통신업체, 장비 제조업체, 관련 중소기업들이 언제든지 와서 5G 기술을 테스트할 수 있도록 지원했다. 모든 과정 끝에 2016년 6월에 평창에서 사용될 5G SIG 규격 개발에 성공했고 10월에는 삼성전자와 함께 세계 최초 5G 퍼스트 콜(First Call, 첫 데이터 전송)에 성공했다.

2015년 이후 MWC에서 2번 더 기조연설을 할 기회가 생겼다.

2019년 2월 MWC에서 한 기조연설에서 5G의 상용화를 선언했다.

2017년과 2019년, 나는 다시 바르셀로나로 향했다. '세계 최초 5G 상용화', 그리고 '마침내 5G와 차세대 지능형 플랫폼 실현', 이렇게 2번의 기조연설이 더해져 5G에 대한 도전과 상용화, 실현이라는 3단계가 모두 선언됐다.

전 세계에는 통신사가 800여 개나 된다. 모든 통신사가 글로벌 화두를 잡고 선진 기술을 뽐내고자 한다. 외신에서는 MWC에서 5G와 관련해 3번의 기조연설을 배정한 이유로 5G가 미래 기술의 핵심임을 인정하고 한국의 IT 기술력을 높게 평가한 것이라고 했다.

우리가 기획한 미래가 세계에서 실현되고 있다. 물론 많은 동반자의 노고가 함께 만든 결과다.

멋진 세상을 만드는 불씨

5G 상용화를 이루고 2019년 세계경제포럼에서 나는 오랜 친구를 다시 만났다. 첫날에는 전 세계 100명의 위원만 참여하는 IBC(국제비즈니스위원회)가 열리는데 거기서 팀 쿡과 눈이 마주쳤다. 우리는 쉬는 시간에 누가 먼저라고 할 것도 없이 다가가 인사를 했다. 2011년 애플에 있는 그의 집무실에서 만나고 8년 만이었다.

스티브 잡스의 부고를 듣고 메일이 오가고 난 몇 달 뒤, 나는 국가 CTO 자격으로 미국 출장길에 올랐다. 구글을 포함해 실리콘밸리에 있는 글로벌 기업을 방문하는 출장이었다. 물론 애플도 포함되어 있었다.

2019년 세계경제포럼의 IBC 미팅에서 팀 쿡을 다시 만났다.

CEO 사무실에서 나를 맞은 팀 쿡에게 대뜸 물었다.

"팀, 내 백지수표는 어디 있나요?"

팀 쿡은 내 농담을 듣고 웃으며 나를 안았다. 그리고 스티브 잡스와 함께했던 회의를 떠올리며 잠시 지난날의 감회에 젖었다. 팀 쿡은 이전과 같은 부드러운 말투로 "앞으로도 닥터 황이 많이 도와주길 바랍니다"라는 부탁의 말을 더했다. 당시는 애플의 아이폰이 한국에 들어오기 전이었다. 팀 쿡도 여러 가지로 고민이 많았을 것이다. 하지만 그 이상의 직접적인 이야기는 하지 않았다.

나는 애플 수장의 귀한 시간을 뺏었다는 인사를 하고 사무실을 나왔다. 팀 쿡은 언제일지 모를 다음을 기약하며 나를 배웅했다.

그리고 다시 만난 것이 세계경제포럼의 IBC 미팅 때였다. 우리는 반갑게 인사를 하고 사진도 함께 찍었다. 그도 나도 이미 머리에 하얀 서리가 앉은 백전노장의 모양새였다.

"닥터 황, 5G 활약상은 잘 들었습니다. 앞으로 5G 시장은 어떻게 될까요?"

IT 산업의 CEO답게 통신 시장의 변화에 관해 물었다. 그동안 통신은 B2C 영역에 집중했지만 5G는 B2B 시장에 혁신을 일으킬 것이라고 강조하면서 몇 달 후에 삼성전자에서 5G폰을 출시할 예정이니 애플도 서둘러야 하지 않겠느냐고 답했다. 팀 쿡은 조용히 이야기를 듣다가 "애플도 다음 세대 폰에서는 5G 기술을 채택하려고 합니다"라고 말했다. 실제 애플에서는 차차기 모델에서 5G를 채택했다.

이야기를 얼마 하지도 못한 것 같은데 브레이크 타임이 끝나는 알림 방송이 나왔다. 인사를 하고 각자의 자리로 돌아가야 했다. 그때 팀 쿡은 내 손을 다시 잡고 "맥북 시절부터 잘해줘서 참 고마웠습니다. 닥터 황이 도와준 덕분에 애플도 잘할 수 있었습니다"라는 인사를 전했다. 그 순간, 깊은 감동을 한 나는 "팀도 내게 신의를 갖고 도움을 많이 주었습니다"라고 진심을 담아 말했다.

은퇴 후 나는 '만남과 배움'에 집중하며 스티브 잡스, 그리고 팀 쿡과의 인연을 헤아려봤다. 벌써 20년도 더 된 인연들이었다. 스티브 잡스가 떠나고 팀 쿡이 CEO로 활약한 지도 10년 가까이 됐다.

서로 성품과 경영 스타일은 달랐지만 스티브 잡스와 팀 쿡은 애플이라는 기업을 세계 최고로 끌어올리는 데는 모두 성공했다. 나는 이둘의 공통점으로 과감한 도전과 지구력을 꼽고 싶다. 누군가는 사나운 열정으로, 누군가는 조용한 포용력으로 표현되지만 무모한 도전을 하고 끈기 있게 밀고 나간 것은 모두 같았다.

'당신과 나는 미래를 만들고 있습니다.'

나는 스티브 잡스, 그리고 팀 쿡과의 만남에서 이런 느낌을 자주 받았다. 이들과의 만남은 늘 내게 마음의 불씨를 댕기게 했다.

나는 함께 일하는 동료들도 나와 같은 감흥을 갖기를 바랐다. 그래서 엔지니어로서, 리더로서, 경영자로서 많은 시간을 담대하게 선언하고 나아가는 길에 할애했다. 비록 은퇴했지만 앞으로 멋진 세상을 만드는 일에 동참해줄 누군가에게 불씨를 나누는 일만큼은 계속하고 싶다.

03
디지털 유목민이 되는 것을
두려워 마라

|마크 베니오프|

나와 일본은 특별한 인연이 있는 것 같다. 삼성전자에 들어가겠다는 결정도, 국가CTO를 맡겠다는 결정도 일본에서 귀국하는 비행기 안에서 이뤄졌다.

일제 강점기와 머지않은 시기에 태어난 내게 일본은 '넘어야 할 산'과 같은 국가였다. 지지 않겠다는 의지가 강했다. 그래서 일본어를 배우고 벤치마킹을 하고 우리가 갖지 못한 특성을 항상 주시했다. 요즘 젊은 친구들에게는 노인네 소리로 들릴지도 모르겠으나 '애국'이라는 단어는 나를 꼼짝 못 하게 하는 주문처럼 들린다. 젊은 날에 '국가'로 상징되는 대의를 위해 개인의 출세욕이나 치부욕은 미련 없이 버렸던 순수한 열정이 넘쳤다. '애국자가 아닌 사람'이 되는 것은 억울하고도 두려운 일이었다.

삼성전자 경영 일선에서 물러나서 세계의 내로라하는 연구소를 돌아다니는 여정 중에 지식경제부로부터 국가CTO직을 제안받았다. 주변의 끈질긴 설득에도 "저보다 훌륭한 인재가 많을 것입니다"라며 수차례 고사했다. 그래서 "국가에 봉사할 기회를 마다하다니 애국자가 아니신가 봅니다"라는 말까지 들어야 했다. 주변에서는 "왜 굳이 정부 일을 하려느냐?"라는 만류도 있었다. 나는 삼성종합기술원을 떠나오던 날 기약도 없이 남겼던 말이 떠올랐다.

"우리의 미래 먹거리를 찾기 위해 떠납니다. 여러분은 여기서, 저는 밖에서 열심히 달린 후 다시 만납시다."

솔직히 당시 나는 아무런 계획도 갖고 있지 않았다. 그런데 불과 몇 달 후에는 미국의 동부와 서부, 일본과 싱가포르를 오가며 기술 공부를 시작했다. 두 달이 넘는 시간 동안 세계 석학들과 만나고 토론하면서 내게는 '한국의 미래 먹거리를 책임질 거리'들이 차곡차곡 쌓여갔다. 내게 시간과 에너지를 나눠준 사람들에게 감사하는 마음으로 이 날의 공부를 꼭 한국의 미래를 위해 쓰겠다고 다짐했다.

그리고 우연인 듯 필연인 듯 국가CTO직 제안이 들어온 것이다. 이쯤 되고 보면 '이보다 더 좋은 쓰임이 있을까?' 하는 생각이 들었다. 새로 만들어진 부처에 가서 내가 그동안 배운 것, 경험한 것을 맘껏 풀어내겠다고 생각한 다음, 마음을 다잡고 국가CTO직을 수락했다.

'유목민의 정신'은 그대로다

'국가의 미래 먹거리를 책임지는 기획단'의 수장이라는 새로운 업무를 맡기로 한 어느 날, 20년 전의 내가 떠올랐다.

1989년 미국의 스탠퍼드대학을 떠나 한국으로 돌아왔다. 4년여간 머물던 스탠퍼드대학을 떠나 기업으로 옮긴다는 것은 그동안 연구자로만 살아온 내게 쉬운 결단이 아니었다. 박사 학위를 받은 후 쟁쟁한 기업들을 마다하고 학교 연구소에 자리를 잡은 내가 학교와는 다른 문법으로 움직이는 기업에서 잘 적응할 수 있을까 하는 우려도 있었다. 새로운 환경에 적응해야 한다는 압박감은 상당했다.

그리고 20년 만에 또다시 새로운 도전이 시작됐다. 기업인으로만 살아왔던 내가 정부라는 새로운 환경에서 새로운 도전을 잘 해낼 수 있을지 우려의 눈길도 적지 않았다. 그러나 난 불모지를 옮겨 다니며 끊임없이 자신을 바꾸고 새로운 것을 도모하는 유목민의 삶을 기꺼이 받아들이기로 했다. 설렘과 두려움, 기대와 우려가 뒤섞인 복잡한 심경으로 어떤 미래가 앞으로 펼쳐질지 생각했다. 예나 지금이나 새로운 땅을 찾아 옮겨 다니며 새로운 것을 창조해내는 '유목민의 정신'만큼은 그대로라고 실감했다.

솔직히 고백하자면, 나는 약간의 자신도 있었다. '노마드 경영' 붐이 일기 한참 전인 1990년대부터 경영 일선에서 이를 적용해 성과를 내온 나였다. 연구소에서 기업이라는 새로운 장소로 이동해 경영자로 성장했던 것처럼, 민간 기업에서 터득한 기술, 사업, 고객 관리의 노하우를 정부 영역에 적용하면 이전에는 없던 새로운 결실을 만들 수 있으리라 생각했다.

그로부터 3년간 그야말로 '강행군'이었다. 나는 미래 먹거리를 찾는 데 대기업과 중소기업으로 구분해 2가지 전략을 사용했다.

첫째는 대기업 간 IT를 중심으로 모든 산업을 융합시키는 것이다. IT와 자동차(자율 주행), IT와 조선처럼 IT와 여러 산업을 연결하면 미래를 위한 퓨전 테크놀로지가 개발되리라는 기대가 있었다.

둘째는 중소기업을 위한 히든 챔피언(Hidden Champion)▪의 발굴과 지원이었다. 대한민국의 대기업 비중은 75%로 전 세계에서 찾아보기 어려운 기형적 구조로 되어 있다. 중소기업이 성장하기 위해서는 독일처럼 작지만 강한 기업이 많아야 한다. 나는 궁극적으로는 히든 챔피언을 만들 수 있는 산업구조로의 개편을 꾀했다.

'국가 비전 2020'을 발표하고, 미국의 여러 대통령에게 자문해온 하버드대학 조지 화이트사이즈(George Whitesides) 교수를 단장으로 '해외 자문단'도 구성했다. 1년여 동안 해외 석학들에게 배운 내용을 국가 R&D에 녹아내기 위해 분주히 움직였다. 세계 최대 디지털 박람회인 세빗(CeBIT)에 한국인 최초로 첫날 기조연설에 나서기도 했다. 순수한 열정으로 부딪치면 안 될 것이 없다는 믿음은 큰 힘이 됐다.

이후로도 나의 유목민 생활은 끝나지 않았다. 2014년 KT 회장에 취임해 6년간 CEO로서 경영 혁신에 매달렸다. 연구소에서 민간 기업으로, 민간 기업에서 정부 기관으로, 거기서 다시 민간 기업으로… 새 땅을 찾아 떠나고 그 새 땅을 또 다른 생성의 땅으로 변모시키는 유

▪ '히든 챔피언'은 대중적으로 잘 알려지지 않았지만 세계 시장을 지배하는 우량 기업을 말한다. 보통 세계 유일의 특허 기술이나 독점적 생산이 가능한 기술을 보유하고 있다. 세계 시장 점유율 1~3위를 차지하는 경우도 있다. 전 세계적으로 2,700개 이상 있으며 이 중에서 독일에 1,300개, 미국에 370개, 일본에 220개 정도가 있다고 본다.

2010년 지식경제부 R&D전략기획단이 주관한 행사에서 '국가 비전 2020'을 발표했다.

목민의 숙명을 받아들인 결과였다.

"있는 그대로가 아니라 원하는 대로 생각하라."

노마드 정신을 이야기할 때 떠오르는 몇 명의 경영자가 있다. 사실 나는 한 개인으로, 그리고 경영자로 많은 사람을 만났고, 많은 배움을 얻었다. 이 책을 쓰는 동인(動因)을 받기도 했다. 세일즈포스닷컴의 CEO인 마크 베니오프(Marc Benioff)도 그중 한 사람이다.

우리의 첫 만남은 2019년 '세계경제포럼'에서였다. 첫날에는 전 세계 100명의 위원들만 참여하는 IBC가 진행된다. 나는 신입회원이었는데 우연히 그의 뒷좌석에 앉았다. 시작 전에 가볍게 인사를 했는데 나를 알아보는 그의 눈길이 예사롭지 않았다.

사실 당시만 해도 나는 그를 잘 알지 못했다. 그가 경영하고 있는 '세일즈포스닷컴'에 관한 이야기는 들어봤으나 《블루오션 시프트》(김위찬, 르네 마보안 공저)에서 이름을 확인한 정도였다. 이 책에서는 전통적인 소프트웨어 시장의 문제점, 즉 복잡하고 구매와 유지에 돈이 많이 들며 설치가 까다롭다 등의 불편을 혁신적으로 해결한 기업으로 세일즈포스닷컴을 소개했다.

마크 베니오프는 세일즈포스닷컴을 창업하기 위해 3명의 공동 창업자를 모집한 다음, 함께 웹 사이트 및 월간 구독을 통해 액세스할 수 있는 최초의 CRM(Customer Relationship Management, 고객 관계 관리) 솔루션을 개발했다. 회사는 1999년 설립 이후 10년 만에 연 매출 13억 달러가 넘는 기업으로 성장했으며, 2021년 1월 31일로 끝나는 회계 연도에는 5만 4,000명의 직원과 함께 200억 달러를 초과하는 연간 매출을 기록했다. 세일즈포스닷컴은 〈포브스〉의 '세계에서 가장 혁신적인 100대 기업' 중 하나로, 〈포춘〉의 '일하기 좋은 직장 100개' 중 하나로 꾸준히 선정되고 있다.

마크 베니오프의 남다른 경영 철학은 '있는 그대로가 아니라 원하는 대로 생각하라'이다. 요즘은 클라우드 서비스가 아주 흔한 비즈니스 모델이지만 그가 창업을 했던 1990년대 말에는 그렇지 않았다. 목돈을 들여 소프트웨어를 통째로 사지 않고, 월 사용료를 내면서 사용하고 해지도 자유롭다는 것은 당시에는 상상을 뛰어넘는 비즈니스 모델이었다. 클라우드 서비스와 함께 소프트웨어를 사용한 고객들은 상당한 비용 절감 효과를 봤다. 덕분에 그의 회사는 '블루오션' 전략의 성공 사례로 꼽히게 된 것이다.

잘 알려져 있듯 블루오션이란 무한 경쟁의 시장인 레드오션과 대비된다. 마크 베니오프는 기존의 소프트웨어 판매라는 레드오션에서 짐을 싸 '인터넷에서 소프트웨어를 팔 수 있는' 블루오션으로 갔다. 그 스스로 레드오션에서 승승장구를 할 수 있음에도 불구하고 과감히 버리고 떠났다. 노마드 정신이 있었기에 가능한 일이었다.

그의 경력에서 인상적인 부분 중 하나는 '노(No) 소프트웨어' 선언이었다. 이것은 세일즈포스닷컴이 전통적인 소프트웨어 회사가 아님을 의미한다. 실제로 마크 베니오프는 세일즈포스닷컴이 소프트웨어 산업을 어떻게 혁신할 것인지 강조하기 위해 'No Software' 로고를 만들었다. 인터넷의 황량한 땅으로 나아간 기업 중 하나였다.

오라클이라는 든든한 회사의 임원직을 내려놓고 미개척지로 전진했던 그리고 어찌 흔들리지 않았겠는가? 그러나 그는 기존의 기득권을 버리고 불모지에서 시작하는 결정을 내렸다. 결과적으로 그의 영토는 디지털 공간에서 무한히 확장됐다.

세계경제포럼에서 나는 마크 베니오프와 많은 대화를 나누지는 못했다. 그러나 그가 격이 없이 사람을 대하며 열린 마음으로 상대를 흡수한다는 인상을 받았다.

브레이크 타임에 나를 찾아온 마크 베니오프는 "5G에 대해 관심을 두고 살펴봤는데 오늘 닥터 황 이야기를 들으며 그 중요성을 다시 확인했습니다. 정말 고마웠습니다"라는 인사를 했다. 나는 "한국에 올 일이 없습니까? 온다면 한번 찾아오시죠"라고 화답했다. 그런데 몇 달 뒤에 그가 진짜로 나를 찾아왔다.

마크 베니오프의 연락 담당관은 "원래는 전용기를 이용해 일본에서 열린 창립 20주년 행사만 마치고 샌프란시스코로 돌아가는 일정이었는데, 마크 베니오프 회장이 서울의 KT를 방문하고 싶다고 하십니다"라며 방문을 해도 될지를 물었다. "언제나 환영합니다"라고 회신했다.

그다음 날, 그가 밝고 진지한 표정으로 내 사무실을 찾았다. 나는 오랜 친구를 대하듯 그와 세일즈포스닷컴의 경영진들에게 5G 시설을 소개하고 시연장도 직접 안내했다.

사무실에서 나와 스티브 잡스가 함께 찍은 사진을 본 마크 베니오프는 자신도 스티브 잡스와 남다른 경험이 있다며 창업 시기의 이야기를 들려줬다.

2019년 4월 KT를 방문하여 5G 시설과 콘텐츠를 둘러보는 마크 베니오프

대학 시절 애플에서 인턴으로 일하며 스티브 잡스와 첫 인연을 맺었다고 한다. 그런데 대학 졸업 후 그가 선택한 첫 번째 직장은 오라클이었다. 그곳에서 그는 그야말로 승승장구했다. 입사 1년 차에 '올해의 신인'으로 뽑힌 후 3년 차에는 마케팅 부문 부사장에 올랐다. 오라클에서의 생활은 13년이나 계속됐다. 1999년에 샌프란시스코의 작은 아파트에서 세일즈포스닷컴을 설립한 것은 예상치 못한 일이었다.

그는 회사를 설립하고 몇 년 후, 스티브 잡스에게 세일즈포스닷컴 데모를 보여주면서 조언을 구했다. 스티브 잡스는 24개월 이내에 회사를 10배로 성장시키고 '애플리케이션 생태계'를 구축해야 한다고 조언했다고 한다. 또한, 스티브 잡스와의 만남을 통해 동종 업계 최초의 비즈니스 소프트웨어 마켓 플레이스인 앱익스체인지(AppExchange)를 만들도록 영감을 받았다고 했다. 그 만남 이후 3년 만에 세일즈포스닷컴은 매출이 3억 달러에 이르렀고 규모는 3배로 성장했다.

두 번의 만남 이후, IBC 하계 미팅에서 재회한 우리는 제법 친한 친구가 돼 있었다. 나는 다보스로 오기 직전 네덜란드 헤이그에서 열린 GES(Global Entrepreneurship Summit, 글로벌 기업가 정신 정상회의)에 참석했는데 '미래 산업 5G, 왜 열광하는가(Industries of the Future: 5G, Why the Hype)' 세션에서 기조연설을 한 뒤라 약간의 여독이 남아 있었다. GES는 미국 국무부와 해당 국가에서 컬래버(Collaboration)로 진행하는 행사로, 글로벌 벤처사들과 해당 국가의 주요 인사가 참여한다. 미국판 다보스로도 불린다. 마크 베니오프는 GES 연설을 들었다며, 미국 국무부 폼페이오 장관이 나를 직접 초청한 사연을 물었다. 남다른 애정을 과시하는 친구와의 대화는 계속됐다.

"세일즈포스닷컴이 진행하는 드림포스에서 5G에 대한 행사는 진행하지 않습니까?"

문득 나는 궁금증이 생겼다. 마크 베니오프는 "닥터 황이 해줄 수 있겠습니까?"라고 되물었다. "친구의 부탁이라면 당연히 가야지요"라고 답했다. 그렇지만 나는 불과 몇 달 뒤에 예정된 행사에 패널로 참석하게 될 줄은 몰랐다.

국내에는 잘 알려지지 않았지만 드림포스는 전 세계 17만 명이 참석하는 세계 최대 콘퍼런스로 공지 2~3일 만에 모든 세션이 예약되는 글로벌 행사다. B2B 기업인 세일즈포스닷컴이 대중의 이목을 끌고 잠재 고객을 만들기 위해 최대 역량을 쏟아붓기 때문에 꼬박 준비만 1년이 걸린다. 이 정도 규모의 행사면 세션 플랜도 6개월 전에 확정되는 것이 기본이다.

마크 베니오프는 잘 알려진 대로 역동적이고 추진력이 강한 CEO다. 즉시 스마트폰을 꺼내 드림포스 담당자에게 전화를 걸었다. 그렇게 그날 VIP 세션에 5G 무대가 신설됐고 나의 샌프란시스코행도 확정됐다. 그해 11월 나는 스티브 잡스가 아이패드를 공개했던 바로 예르바부에나센터 무대에서 5G의 현재와 미래에 대한 대담을 진행했다.

드림포스 행사는 예상했던 것보다 장대하고 화려했다. 마크 베니오프는 주빈 행사를 마무리한 후 직접 시간을 내어 모스콘센터를 안내했다. 전시장에는 세일즈포스닷컴의 솔루션을 탑재한 폭스바겐 등 수백 개의 글로벌 기업이 자사 제품을 전시하고 있었다. 한 층을 도는 데만 1시간이 걸렸다. 마크 베니오프는 특유의 활달한 성격으로 글로

'드림포스 2019'에서 기조연설을 한 후에 마크 베니오프에게 전시장에 대한 설명을 들었다.

벌 기업 CEO들에게 나를 소개했다.

"Do you know him?"

질문 후에는 어김없이 "미스터 반도체", 그리고 "미스터 5G"라는 대답이 돌아왔다.

이후 마크 베니오프와의 재회는 2020년 다보스포럼에서 이루어졌다. 그는 독특한 이글루 모양의 전시관을 만들어놓고 세계 각국에서 온 손님들을 맞았다. 친구를 반기고 대화를 즐기는 모습은 그대로였다. 헤드 테이블에서 함께 식사를 하자며 나의 손을 놓지 않았다.

5G에 대한 호기심과 열정도 여전했다. 우리의 대화도 "5G가 앞으로 어떻게 발전할 것 같냐?"는 질문으로 시작됐다. 짧은 시간이었지만 즐겁고도 의미 있는 시간이었다.

경험이 없다는 것이 더는 단점이 아니다

경험은 우리에게 안정감을 준다. 무엇을 잘할 수 있는지 없는지도 알 수 있다. 그래서 많은 사람이 "경험만 한 스승은 없다"라고 이야기하고 나 역시 어느 부분은 공감한다.

그런데 나는 '통찰'을 이야기할 때는 '경험의 지경'을 넘어서야 한다고 강조한다. 깨달음은 경험하지 못한 곳에서 발견되는 경우가 더 많다.

마크 베니오프를 처음 만났을 때 나는 1994년 세계 최초로 256M D램을 개발하고 "패스트 팔로워(Fast Follower)에서 퍼스트 무버(First Mover)로 변화해야 합니다"라고 연구원들을 독려하던 모습이 떠올랐다.

내가 처음 256M D램 개발 프로젝트에 착수하던 1992년 초는 아직 64M D램도 개발되지 못한 시기였다. 회사의 최대 관심사는 대부분

64M D램 개발에 집중됐고, 내가 주도하던 256M D램 개발에는 반도체 개발 경험이 많지 않은 초보자가 많이 합류한 상황이었다.

당시 나는 이 상황이 단순히 열세라고만 생각하지 않았다. 어차피 아무도 가보지 않은 새로운 길이기 때문에 지금까지와는 다른 방식으로 도전해도 괜찮다고 생각했다. 오히려 생각의 틀이 고정되지 않은 사람들의 패기와 자신감이 더 빛날지도 모르겠다는 생각이었다. 이렇게 생각하고 나니 경험이 적은 것이 더는 단점이 아니었다.

70여 명의 정예 멤버는 밤낮없이 연구에 매진했다. 젊은 연구원들의 가슴속에는 아무도 가지 않은 길을 우리 스스로 개척한다는 자부심과 열정이 스며들었다. 지금까지 없었던 새로운 접근과 새로운 시도, 끊임없는 도전이 가능했다.

1992년 4월, 2년여 노력 끝에 256M D램 시제품 설계에 성공하고 1994년 8월 온전한 개발에 성공했을 때 나는 우리의 믿음이 틀리지 않았다는 것을 확인했다.

그사이 64M D램을 세계 최초로 개발했다고 발표했다. 하지만 국내 다른 기업에서도 바로 개발 발표가 있었고, 일본 히타치는 VLSI 학회에서 발표했다는 보도가 나오면서 논란이 생겼고, 그 와중에 '세계 최초'라는 타이틀은 희석됐다. 그러나 256M D램은 우리가 세계 최초로 개발했다고 발표한 이후 상당한 기간 동안 세계 어느 반도체 회사에서도 개발에 관한 이야기가 없었다.

그해 12월, 우리가 개발한 256M D램 샘플을 HP에 공급하자 이후 일본의 경제신문이 '삼성전자의 세계 최초 256M D램 개발'을 기사화하면서 반도체 개발에서 일본을 앞섰다고 공식적으로 인정하게 됐다.

일본의 경제신문에 실린 256M D램 개
발 기사(1995년 1월 26일). 기사에는 '가
격에서 기술로 승부', '반도체에서는 일
본을 앞지른다' 등의 내용이 나왔다.
사진은 256M D램 상용 샘플을 HP 고위
임원에게 전달하는 모습이다.

개발 발표일은 우연히도 국치일인 8월 29일이었다.

이후에도 나는 'D램에서 1등을 했다고 만족하지 말자'라고 수없이 다짐했다. 그리고 새로운 제품의 개발을 위해 쉼 없이 달렸다. D램에서 플래시 메모리, 퓨전 메모리(원낸드), SSD, 모바일 D램까지 새로운 제품과 함께 새로운 시장을 만들며 달려왔다.

"도전도 습관이다."

지인들은 가끔 내게 이런 말을 한다. 사업부장을 할 때부터 '노마드 정신'을 공식 캐치프레이즈로 걸고 새로운 도전을 서슴지 않더니 경영의 자리에서 물러난 초로의 나이에도 여전히 노마드 정신을 강조하며 신산업 찾기에 몰두하고 있기 때문이다. 회사라는 울타리 밖에서

2020년에 개최한 세계경제포럼에서 마크 베니오프를 만났다.

도 여전히 열심인 나를 염려하는 이들도 있다. 그러나 이러한 정신은 나만의 것이 아니다.

내가 본 마크 베니오프는 세계경제포럼의 보드 멤버로 회의 장악력이 뛰어났다. 기업의 리더로서 시장에 대한 뛰어난 감각도 갖고 있다. 그 위에 진취성을 더해, 흔히 이야기하는 레드오션에서 빠져나와 블루오션을 창출해냈다. 내가 30년간 사업 품목을 개발하거나 조직을 이동해 미지로 나아갈 때 느꼈던 감정들을 그 역시 함께 느끼고 있었다. 존경받는 CEO이자 혁신의 아이콘인 그 역시 노마드 정신을 바탕으로 그 자리에 다다른 것으로 생각한다.

심장에 새겨진 유목민의 생존법을 깨워라

"디지털 시대에 필요한 '통찰'은 어디서 구할 수 있습니까?"

이 질문의 답을 나는 나의 경험을 더해 말해보고자 한다.

나는 책을, 그중에서도 역사책을 좋아한다. 충무공 이순신, 사마천, 칭기즈칸은 잘 알려진 위인들이지만 관련 책을 여러 번 탐독했다. 단순히 업적을 기억하는 것을 넘어 그들이 남기는 메시지가 무엇인지 더 알기 위해서였다.

'노마드 정신'은 칭기즈칸의 책에서 건져 올린 귀한 메시지다. 우리가 학교에서 역사를 배울 때만 해도 칭기즈칸이 세운 원나라는 '야만의 국가'처럼 보였다. 그러나 내가 책에서 접한 칭기즈칸과 그의 국가는 달랐다.

유목민은 수평적이고 개방적인 문화를 가졌다. 전리품을 공평하게 나눴고, 기술자를 우대해 등용했다. 칭기즈칸은 정보화 마인드가 강해 관련 정보를 수집하고 파악하는 데도 능했다. 다민족 다종교 국가를 건설했지만 이를 융화시키고 화합해서 통치에는 어려움이 없었다. 그에 비해 정착지의 사람들은 수직적 사고로 서열주의에 물들어 있었고, 관료주의와 기득권 싸움에 몰입하는 경우가 많았다. 나는 역사책에서 주장하는 '정주 사회가 인류의 문명을 싹트게 했다'라는 정착 문화 우월주의에서 깨어났다.

이러한 생각은 1980년대 학술지에 실린 한 논문에서 본 '미래 기술은 노마딕(Nomadic)해야 한다'라는 글을 접하고 한층 더 깊이 각인됐다. 반도체와 IT 등 미래 산업은 한 가지 기술에 안주해서는 안 되고 고객이 원하는 니즈를 탐구해 신속하게 만들고 이동해야 한다.

"Creating the future with Nomad Spirit."

메모리사업부 사장을 맡으면서 나는 좀 더 적극적으로 '노마드 정신의 부활'을 주장했다. 현장에서 내가 강조한 것은 '이동성'과 '도전 정신'이다. 한 곳에 안주해 고착되지 않고 항상 변화와 새로움을 추구해야 한다. 한 분야에서 1위를 달성한 후 이를 지키기 위해 성을 쌓고 다른 목표로 이동하지 않는다면 지금의 1등은 금세 사라지고 말 것이기 때문이다.

'달리는 말은 말굽을 멈추지 않는다.'

유목민은 지난 성과에 안주하지 않는다. 경험으로부터 충분히 배울 수 있지만 거기에 머물러서는 앞으로 나갈 수 없다. 디지털 시대에는 더욱 그러하다. 과거를 바탕으로 한 통찰은 유효기간이 짧을 수밖에 없다. 미래를 내다보고 변화해가는 중에 미래에 대한 통찰도 끊임없이 업그레이드해야 한다.

젊은 친구들과 일할 때 나는 깜짝깜짝 놀라곤 한다. 마음으로 비전을 공유하고 함께 나가기를 청했을 때 대부분 예상을 뛰어넘는 놀라운 성과를 만들어냈다. 결과는 꼭 개인의 역량에 비례하지 않았다. 얼마나 오픈 마인드로 도전하느냐에 달렸다. 잠자고 있던 유목민의 생존법이 살아나면서 무엇이든 해낼 수 있었다. 유연성, 버릴 것이 많지 않은 것, 쉽게 새로움을 받아들이는 열린 사고, 빠른 정보 습득력, 타인에게 귀를 기울일 줄 아는 마음은 모두 젊음의 특징이기도 하다. 여기에 나는 비전 제시, 빠른 속도전, 수익의 공유, 활발한 소통, 정보 마인드, 바둑식 전략, 신기술에 대한 열망을 적절히 조화해 노마드 경영을 완성해나갔다.

미래는 디지털 유목민들이 더 많이 활약할 시대다. 노마드 정신으로 30여 년을 달려온 이로서 단언컨대 디지털이라는 새로운 세상에는 우리가 정복해야 할 무궁무진한 영토가 남아 있다. 경험치가 낮을수록, 자신의 한계를 탄식하지 말고 '노마드 정신'으로 나아가야 한다.

04 힘들 때일수록 잘하는 것에 집중하라

|조지 화이트사이즈|

모든 일에는 양면이 존재한다. 좋은 점과 나쁜 점, 득이 있으면 실도 있다.

도전도 마찬가지다. 설렘이 전부일 것 같지만 막상 일이 좀 되어가는가 싶으면 '두려움'이란 놈이 엄습해온다. 출발선에 섰던 숱하게 많은 '도전자'들이 이런 양가감정을 경험했다.

도전자들이 가장 많이 듣는 조언은 '긍정의 마인드'와 '파이팅'이다. 그러나 때로는 좀 더 구체적인 조언이 도움이 된다.

"잘하는 것에 집중하십시오."

사람뿐 아니라 기술도, 잘하는 것과 못하는 것이 있다. 기술이 담긴 기계라면 못하는 것을 보완해 잘하는 것이 드러나게 하는 게 맞다. 그러나 사람은 못하는 것에 연연하기보다 잘하는 것에 집중해야 한다.

도전자에게 필요한 것은 '약점을 보완해서 어떻게든 해보겠다'라는 덜 영근 자세가 아니다. '잘하는 것을 열심히 해서 성과를 내겠다' 라는 의지가 필요하다. 그리고 되도록 아주 날카롭고 뾰족하게 자신 의 능력을 갈고닦아야 한다. 그것이 창이 되어 두려움을 뚫을 수 있도 록 말이다.

내일 앞서가기 위해 오늘 추격자로서 최선을 다한다

조직이 클수록, 말단으로 갈수록 개인이 결정할 수 있는 것은 많지 않다.

'소자개발팀장'이라는 직책으로 삼성전자에서 첫발을 뗐을 때 나의 첫 번째 과제는 기존 조직에 잘 융화하는 것이었다. 보장된 임원 자리 를 마다하고 부장급 연구원으로 입사한 만큼, 실무자들과 가깝게 지 내며 조직에 뿌리를 내리겠다는 결심이었다.

그러나 별개로 마음속에서는 또 하나의 목표가 있었다. 몸담은 조 직을 세계 일류 조직으로 키워내겠다는 것이었다. 당시 일본에는 전 문지식에 장인 정신까지 투철한 엔지니어가 많았고, 미국의 경우 수 평적 조직에서 자유롭게 토의하며 기술의 시너지를 더해가고 있었 다. 그에 비해 한국은 기술적으로도 뒤처졌을 뿐만 아니라 엔지니어 들도 자신에게 주어진 기술에만 갇혀 지내는 경향이 있었다. 기술 개 발과 조직 변화, 두 마리 토끼를 한꺼번에 잡는 것이 내가 가진 목표 이자 포부였다.

그러나 부임 초기, 일개 팀장이 할 수 있는 일은 많지 않았다. 현실에서 관성의 힘은 대단했다. 사장과 임원진 회의에서 담당자의 의견을 듣고 이야기를 나눠보자는 의견을 피력했으나 단기간에 변화를 이끌어내기는 쉽지 않았다. 특히 큰 프로젝트는 타 부서와 협업하고 소통하는 것이 필수적인데 경직된 문화 때문에 발목이 잡힐 상황이었다.

의욕과 현실 사이의 불균형 속에서 고민은 밖이 아니라 안으로 파고들었다.

'내가 가진 가장 효율적인 자원은 무엇인가?'

연구원들이 부족하고 갈증을 느끼는 것은 선진 경쟁사들의 기술 동향과 전략에 대한 정보였다. 나는 선진 기술에 대한 학습과 엔지니어와의 활발한 교류 등 연구자로서 좋은 역량을 갖고 있었다. 스탠퍼드대학 재직 시절 일본 반도체 기업을 방문해 좋은 관계를 유지해온 것도 보이지 않는 자산이었다. 꾸준히 논문을 발표하며 해외 연구자들과도 꾸준히 관계를 이어왔다.

입사 1년 뒤인 1990년 나는 해외 반도체 기업들과 학회 담당자들에게 편지를 썼다. 먼저 일본 기업들에는 '기술교류회'를 제안했다. 지역적으로 가깝고 탄탄한 기술 기반을 보유하고 있는 일본은 최고의 벤치마킹 대상이었다. 그러나 그들에게 삼성전자는 반도체 업계 10위인 회사로 그 존재감은 미약했다. 1등 NEC, 2등 히타치 등의 기업들은 나눌 '거리'가 없다며 달가워하지 않았다.

나는 스탠퍼드대학과 인텔에서 쌓아온 인맥을 총동원했다. 스탠퍼드대학 책임연구원 시절, 일본의 기업들은 산학연계를 부탁하며 연락을 해왔다. 그들과 잘 쌓아둔 인연이 큰 도움이 됐다.

"삼성전자는 기술적으로 보면 이제 시장에 진입한 업체지만 젊고

스탠퍼드대학 캠퍼스(출처 : 위키피디아)

우수한 인력이 많아 생동감이 있고 기술 투자 역시 저돌적으로 하고
있습니다."

　일단은 호기심을 유발하고 교류의 거리가 있음을 어필하는 것이 중
요했다. 일본 업체들이 관심을 보이기 시작하자 기술 교류가 일본 기
업들에도 신선한 자극이 될 거라고 다시 한번 어필했다. 열심히 문을
두드린 덕에 일본 업체들도 오케이 사인을 해줬다.

　밖에서 벤치마킹할 대상을 포섭하는 사이 안에서는 연구원들의 기
초 다지기가 한창이었다. 처음에는 가볍게 일주일에 한 번씩 모여 기
술 동향을 공부하는 자리를 만들자고 연구원들에게 제안했다. 그렇
지만 최근 학회에서 발표된 내용을 모아서 유추하고 토론하는 과정
을 공부라고 하기에는 과정이 참 치열한 것이었다. 피로가 쌓이기는
했지만 새벽까지 이어진 기술간담회는 곧 효과를 드러냈다. 차츰 연
구원들의 시야가 넓어졌고 더불어 서로에 대한 마음마저 열리기 시

작했다.

　나는 기술에 대한 갈증이 깊어진 연구원들과 함께 일본으로 날아갔다. 1990년부터 히타치중앙연구소와 기술 교류가 시작됐다.

　온종일 여러 분야로 진행되는 회의에 우리 연구원들은 혀를 내둘렀다. 일본의 기술력은 상당했다.

　회의를 마치면 양국 연구원들이 모여 늦게까지 저녁을 먹었는데, 숙소로 돌아온 우리는 잠자는 시간조차 아까웠다. 그날 들은 이야기를 밤새며 정리했다. 그렇게 만든 한 권의 공책이 반도체 개발에 처음 뛰어든 삼성전자 연구원들에게 좋은 자극제가 됐다. 그들의 앞선 기술을 벤치마킹하는 부단한 노력으로 일본의 앞선 기술을 빠르게 추격할 수 있었다. 일본 기업과의 기술 교류는 10년 넘게 이어졌다. 덧붙

고쿠분지에 있는 히타치중앙연구소

이자면 반도체의 기술교류회는 삼성전자에서 우위 경쟁사들과 진행한 최초의 기술교류회였다.

내게 기술교류회는 추격의 가속도를 보태준 두 개 바퀴 중 하나였다. 나머지 하나는 '해외 학회 활동'이었다. 연구원들에게 세계 3대 반도체 학회(IEDM, ISSCC, VLSI)에 논문을 내도록 독려했다. 나 역시도 VLSI와 IEMD의 심사위원으로 위촉되면서 본격적으로 물꼬를 텄다.

1990년 일본에서 열린 VLSI 학회에서 우연히 IBM 소속이자 세계에서 가장 큰 기술전문가 모임인 IEEE 학회의 루 터먼(Leu Terman) 회장을 만났다. 그와의 인연은 스탠퍼드대학 시절부터 이어졌다. 그에게 VLSI 학회의 심사위원이 되고 싶다는 뜻을 전했다. 우선 이력서를 보내달라고 했다. 내 이력서에는 1986년 VLSI 학회에서 2위로 선정된 논문과 〈IEEE Transaction on Electron Devices〉와 〈IEEE Transaction on Electron Devices Letters〉에서 발표한 10여 편의 논문 제목이 담겨 있었다. 이사회 심의를 거친 후 1991년에 심사위원으로 위촉됐다.

당시 VLSI는 일본과 미국의 반도체 협정에 따라 미국과 일본을 오가며 학회를 열고 있었고, 심사위원도 미국 15명, 일본 15명으로 구성됐다. 그런데 반도체 분야의 우위는 6개 기업(히타치, 도시바, NEC, 미쓰비시, 후지쯔, 마쓰시타)이 쏟아내는 어마어마한 분량의 논문 수, 뛰어난 기술력 등을 앞세운 일본이 차지하고 있었다. 자연히 심사 과정은 일본에서 일본어로 진행됐다.

심사위원이 된 나는 심사의 공정성을 이유로 공식 언어를 영어로 바꾸자는 의견을 냈다. 학회 심사위원들 단체 이름도 'US-Japan'에서

'US and Far East Asia'로 바꿨다. 당시 일본인 심사위원들은 영어가 원활치 않았다. 내가 꼼꼼한 사전 검토로 논문의 요지를 간파하고 이를 영어로 질문하면서 학회 분위기를 주도하자 심사위원 모임 분위기는 일시에 쇄신됐다. 심사위원은 최종 심사 2개월 전에 100편의 대상 논문을 철저히 학습해야 했는데, 나로서는 공부도 하고 선진 반도체의 기술 정보도 얻는 좋은 기회였다.

나는 논문 검토 과정에 우리 연구원들을 적극 참여시켰다. 국제 감각을 익히고 관련 지식을 습득하는 기회가 되었다. 자극을 받은 연구원들이 스스로 논문을 준비할 수 있도록 지원했다. 연구원들과 나는 가방 한가득 논문을 싣고 비행기에 오르곤 했다.

그렇게 기술교류회와 학회 활동이라는 두 개의 바퀴를 굴리는 사이 조직에도 새로운 바람이 불기 시작했다. 토의하고 협업하는 분위기는 점차 확산했다. 주제가 정해지면 직급에 상관없이 끝장 토론으로 이어졌다.

가장 잘하는 부분에서 시작된 도전이었기에 우리는 가장 빠른 길로 전진할 수 있었다. 성과가 나타나기까지 오래 걸리지 않았다.

첫 번째 프로젝트를 시작해 2년 반 만인 1994년 세계 최초로 256MD램 개발에 성공했다. 이는 일본과 미국의 선진 반도체 기업보다 1년 앞선 쾌거였다. 삼성전자는 이 과정에서 해외 특허 49건을 포함해 특허 129건을 국내외에 출원했다. 가장 빠른 추격자에서 최고의 기술력을 가진 선두 주자로 자리가 바뀐 최초의 사건이었다.

해외 학회에서 이때까지 최고 기술을 주도한 기업은 IBM, 인텔, NEC 등이었다. 그러나 몇 년이 지나지 않아 삼성전자가 해외 학회의

첨단 기술을 주도하게 됐다. 연구자들 사이에서 해외 학회의 논문 발표는 '특허를 세일즈하는 자리'였다. 최고 권위의 학회는 선진 반도체 기업들의 치열한 기술 경쟁의 전쟁터였다. 해외 학회 활동은 삼성전자의 기술 주도에 중요한 역할을 했다.

혁신보다 잘하는 것을 더 잘하는 것이 낫다

돌이켜보면 나 역시 몸으로 체득한 대로 살아온 감이 있다. '잘하는 것에 집중하라'는 말을 하나의 진리로 정리하는 데도 상당한 시간이 걸렸다. 이 때문에 이 말을 가장 잘 설명할 수 있는 사람은 따로 있다는 생각도 든다.

하버드대학의 조지 화이트사이즈 석좌교수는 내가 가장 혼란스럽고 어려웠을 때 '잘하는 것에 집중하라'는 진리를 다시 떠올리게 해준 인물이다.

앞서 2009년 삼성기술원장직에서 물러나고 해외 석학들을 만나러 다녔다는 이야기를 전한 바 있다. 당시 미래 먹거리를 찾는 나의 순례는 5월에 시작됐다.

조지 화이트사이즈 교수는 하버드대학에서도 딱 3명만 존재한다는 '유니버시티 교수' 타이틀이 전혀 아깝지 않은 인물이었다. 하버드대학에는 다른 학교에는 없는 석좌교수, 그들 말로는 '유니버시티 프로페서(University Professor)'라는 직함을 두고 있는데 연구 성과와 다양한 활동을 망라해 권위를 인정하는 이에게만 직함을 허락하고 있다.

조지 화이트사이즈 교수는 화학이 전공이지만 화학 외에도 생물학, 재료공학 등 다양한 분야에 걸쳐 50여 개의 특허를 갖고 있다. 게다가 현실 비즈니스에 대한 경험도 남달라 전공 관련 분야의 12개 회사(시가 총액 22조 원)에 공동 설립자로 참여한 독특한 이력도 있다. 버락 오바마 대통령이 이끌 당시 미 행정부에서는 과학 기술 분야의 고문으로 활동했고, 이후 인도와 대만에서 과학 기술 정책 자문을 맡기도 했다.

하버드대학 생명공학과 박홍근 교수의 소개에 따르면, 그는 높은 지명도와 명성에도 항상 겸손하고 소탈한 인물이었다. 일흔이 넘은 나이에도 40대 젊은 교수들과 활발하게 교류하는 모습을 보니 그 소개에 충분히 공감이 갔다.

첫 만남에서 조지 화이트사이즈 교수는 나노 및 바이오 산업의 전문가로서 다양한 이야기를 전달했다. 특히 최신의 기술을 어떻게 산업화할 것인가에 남다른 혜안을 갖고 있었다.

"10억 인도 시장을 공략한다면, 3억 인구가 사용할 수 있는 저가의 건강 진단 키트를 개발해보세요."

절대적으로 의료진이 부족한 국가일수록 간단한 테스트로 원거리 진료와 처방을 가능하게 하는 기술이 보급되어야 한다는 주장이었다. 그의 입에서는 이러한 현실적인 대안이 여럿 쏟아져나왔다.

나는 호텔로 돌아와 그가 제안했던 수자원, CO_2 보존, 에너지, 헬스케어 등 신규 분야에 대한 긴 보고서를 썼다. 그날의 자료들은 여전히 내게 소중한 자산으로 남아 있다.

국가CTO직을 수락한 직후, 나는 조지 화이트사이즈 교수에게 연

2011년 '글로벌 R&D 포럼'에서 조지 화이트사이즈 교수와 토론하고 있다.

락을 취했다. 잘 알려졌다시피 당시 나는 세계 석학들을 국가 자문단으로 영입하는 데 공을 들였다. 5개 분과에 해외 8명, 한국계 9명의 자문단을 꾸리기 전에 '좌장'을 누구에게 부탁할까 고민이 깊었다. 그때 조지 화이트사이즈 교수가 떠올랐다. 자문단은 노벨 수상자 2명을 포함해 각자 자신의 분야에서 내로라하는 석학들이었지만 좌장에게 거는 기대는 남달랐다. 학계와 현장 모두를 깊이 이해하고 이를 토대로 한국 산업의 미래를 예견할 수 있는 경륜이 필요했다.

조지 화이트사이즈 교수는 바쁜 일정을 소화하고 있는 와중에도 한국의 미래 발전을 위해 시간과 에너지를 보태고 싶다고 했다. 이후 2011년 6월에는 '글로벌 R&D 포럼'에서 독일의 헤르만 지몬 교수와 함께 기조연설자로 나서주기도 했다.

조지 화이트사이즈 교수와의 두 번째 만남은 2011년 6월보다 훨씬 일찍 이뤄졌다. 이미 국가CTO를 맡고 마음이 바빠진 나는 2010년 11월에 그의 연구실을 다시 찾았다. 한국의 미래 먹거리에 관한 그의 혜안을 구하는 인터뷰를 하기 위해서였다.

나는 2009년 미국의 선진 연구실을 돌며 스마트 카와 천연물질 신약, 에너지 산업, 태양 전지 등 '혁신적인 분야'에 대한 많은 정보를 얻었다. 모두가 반짝거리는 보석처럼 보였다. 의욕을 갖고 한국의 미래 먹거리로 채택해 시장을 선도하고 싶은 욕심도 없지 않았다.

조지 화이트사이즈 교수에게 각각의 기술들이 한국에서 어떻게 발전될 수 있을지를 물었다. 그러나 그의 답은 간결했다.

"성장 가능성이 큰 분야를 찾으려 하기보다는 한국이 잘할 수 있는 분야를 찾으세요."

잘 모르는 분야에서 완전히 새로운 무언가를 찾으려 하지 말고 잘하는 분야에 집중하는 쪽이 더 좋은 결과를 얻을 수 있다는 조언이었다.

"한국은 뛰어난 기술력과 투자 능력, 인프라, 그리고 교육 수준이 높은 인력 등을 장점으로 갖고 있습니다. 하지만 동시에 혁신까지 잘하기는 어렵습니다. 더 잘하는 것에 집중하는 것이 현명한 선택이라고 생각합니다."

한국적 상황에서 틀린 지적이 아니었다. 나 역시 한국이 혁신적인 기초 기술보다는 응용 기술에 강점이 있다는 것을 알고 있었다.

기술이 비즈니스로 성공하기 위해서는 여러 요인이 작용한다. 기술력 못지않게 문화와 자본의 역할도 상당하다. 미국은 대학과 연계된 시스템 안에서 많은 비즈니스가 만들어졌다. 대표적으로 미국의 실

2011년 '글로벌 R&D 포럼'에서 조지 화이트사이즈 교수가 블로마 우스를 연결한 장애인용 갤럭시탭을 체험하고 있다.

리콘밸리는 인근 대학의 우수한 인력과 기술을 지원받고 있다. 이뿐만 아니라 벤처캐피털의 투자도 원활하다. 또한, 일본은 훈련된 인력을 활용해 품질 주도형으로 경쟁력을 만들고 있다. 그렇다면 한국은 어떠한가? 빨리 습득하고 잘 만드는 우수한 인력을 많이 확보하고 있다.

혁신은 매우 놀라운 성과를 내는 과정이지만 하나의 요소만으로 완성되진 않는다. 나는 IT 초기부터 융합을 강조했지만, 성공적 융합의 조건은 2가지 이상의 기술이 상당한 수준에 도달했을 때 가능하다.

"통신도 잘하고 차도 잘 만든다고 스마트 카를 만들 수는 없습니다. 내장 기술과 교통 체계 전반에 대한 통제도 필요합니다. 한국이 잘하는 산업들이 있습니다. 그 산업 간의 융합, 가능성이 큰 부분을 우선 찾아야 합니다."

조지 화이트사이즈 교수의 말은 모두 옳았다. 나는 한국이 잘하는 자동차, 조선, 반도체, 통신 등의 주력 사업과 IT를 화학적으로 융합시켜 새로운 산업의 기폭제를 만들겠다는 결론에 다다랐다. 이로써 K-MEG(300쪽 참고), 그래핀(Graphene, 300쪽 참고) 등 그간 흩어졌던 구슬들을 꿰었고, 영점 조준이 확실한 사격을 시작했다.

어떤 이는 조지 화이트사이즈 교수의 말을 '누구나 할 수 있는 말' 정도로 생각할지 모른다. 하지만 도전을 직접 해본 이들은 그가 한 말의 진가를 알 것이다.

남들이 다 하는 것, 돈이 많이 드는 건 누구나 할 수 있다. 하지만 그래 봐야 2등, 3등의 자리싸움이다. 이제까지 잘했던 것을 한 단계 더 끌어올리는 것, 그것은 가장 효율적인 혁신이다. 이 때문에 사업이 어려울수록, 상황이 나쁠수록 도전은 가장 잘하는 것에서 시작해야 한다. 한국의 미래도 거기서 시작하는 것이 옳았다.

가능성과 잠재력을 믿고 스스로 정한 한계를 뛰어넘어라

국가CTO 시절 때 결국 IT를 중심으로 모든 산업이 융합해서 미래 먹을거리를 만들어야 한다는 것을 기본 골격으로 삼았다. 그래서 IT의 인프라를 갖춘 통신업체에 관심을 가질 수밖에 없었다. 3년간의 국가CTO 시절을 마치고 나는 모두가 아는 '새로운 도전'을 시작했다. 내게 이 도전은 2가지의 의미가 있었다.

첫째, B2B 산업인 반도체에서의 글로벌 성공 경험을 B2C의 대표 분야인 통신 분야에서 재연해보고자 했다. 반도체와 통신은 모두 IT 분야이지만 사업 대상이 기업과 일반 대중으로 다르다. 기업에서의 경험을 일반 고객에게 확대해보는 것은 중요한 도전이자 경험이 될 것이라고 생각했다.

둘째, 국가CTO 시절 주창했던 스마토피아를 현장에서 적용해 성과를 내보고자 했다. 스마토피아는 통신과 타 산업 간의 융합으로 미래 한국 먹거리를 위한 중요한 기획이었다. 이를 현장에서 성과로 이어가고 싶다는 욕심도 있었다.

그러나 현실은 나뿐만 아니라 모두가 '어렵고 힘든 일'이라고 생각하는 고단한 여정이었다.

우리가 무엇을 할 수 있을까를 고민할 수 있는 회사를 만들어주세요.

제 가족과 지인, 친척, 후배들에게 추천할 수 있는 멋진 회사를 만들고 싶습니다.

"제발 공부 좀 해서 KT 같은 좋은 회사 들어와라" 같은 말을 할 수 있도록 만들어주십시오.

KT에서 업무를 시작하고 게시판에 올라온 글을 보면서 잠을 이루지 못한 날이 하루 이틀이 아니었다.

돌이켜보면 국가CTO를 할 때는 몸은 힘들었지만 마음은 무겁지 않았다. 막중한 일이었지만 일을 하면 할수록 미래가 목전에 있는 것처럼 가깝게 느껴졌다.

하지만 KT의 수장은 달랐다. 비즈니스 현장에서는 6만여 명의 식구가 나를 쳐다보고 있었다. 조직을 한창 추슬러야 할 시기인 취임 한달 동안 초대형 악재가 연이어 터졌다. 시민들의 시선이 차가워지고 창사 이래 첫 적자까지 기록되자 식구들의 사기는 크게 떨어졌다. 내게 가장 필요한 조언은 역시 "잘하는 것에 집중하라"는 것이었다.

문제를 알면서도 관행이라며 내버려두는 태도, 보여주기식 업무 추진, 임시방편 및 부서 이기주의로 인해 고객은 뒷전으로 밀려나고 있는 것은 아닌지 살펴보고, 우리의 태도와 일하는 방식 또한 근본적으로 바꿔야 합니다. 각자가 자발적으로 잘못된 점과 개선할 점을 찾아 실행하지 않는다면 이런 일들은 계속 반복될 것입니다.

더는 물러설 곳이 없습니다. 지금 상황에서 하나만 더 잘못되어도 우리에게는 미래가 없습니다. 비장한 각오와 혁신의 자세를 가져야 할 때입니다. 말만 하고 책임지지 않거나 기획만 하고 실행은 나 몰라라 하거나 관행이므로 어영부영 넘어가는 행동은 절대 용납되지 않을 것이라는 말씀을 명확히 드립니다.

KT는 오랜 시간 1등을 해왔던 국민 기업입니다. KT인으로서 자부심과 자신감을 갖고 자신의 분야에서 최고의 성과를 내도록 합시다.

모두의 열정을 모아 '1등 KT'를 만들어나갑시다.

나는 전 직원에게 선전포고와 같은 메일을 보내고, 안팎의 과제들을 해결하기 시작했다.

KT야말로 잘하는 강점이 명확한 기업이었다. 그런데 강점에 초점을 맞추지 않고 무리하게 일을 키우다 보니 강점이 더는 강점이 아닌 상황까지 오게 됐다. 대표적으로 '탈통신과 공격적 확장' 전략이 있었다. 취임 당시 KT의 계열사는 53개에 달했다. 우선 실적이 부진하고 자본 잠식 상태의 계열사들을 정리했다. 주력인 통신 사업을 지원하고 그룹 전체의 역량을 높일 수 있는 영역에 대해서는 계열사 신설, 그룹 편입 등을 통해 적극적으로 육성했다.

다음은 우리가 나아갈 방향을 확실히 내외부에 알렸다. 2014년 5월 '글로벌 No. 1'이라는 비전을 선포하며 기가토피아를 세상에 내놓았다. 중요한 것은 KT의 강점인 통신에서 1등의 자리를 되찾는 것이었다. 그것도 우리끼리만의 세상이 아닌 글로벌 시장에서 1등을 해보자는 것이었다. 그러기 위해서는 우리 안에 있는 '1등 DNA'를 깨워야 했다.

이전까지 통신업계는 시장을 '국내'로만 한정했다. 그리고 3G, 4G를 할 때 속도전은 치를 만큼 치른 상황이므로 '더는 새로울 것이 없다'라는 생각도 팽배했다. 경쟁이 날로 치열해져 현장에서는 힘들다고 아우성이었지만 큰 그림에서 보면 우물 안 개구리에서 벗어나지 못하고 있었다. 아무리 좋은 기술을 개발하고 발전시켜도 이를 실현할 의지가 없으니 그대로 사장되거나 연구실 한편에 파일로 처박히기 일쑤였다.

"KT는 10년, 20년 1등을 해온 기업입니다. R&D도 얼마나 많이 했겠습니까? 그러니 우리가 잘할 수 있는 것 중에서 새로운 걸 찾아봅시다."

내가 알기로 KT의 R&D는 단연 국내 최고였다. 오랜 기술의 역사와 전통, 그리고 인재가 강점인 곳이다. 이를 잘 육성한다면 글로벌 1등도 넘볼 수 있다. 이것이 내가 품은 희망이었다.

나는 수시로 우면동 연구센터를 찾았다. 엔지니어들이 머리를 맞대는 자리에서 같이 의견을 나눴다. '별것 아닌 것'은 하나도 없었다. 처음에 수줍어하고 망설이던 연구원들이 점차 주저함 없이 말을 꺼내기 시작했다. 나는 많이 듣고 말은 아꼈다. 그렇게 생산적이고 창조적인 이야기가 오갔다. 그리고 거기서 KT의 미래가 새로 만들어졌다. 세계 최초로 상용화된 5G의 기술 표준이 된 세세한 기술들, 휴대폰 보안 플랫폼, 음성 인식 AI 스피커 기가지니, 에너지 관제 플랫폼, 전염병 확산 방지 플랫폼 등이 세상에 나왔다.

사람들은 혁신이 기존의 패러다임을 뒤집는 새로운 것이라고만 생각한다. 그러나 내 경험에 비추어보면 그것은 절반의 혁신이다. 나머지 절반을 위해서는 우리 안의 가능성과 잠재력에 대한 믿음이 필요하다.

사람이든, 조직이든 '잘하는 것'에 대해서는 어느 정도 인지를 한다. 하지만 잘하고 있기 때문에 더 잘하기는 어렵다는 한계도 만들어진다. 혁신은 자신의 한계를 넘어설 때 완성된다. 자기 안의 가능성과 잠재력에 대한 믿음이 있어야 가능한 일이다.

KT의 퀀텀 점프의 시작은 '잘하는 것에 집중하는 것'이었다. 가장 먼저 통신에서 혁신을 이뤘다. 다음은 '잘하는 것을 더 잘하기 위한 노력'이었다. 통신과 TV, 보안, 인공지능을 융합하는 과정이었다. 모두가 한계를 넘어섰기에 가능한 일이었다.

쉬운 일은 하나도 없다, 그러나 생각만큼 어렵지 않다

몇 해 전, 조지 화이트사이즈 교수가 〈사이언스〉에 부고를 썼다기에 흥미를 갖고 읽어봤다. 존 로버츠(John Roberts)라는 칼텍(캘리포니아공과대학) 화학과 명예교수의 부고였다. 내용은 대략 다음과 같았다.

1960년대 존 로버츠의 실험실에서 대학원 생활을 하던 나는 논문을 쓰기가 여간 곤혹스럽지 않았다. 자유 방임형의 실험실 생활에도 불구하고 존 로버츠 교수의 글쓰기 수업은 꽤 엄격했다. 대학원생이 써온 논문에 빨간 펜으로 도배를 해서 돌려주곤 했다. 이런 과정이 반복돼 끝나지 않을 것만 같았다.

조지 화이트사이즈 교수는 이제 혜안을 가진 팔순의 구루이다. 그런 그가 젊은 날 논문 하나를 쓰기 위해 여간 힘들지 않았다는 이야기를 들으니 나도 모르게 웃음이 났다.

어떤 사람은 나의 속사정을 알고 미소를 지을지도 모르겠다. 외국 출장을 나갈 때 나는 "사장님 덕분에 잠을 못 잤습니다"라는 핀잔을 자주 들었다. 내게도 사정은 있었다.

처음 미국 땅을 밟은 때가 대학원생, 그것도 박사 과정 때였으니 내게 영어는 평생의 외국어였다. 자연스럽게 스피치를 하려면 계속 내뱉는 수밖에 없었다. 몰려드는 졸음을 쫓으며 계속 말을 하려니 앉아서는 불가능했다. 원고를 들고 걸으면서 읽고 또 읽는 수밖에 없었다. 그런데 그 공간을 나 혼자 쓰는 게 아니었다. 같이 출장 온 직원들은 영 죽을 맛이라고 했다. 영어로 떠드는 소리에다 발소리까지 들으니 잠을 자기는 참으로 악조건이었을 것이다.

나는 또 한 명의 연습광을 알고 있다. 삼성전자의 미국 법인장 박용환 부사장으로부터 스티브 잡스와 마주친 이야기를 들은 적이 있다. 애플의 신제품을 발표하기 위해 모스콘에 도착한 스티브 잡스는 주차장으로 가지 않고 1층 로비에 차를 세운 후 애플 직원을 급히 찾았다고 한다. 자신은 발표 연습을 하러 가야 하니 차를 주차해달라는 이야기였다. 단순히 부하를 부려먹기 위해서가 아니었다. 연습을 위해 1분 1초가 아쉬워 차를 버리고 가는 것이었다. 임직원을 모아 놓고 발표 연습을 하는 스티브 잡스에 관한 이야기는 여러 경로를 통해 들었다.

누구나 이야기하듯 쉬운 일은 하나도 없다. 못하는 것을 남들만큼 하는 것도 어렵지만, 잘한다고 하는 것을 더 잘하는 것도 여간 어렵지 않다.

그런데 신기하기도 결승점에 도달해보면 나도 모르게 "생각만큼 어렵지 않았다"라고 말하게 된다. 내가 만나본 많은 사람이 그랬다. 크고 작은 성공을 맛본 사람들, 심지어 세계 최초로 홀로 걸어서 남극에 도착한 노르웨이의 탐험가(엘링 카게)도 같은 말을 했다.

현대의 젊은 친구들은 하루하루가 도전이라고 한다. 그렇다면 앞서 걸어간 이들이 남긴 말을 한번 믿어보면 어떨까? 잘하는 분야를 선택해 한 번 더 스퍼트를 내보는 것이다. 도전의 끝에서는 반드시 "생각만큼 어렵지 않았다"라고 내뱉는 자신을 만나게 될 것이다.

'황의 법칙'을 선언하다

'황의 법칙' 선언 히스토리(History)

1998	삼성전자 무선, 영상, 생활가전사업부와 '플래시연구회'를 시작함
2000	플래시 응용 시너지 회의를 반도체사업부와 무선, 영상, 생활가전 사업부의 정규 회의로 승격
2001	내부에 복수의 개발팀 구성(1G · 2G 낸드 플래시)
	회장 주재 자쿠로 미팅(도시바의 합작 제의 거절)
2002. 2	'황의 법칙' 선언(메모리 신성장론)
2002. 4	전자 관계사 사장단 회의 (플래시의 미래 보고)
	노키아와 협력(노어 플래시 공급 확대 후 원낸드로 전환)
2003	'미래기술팀' 발족(CTF 기술 등)
2004	애플의 아이팟을 HDD 기반에서 플래시 기반으로 전환시킴(아이팟 나노, 아이폰, 아이맥)
	대만에서 삼성모바일솔루션포럼(SMF) 개최(이후 6년간 지속)로 플래시 글로벌 마케팅 확대
2005, 2006	국제전자소자학회(IEDM)에서 CTF 기술이 최고의 기술 논문으로 선정됨
2006	세계 최초 40나노 32G CTF 낸드 플래시 개발
2007	세계 최초 30나노 64G CTF 낸드 플래시(24단) 개발
2019	128단 CTF 양산
2020	172(176)단 CTF 개발

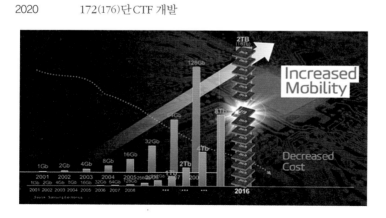

'황의 법칙'과 '무어의 법칙' 비교

비교	무어의 법칙(Moore's Law)	황의 법칙(Hwang's Law)
발표 시기	1965년 (《일렉트로닉스》에 실린 논문)	2002년 (ISSCC 학회 기조연설에서 발표)
주요 내용	– 1975년까지 10년 동안 집적회로(Integrated Circuit)의 집적도가 18개월마다 2배씩 증가, 1975년에 24개월로 수정 – PC가 주도적 역할을 담당	– 반도체 메모리의 용량이 1년마다 2배씩 증가 – 모바일 기기와 디지털 가전 제품 등이 주도적 역할을 담당
예측 근거	집적회로가 발명된 1958년 이후부터 1965년까지의 발전 추세를 바탕으로 그와 같은 지수적 성장이 향후 10년간 지속될 것이라고 예측	모바일 기기의 향후 메모리 사용 용량에 대한 시뮬레이션을 통해 3세대 통신 이후 메모리 수요에 따른 용량 증가가 이뤄질 것으로 예측했는데 현재까지 지속되고 있고 5G 상용화로 향후 10년 이상 지속할 것으로 예상
실증/수정 이력	– 인텔의 마이크로 프로세서 기술 통해 법칙을 실증: 당초 제시한 시기보다 적용 시기가 연장되었으며, 기술적 한계에 대한 논란이 지속됨 – 기술이 점점 발전하면서 지수적 발전 속도가 2배/12개월에서 2배/18개월, 2배/24개월로 점점 둔화	– 낸드 플래시 개발을 통해 법칙을 실증: 2000년 512M, 2001년 1G, 2002년 2G, 2003년 4G, 2004년 8G, 2005년 16G, 2006년 32G, 2007년 64G 제품을 개발하여 이론을 실증. 2010년부터 CTF 기술을 적용하여 24단에서 2020년 172(176)단까지 개발했으며 향후 지속적 개발 예상 – 새로운 응용처 및 시장 발굴과 이를 뒷받침할 기술적 돌파구 마련으로 지속될 것으로 전망
적용 분야	– PC 중심(특정 기기) – CPU의 처리 속도	– 모바일, 디지털 컨슈머 등(다양한 기기) – 메모리의 용량
혁신의 추동력	기술 혁신이 발전을 리드	시장 수요와 이를 뒷받침할 다양한 분야 (3D, 신재료 설계)의 기술 혁신이 발전을 리드
전략	**Technology Push**	**Market Pull**

열정
Passion

3장

승리를 만드는
가장 강력한 무기를
지녀라

01

후발 주자는
달라야 한다

│교류회 · 연구회│

사람들은 항상 1등을 찾는다. 그래서 후발 주자는 괴롭다. 앞서 뛰고 있는 사람에 비해 힘도 약하고 자원도 빈약하다. 설움이 북받친다.

삼성전자에서도, 국가CTO를 맡을 때에도, KT에서도 출발선에선 우리 팀은 '선발'이 아니었다. 이미 선발은 저 멀리 앞서 뛰고 있었다. 나는 뒤에서 시작하거나 이미 뒤처진 팀을 이끌어야 했다. 그래서 더 열심히 뛸 수밖에 없었다.

다행스럽게도 내게는 참 좋은 동료들이 있었다. 선발을 꺾고 앞으로 치고 나가자고 말할 때 묵묵히 나를 따라주었고, 믿음을 가지고 힘껏 달려주었다.

'기술교류회, 플래시연구회, 삼성모바일솔루션포럼, 메디치연구회, 광화문포럼….'

지금도 가끔 얼굴을 보는 5곳의 모임에서 많은 선생과 동료를 만났다. 그들은 신제품을 만들고 제품과 가치를 혁신하고 새로운 시장을 개척할 때 어쩌면 나보다 더 열심히 뛰었다. 이들 덕분에 내가 이끌었던 조직은 절대 따라잡을 수 없을 것 같았던 선발 기업을 추월하고 시장에 당당히 존재감을 과시할 수 있었다.

후발 주자로 애썼던 날들에 대한 소회를 밝히며 함께 뛰었던 이들의 얼굴들을 떠올려본다.

스스로 증명해내는 것

2002년 2월, 샌프란시스코 메리어트호텔에서 개최된 세계 최대 국제 반도체 회로 학술회의인 ISSCC 학회 기조연설자로 초청됐다. ISSCC 학회는 반도체올림픽이라 불리는 반도체 업계 최대 학회다. 관련 업계 CEO, CTO 등 반도체 전문가 4,000여 명이 참석한다.

"미래 반도체 산업은 PC 일변도 시장에서 탈피하여 모바일 및 디지털 전자 기기 중심으로 발전할 것입니다. 이를 위해 메모리 반도체 용량은 1년에 2배씩 증가할 것이며 기존 '무어의 법칙'의 집적도 증가 속도를 추월할 것입니다."

이른바 '황의 법칙'으로 불리는 '메모리 신성장론'을 최초로 발표했다. 약 40분의 기조연설을 마치고 단상을 내려올 때 나는 2명의 지인과 인사를 했다.

첫 번째 지인은 스탠퍼드대학의 은사인 로버트 다튼 교수였다. 맨 앞줄에 앉아 집중하고 있던 로버트 다튼 교수는 내가 단상에서 내려

메모리 신성장론인 '황의 법칙'을 설명하고 있다.

올 때 엄지를 들어 보인 후 두 팔을 벌려 반겨주었다. 그의 표정은 매우 의미심장해 보였다. '너무 큰 걸 터뜨린 거 아니야?'라고 말하는 듯했다. 그도 그럴 것이 청중 중 절반은 메모리 신성장론을 의아하게 받아들였다.

두 번째 지인은 대만계 미국인으로 엔비디아(NVIDIA)의 설립자이자 CEO인 젠슨 황이었다. 그런데 그와는 눈을 마주치는 것에서 끝나지 않았다. 그는 단상에서 내려오는 나를 향해 뛰어왔고, 환호 섞인 인사도 전해주었다.

"Dr. Hwang, Great!"

젠슨 황의 인사로 나는 팽팽했던 긴장을 다소나마 낮출 수 있었다.

"같은 황 씨를 만나 반갑습니다"라며 농담을 던지던 그는 1992년 스탠퍼드대학에서 전기공학 석사를 마치고 반도체 제조사인 LSI로지틱스와 AMD에서 중앙처리장치(CPU) 설계를 담당한 능력 있는 엔지니어였다. 1993년에는 세계 최초의 GPU(그래픽 처리 장치) 전문 업체인 엔비디아를 공동 설립하고 1997년 'NV3(리바 128)'라는 GPU 발매에 성공해 명성을 얻기 시작했다.

연단에서 내려온 나는 '반도체 업계의 선두 주자인 젠슨 황이 인정할 정도라면 다수의 공감을 얻는 것은 물론 이론을 현실로 만드는 것도 어렵지 않겠다'라는 확신을 얻었다.

내 기억에 젠슨 황은 웃음이 크고 사람을 반기는 스타일이었다. 그는 CEO이자 CTO였기 때문에 나와 만나는 일이 잦았다. 그때마다 약간은 호들갑스럽게 나를 맞아줬다. ISSCC 학회 이후 고객으로 만났을 때도 주위 사람이 다 들을 정도로 큰 소리로 "닥터 황"이라고 호명한 후, 두 팔을 벌리며 다가왔다. 포옹은 우리에게 익숙한 인사였다.

시간이 흘러 '황의 법칙'이 정설로 증명되어갈 때도 젠슨 황과 나는 만나는 자리마다 ISSCC 학회 때 이야기를 했다.

"닥터 황이 그때 메모리 신성장론을 발표해준 덕분에 우리 회사도 메모리 시대를 준비하며 전성기를 맞을 수 있게 되었습니다."

자신이 하는 사업에 대한 자신감과 함께 나의 활동에 대한 고마움을 이야기하곤 했다.

사실 젠슨 황의 엔비디아는 모바일 시대의 최대 수혜 기업이라고 해도 과언이 아닐 정도였다. 게임 사용자가 PC에서 모바일로 옮겨가면서 시장이 10배 정도 확대됐다. 그래픽 처리 프로그램의 강자였던 엔비디아의 사업 성과도 날로 커졌다. 젠슨 황은 그래픽의 미래, 게임기의 미래에 대해 많이 물었고 내 이야기에는 항상 귀를 기울여주었다.

우연하지 않게 2017년 바르셀로나에서 열린 MWC에서도 젠슨 황의 인사는 계속됐다. 5G를 선언한 이후였다. 엔비디아는 자율 주행에 사용되는 내비게이션의 그래픽칩으로 한 번 더 퀀텀 점프를 준비하고 있었다. 5G로 인해 자율 주행 상용화가 앞당겨지는 것은 엔비디아로서는 굉장한 호재였다. MWC에서 5G 선언을 들은 젠슨 황의 얼굴에 웃음꽃이 핀 것은 말할 것도 없었다.

지금 와 생각해보면 시장에서 선발 주자와 후발 주자는 무의미할 수도 있다. 젠슨 황은 GPU에 대한 개념이 세상에 없을 때 엔비디아를 창립했다. 단연 선발 주자였다. 그러나 초창기 때의 1차와 2차 제품들은 시장에 너무 앞서 나오는 바람에 빛을 발하지 못했다. 그래도 시장에 먼저 발을 담그고 게임과 같은 차기 산업을 준비한 덕분에 GPU 분야에서 가장 뛰어난 기업이 됐다.

삼성전자는 반도체에 있어 누구나 아는 후발 주자였다. 국가적으로도 미국과 일본이 30년 전에 시작한 사업을 뒤늦게 시작했다. 그러나 사업에 뛰어들고 10여 년 후에는 누구도 무시 못 할 선두기업이 됐다. 어느 순간 선발 주자와 후발 주자가 모두 업계 최고로 어깨를 나란히 하게 됐으니 결과만 놓고 보자면 비슷한 상황이다.

만약 너무 앞선 선발 주자와 뒤늦게 출발한 후발 주자 중 하나를 골라야 한다면 나는 '후발 주자의 서러움'은 피하고 싶다고 말할 것이다.

ISSCC 학회에서 발표를 준비하던 당시 반도체 시장, 특히 메모리 반도체는 상황이 여의치 않았다. 우선 '최악의 반도체 불황'이라 불릴 정도로 시장이 좋지 않았다. 일부에서는 '메모리 사양론'도 일었다. 발표 내용을 사전에 들었던 사람들 중에는 "잘못하면 엉뚱한 주장이라고 몰려 국제적 문제를 일으킬 수도 있습니다"라며 조용한 경고를 날리는 사람도 있었다. 그 과정을 뚫고 나가는 것은 '서러움'만으로는 표현하기 어렵다.

사업에서도 마찬가지였다. 후발 주자로서 시장에 앞서가고 있는 선발 주자인 기업들을 만날 때 나는 모든 여정을 스스로 증명해야 했다. 그들을 설득하고 시장의 공정한 참여자로 인정받기 위해 선발 주자보다 배로 열심히 뛰어야 했다. 만일 그 길을 홀로 가야 한다고 했다면 나는 엄두를 내지 못했을 것이다. 힘든 시기를 함께 해준 동료들의 얼굴을 나는 지금도 잊지 못한다.

저팬 넘버 원을 넘어서다

18년이 흐른 2020년 현재, '메모리 신성장론'은 여전히 시장을 지배하고 있다. 2016년 하버드대학 특강에서 학생들에게 "메모리 신성장론은 여전히 지켜지고 있습니다"라고 말할 수 있었던 자신감은 ISSCC 학회 이후 20년이 지난 지금도 유효하다.

메모리 신성장론을 발표하던 때를 전후로 10여 년간 함께했던 '기술교류회', '플래시연구회' 동료들의 검토는 내게 큰 힘이 되었다. 1980

년대 반도체 후발 주자로 시작해 선발 주자의 자리에 오를 때까지 우리는 함께 달렸다. 우리는 한 배를 타고 있었다.

앞에서도 언급했지만 '기술교류회'는 내가 삼성전자에서 처음 시도한 벤치마킹팀이었다. 내가 삼성전자에 왔을 때는 이미 그룹 차원에서 반도체에 많은 관심과 투자를 아낌없이 쏟고 있었다. 하지만 글로벌 스탠더드 기준에서 삼성전자의 상황은 매우 열악했다. 관심과 투자, 그리고 훌륭한 인재까지 확보했지만 세계 반도체 트렌드를 확인하고 기술을 학습하려는 노력은 부족했다. 누구도 앞서가는 일본과 미국에 손 뻗을 생각을 하지 못했고 그들로부터 적극적으로 기술을 벤치마킹해야 한다는 생각도 부족했다.

물론 이것은 오롯이 삼성전자만의 문제는 아니었다. 기본적으로 모든 기업은 경쟁 관계에 있다. 그래서 '교류'와 '협력'은 서로 주고받을 것이 있을 때만 가능하다. 1980년 이병철 선대회장이 평소 친분이 있던 일본의 고바야시 고지 NEC 회장에게 반도체 분야의 협력을 요청했으나 거절당했던 일화도 있다. 선발 주자가 굳이 후발 주자에게 시간과 에너지를 쓸 이유는 없다.

호락호락하지 않은 상황에서 나는 개인적인 네트워크를 활용해 일본 업체를 섭외했다. 조직 내부에서는 박사급 연구원들을 추려 한 팀을 만들었다. 연구원들은 일본과의 교류 이야기에 어안이 벙벙한 눈치였다.

"박사님은 어떻게 NEC나 도시바 같은 데 아는 분이 다 있습니까?"

당시에는 '글로벌'보다는 '인터내셔널'이라는 용어가 흔히 쓰이던 시절이었다. 그만큼 국내 연구자들에게는 글로벌 네트워크는 생소하기도 했다. 연구원들은 스탠퍼드대학 시절 내가 로버트 다른 교수 밑에서 일본의 반도체 업체들과 교류한 이야기를 매우 재미있게 들었다.

당시 넘버 원 반도체 업체와 최고의 경쟁력을 보유하고 있는 일본 기업들은 샌프란시스코에서 매년 열리는 세계 최고 권위의 ISSCC 학회에 들러 논문을 발표하고 실리콘밸리를 둘러보는 것을 주요 코스로 삼았다. 그중에서도 실리콘밸리의 메카인 스탠퍼드대학에서 세미나 하는 것을 즐겼다. 반도체의 창시자인 윌리엄 쇼클리가 스탠퍼드대학에 있을 때니 당연한 일이었다.

은사인 로버트 다른 교수는 일본 기업들이 가장 선호하는 전문가였다. 연구실로 일본 업체의 전화가 수시로 걸려왔다. 이를 인연으로 모든 것이 시작됐다. 삼성전자로 오기 직전에는 로버트 다른 교수의 소개로 일본의 반도체 업체를 2주간 방문하기도 했다. 직접 CTO를 만나고, 전문 분야에서 최고의 기술을 보유한 사람이라고 해서 기사장으로 불리는 펠로(Fellow)들과 교류한 덕분에 기술교류회도 시작할 수 있었다.

우리의 실적이 미비했던 초반에는 일본의 히타치, 도시바, NEC, 미쓰비시, 후지쯔, 마쓰시타 등 6개 업체 모두와 교류를 했다. 7~8명의 연구원이 분기별로 한 업체를 찾아갔다. 연구원들에게 가장 인기가 있던 곳은 단연 히타치였다.

히타치중앙연구소는 도쿄 신주쿠역에서 지하철로 30분 거리의 조용한 고쿠분지에 자리 잡고 있었다. 방문 첫날에는 고풍스러운 나무와 울창한 숲을 지나 나타난 연구소의 위용에 연구원들이 모두 놀랐다. 1942년 설립 당시부터 '오늘의 연구 · 개발과 함께 10년, 20년 앞을 목표로 연구한다' 라는 창업 정신이 있다는 소개를 받았다. 이 덕분에 "미국에 IBM이 있다면 일본에는 히타치가 있다"라고 할 정도로 명성이 대단했다. "기술의 히타치"라는 말은 아직도 자주 들리는 말이다.

2~3회 진행한 히타치중앙연구소와의 기술 교류를 마치고 정리할 즈음이었다. 히타치중앙연구소 부소장이 1992년 5월 VLSI 학회에서 발표한 '64M D램'의 R&D 개발 라인을 보여주겠다고 제안했다.

나와 연구원 7~8명은 팹(Fab)을 직접 구경하게 됐다. 그곳은 사내에서도 제한적으로 출입이 허가되는 보안 구역이었다. 개발 장비와 구조 일부가 한눈에 들어왔다. 우리의 눈은 그곳을 읽고 담기에 충분히 성장해 있었다. 최첨단 연구시설을 보고 돌아온 우리는 "최고 기술 회사의 심장을 들여다보는 호사를 누렸다"며 가슴 벅찬 감동에 젖었다. 그 당시 이윤우 반도체연구소장은 기술교류회에 관심이 많았고 여러모로 지지를 해줬다. 1992년 3월, 김광호 사장과 이윤우 반도체연구소장이 256M D램 개발팀을 구성하라고 지시했다.

개발 당시에는 이미 대표 기업들의 연합군이 결성되어 있었다. 일본 최대 메모리 업체인 도시바, 세계 최고의 미국 컴퓨터 회사라는 타이틀과 반도체 기술을 함께 가진 IBM, 유럽을 대표하는 독일의 지멘스가 합작한 하나의 연합군이 1992년에 만들어졌다. 내가 256M D램 TF팀을 만든 시기와 겹쳤다. 그 뒤를 이어 일본의 히타치와 미국의 텍사스인스트루먼트도 연합군을 형성했다.

연합군이 얻을 수 있는 이점은 크게 3가지였다. 우선 서로 협력해 기술 장벽을 낮춘다. 0.25마이크론으로 개발해야 하는 기술의 벽은 상당히 높았다.

다음으로 256M D램 개발에 들어가는 막대한 R&D 투자금을 분담했다. 256M D램 개발에는 고가의 장비 개발이 선행되어야 하니 천문학적인 투자금이 들어갈 수밖에 없었다. 제품 개발까지 연합군이 된 회사가 함께하므로 수고도 덜 수 있었다.

마지막으로 한참 반도체 부문에서 두각을 나타내는 삼성전자를 견제할 수 있었다. 1992년 삼성전자는 D램으로 1등을 하고 있었다. 1993년에는 메모리 부문에서 1등을 차지했다. 이 같은 상황에서 삼성전자는 글로벌 기업들의 포위 전략을 뚫을 강력한 창이 필요했다.

기술교류회가 시작되고 몇 년이 지나지 않아 나는 VLSI, IEDM 학회의 심사위원으로도 활동하게 됐다. 아울러 학회에 들어오는 수백 편의 논문을 모든 연구원과 공유하면서 철저하게 학습하도록 했다. 본격적으로 연구원들이 세계 3대 반도체 학회인 ISSCC, IEDM, VLSI에 논문을 내도록 지원했다. 이는 좋은 성과로 이어졌고 1990년대 중반에는 가장 많은 연구 논문을 발표하고 우수 논문 수상자도 많이 낸 회사 이름에 '삼성전자'를 올릴 수 있었다.

이러한 성과가 쌓이자 일방적으로 기술을 전수받던 기술교류회도 점차 대등한 형태로 발전해나갔다. 1990년대 후반에는 일본 기업에서 더 많은 요청이 들어왔다. 우리는 역량이 향상되자 업체 수를 줄여 히타치, NEC, 도시바와의 협력에 집중했다. 각각 기초 기술, D램, 플래시라는 강점이 있는 업체여서 기술교류회의 이야기는 매우 풍성해졌다. 기술교류회는 이렇게 10년간 이어졌다.

돌이켜보면 당시에는 "제품을 개발해서 사업을 하기도 바쁜데 왜 연구원들에게 학회 논문을 내라고 합니까?"라며 이의를 제기하는 사람들이 있었다. 하지만 나는 이렇게 강변했다.

"학회는 단순히 논문을 발표하는 자리가 아닙니다. 세계 기술 특허와 표준화를 주도하는 곳입니다. 여기서 논문을 발표하기 전에 발표자는 특허 등록 절차를 반드시 마칩니다. 이로써 새로운 기술을 선도함과 동시에 새로운 기술력을 확보할 수 있습니다. 이는 IT 업체가 펼수 있는 가장 고급 전략입니다."

이러한 전략은 실제 후발 주자인 삼성전자에 최고의 효과를 가져다 줬다. 연구원들이 논문을 게재해 두각을 나타내고 기술을 선점한 덕분에 선발 주자를 추월하는 것은 물론, 미래 시장을 선점할 수 있었기 때문이다.

CTF 기술 외에도 이 시기에 만들어진 수많은 독창적 특허는 여전히 경쟁사를 압도하고 기술을 주도하고 있다. 과거 기술을 사 오고 특허료를 지급하던 모습은 사라졌다. 앞으로도 당당하게 특허료를 받고 누구도 넘볼 수 없는 반도체 기업으로 성장하기를 바란다.

한국은 당시 선발 주자였던 일본을 10여 년 사이에 역전했다. 일본은 각종 산업도표에서 '저팬 넘버 원(Japan as No. 1)'이라는 표기를 자주 인용했다. 그런데 1990년대부터 이 표현이 점차 줄어들기 시작했다. 후발 주자의 추격을 이겨내지 못했기 때문이다.

일례로 삼성전자에서는 8인치 웨이퍼 생산 라인을 먼저 구축했고, 1994년에는 세계 최초로 256M D램을 개발했다. 도시바의 마스오카 후지오 박사가 최초로 발명했던 플래시 메모리마저 후발 주자인 삼성전자가 1위 자리를 차지했다. 그리고 2010년 전후로 일본 업체는 세계 반도체 시장에서 대부분 사라지게 됐다.

모바일 시대를 함께 준비하다

돌이켜보면 1990년대 한국의 엔지니어들에게는 선진 기술과 선진 문화를 접하고 싶어 하는 깊은 열망이 있었다. 그래서 사실 나의 독려는 그리 대단한 것이 아니었다. 앞선 엔지니어들과 교류하게 해주고 선진 연구 문화를 접할 수 있도록 해준 것, 연구 분위기를 조성한 것이 내가 한 거의 전부였다. 이런 외부 자극에 그들은 스스로 움직였다.

이때 '함께하는 장을 만드는 것'이 가장 큰 동기 부여가 된다는 사실을 깨달았다. 기술교류회 이후에도 머리를 맞대는 자리를 여러 개 만들면서 조직을 성장시키는 성과를 만들 수 있었다.

플래시연구회는 '메모리 신성장론'과 좀 더 직접적인 관련이 있는 조직이다.

2002년 ISSCC 학회장에 앉은 4,000여 청중의 반응은 반반이었다. '메모리 신성장론'에 상당한 공감을 하면서도, '과연 메모리 시장이 앞으로 더욱 빠른 속도로 성장할 수 있을까?'에 대해서는 반신반의하는 분위기였다. 그러나 이들이 '메모리 신성장론이 미래를 정확히 꿰뚫어 본 것임'을 확인하는 데는 오랜 시간이 걸리지 않았다.

내가 살펴본 1990년대 중반의 일본 시장은 반도체를 채택하는 제품군이 폭증하는 시기였다. 삼성전자가 반도체를 시작할 당시만 해도 반도체는 물론, 가전의 왕국은 일본이었다. 일본의 아키하바라에 가면 최신 가전 제품을 모두 볼 수 있을 만큼 일본의 가전 시장은 크고 역동적이었다.

일찍부터 일본은 인구 1억 명을 넘겼다. 장인을 우선시하는 문화와 커다란 내수 시장 덕분에 일본은 가전 기술 강국으로 자리 잡을 수 있었다. 일본은 모바일 기기와 가전 제품에 들어가는 다양한 형태의 플래시를 개발하고 있었다. 나는 도시바, 히타치 그리고 AMD와 스팬션이라는 합작 회사를 만든 후지쯔의 전문가를 만나 이들의 기술 분석을 지속적으로 하고 있었다.

선두는 디지털카메라였지만 다양한 디지털 가전에 반도체가 쓰였다. 휴대폰이나 이메일에서 데이터의 형태가 바뀌는 것도 눈에 들어왔다. 일례로 이메일로 주고받는 문자의 용량은 10KB이지만 사진과 동영상을 주고받을 때는 10GB로 커진다. 100만 배로 데이터 양이 커진다. 자연스럽게 플래시 메모리의 수요 급증을 점칠 수 있었다.

1998년 반도체연구소장을 맡게 되면서 나는 '플래시연구회'라는 모임을 만들었다. 반도체 부문 임원과 삼성전자의 세트(가전, 휴대폰, 오디오·비디오) 부문 임원이 모여 미래의 휴대폰, 가전, 오디오·비디오 제품에 플래시 메모리가 어떻게 사용될 것인가에 대해, 특히 모바일 중심인 휴대폰에서 플래시의 역할에 대한 시장과 기술을 동시에 연구한다는 취지로 워크숍을 진행했다.

플래시연구회는 내가 어디서나 강조했던 "조기에 협력하라"의 한 형태이기도 했다. 내가 담당하는 것은 반도체였지만 궁극적으로 제품이라 할 수 있는 세트에 들어가지 않는 반도체는 의미가 없다. 세트 역시 반도체의 미래 발전상을 알아야 원하는 사양에 맞춘 제품을 만들 수 있다. 반도체와 세트가 교류함으로써 서로의 궁금증을 해결하고 소비자 만족이 높은 제품을 만들 수 있었다. 한 회사에 있지만, 각자 독립적으로 움직이는 조직들이 모여 벽을 허물고 충돌 지점을 해결할 수 있어 원원하는 분위기가 조성됐다.

메모리사업부장이 된 2000년 이후에는 좀 더 큰 차원의 협의가 가능해지면서 플래시연구회는 자연스럽게 해체됐다. 메모리사업부 회의에서 휴대폰, 가전, TV, 오디오·비디오 사업부장(또는 기술총괄 임원)들을 만나면서 조기 협력이 한층 수월해졌다.

내게 플래시연구회와 이후 교류들은 미래 모바일 시대의 도래와 이를 위해 반도체가 어떻게 발전해야 하는지를 선명하게 보여주는 자리였다. 멀티미디어와 스토리지 방식의 혁신으로 정보 용량이 급증하고, 기능과 서비스, 기기까지 융합되면서 '스토리지 기기가 가볍고 얇고 작아지는 형태로 발전될 것'을 확인했다. 그리고 사업부서와의 교류를 거듭할수록 모바일 시대를 대변할 새로운 기술과 법칙이 필요하다는 것을 실감했다. 기존 무어의 법칙은 공정의 미세화로 IC 집적도를 증가시켜왔기 때문에 지속해서 발전하는 데 물리적 한계가 명확했다. 나는 'PC 시대에서 모바일 시대로 변모하면서 그 중심축이 CPU에서 플래시로 옮겨가고, 발전 속도도 더 빠르고 가파르게 진행될 것'이라는 새로운 이론을 정립하고 여기에 '메모리 신성장론'이라는 이름을 붙였다.

메모리 신성장론은 당장 삼성전자에서 플래시 메모리를 개발하고 신규 시장을 창출하는 데 주요한 방향을 제시했다. 메모리 신성장론 발표 이후 삼성전자는 본격적으로 모바일에 맞춘 메모리칩 개발에 박차를 가하기 시작했고 새로운 설계 기술과 3D 구조를 활용한 CTF 같은 새로운 기술을 만들 수 있었다. 또한, 모바일 혁명을 주도하는 핵심 반도체 기술을 가진 덕분에 이후 시장을 평정할 수 있었다.

2004년부터는 그간의 노력을 대내외로 알리고, 글로벌 시장 선점을 위해 다양한 모바일 기업 경쟁력을 가진 대만에서 '삼성모바일솔루션포럼'을 열었다. 나는 1990년대부터 모바일 시대의 도래에 대비한 다양한 준비가 필요하다고 강조해왔다. 삼성전자가 21세기 모바일 시대를 선도하기 위해 토털 솔루션 크리에이터(Total Solution Creator)로 자리매김할 방법을 모색하던 중 삼성모바일솔루션포럼을 기획하게 됐다.

대만은 모바일과 디지털 기기의 본산으로 상품 기획 능력이 뛰어난 국가였다. 모바일 기기를 만드는 중소기업이 많았다. 삼성모바일솔루션포럼은 삼성의 주요한 고객사인 이 중소기업들에 새로운 플래시 메모리를 알리는 중요한 행사였다. 대만은 모바일 비전을 전 세계에 알릴 수 있는 '메신저 국가'로 손색이 없었다.

삼성전자의 토털 솔루션 크리에이터 전략은 모바일 D램, 플래시 메모리, 모바일 프로세서, DDI(Display Drive Ic), 이미지 센서 등 5개 분야에서 수백 종의 반도체를 생산해 소비자가 원하는 어떤 요구도 대응할 수 있는 솔루션을 제공한다는 취지였다. 이는 USB를 포함한 신규 시장을 발굴하고 MP3 시장을 확대하는 전방위적 마케팅과 궤를 같이했다.

대만을 대표하는 IT의 회장단과 오너, 그리고 CEO 등 1,000명 이상이 모인 자리에서 플래시 메모리를 소개하며 나는 적극적으로 삼성전자와 제품을 알렸다. 6년간 삼성모바일솔루션포럼을 진행하는 사이, 삼성전자가 반도체의 후발 주자라는 인상은 점차 사라져갔다. 삼성전자는 단연 톱이었다. 뒤에 출발한 기업이라는 꼬리표는 이미 떼어졌다. 삼성모바일솔루션포럼을 준비하고 현지에서 총괄한 홍완훈

2006년 대만에서 열린 삼성모바일솔루션포럼(오른쪽에 있는 사람이 홍완훈 상무)

상무(당시 법인장)는 유럽 법인에 근무할 때 노키아에 S램을 시작으로 좋은 관계를 연 키맨(Key Man)이었다.

후발 주자는 달라야 한다

기술교류회, 플래시연구회의 성과들을 밑거름으로 '메모리 신성장론'을 발표한 이후 나는 어느 곳에서나 머리를 맞대고 함께 고민하는 장을 열려고 노력했다. 후발 주자일수록 기존 조직에서 시도하기 어려운 '교류의 장'을 활성화해야 현재의 문제를 타개하고 미래도 준비할 수 있다고 믿었기 때문이다.

메디치연구회는 삼성전자 기술총괄 사장이 되고 삼성종합기술원장을 겸임할 때 결성했다. 잘 알려진 대로 메디치 가문은 15세기 이탈리아에서 창조적 예술 프로젝트를 후원했다. 음악, 미술, 건축, 철학등 인재의 분포도 다양하다. 메디치 가문의 후원은 학제적 연구 전통과 일맥상통했다. 지금 평가하자면 융복합화를 지향하는 정신이 바탕이 됐다고 본다.

나는 삼성종합기술원에도 창조의 바람이 불기를 바라며 메디치연구회를 만들었다. 각계 최고 전문가의 지식을 공유하도록 함으로써 역사상 가장 아름답고 창조적인 문화적 성과를 이룬 메디치 가문의 전통을 되살리고 싶었다. 실제 메디치연구회에는 다양한 분야의 2040 젊은 연구원 20여 명이 참가했다. 한 자리에서 연구와 발표, 토론과 질문을 통해 기술 연구의 화두를 발굴하고 격의 없이 의견을 나누는 시간을 가졌다.

짧은 재임 기간이었지만 메디치연구회에서 미래 신재료 기술, 4G 통신, 바이오 칩, 그래핀 반도체 등 다양한 선행 기술에 대해 넓고 깊게 검토할 수 있었다. 특히 바이오 칩 기술은 반도체의 미래와 관련되어 있어 집중적으로 파고들었다. 미래 신성장 동력을 만들어나가고 조직 간의 벽을 허물어 기술 시너지를 높일 수 있었다.

한편 논의됐던 아이템 중에 가장 인상 깊었던 것은 '그래핀'이다. 메디치연구회에도 소개된 그래핀은 당시에는 잘 알려지지 않은 신소재였다. 나는 주도적으로 그래핀을 연구회에 소개하고 지원도 아끼지 않았다.

그 시작은 삼성종합기술원장이 된 다음 날 그래핀을 연구하는 최재영 박사를 불러 진행 과정을 물은 것이었다. 그의 얼굴에는 당황한 기색이 역력했다. 자신의 업무 중 일부에 지나지 않는 그래핀에 대해 내가 먼저 묻는 의도가 궁금했을 것이다.

"궁극적으로 그래핀이 반도체 재료로 의미가 있다고 생각합니다. 이미 실리콘의 이동도보다 150배 이상 빠르다는 것으로 알려졌지요. 미래 신소재인 만큼 우리가 선점하는 게 중요합니다. 혹시 〈네이처〉에 논문은 내보았나요?"

이전까지만 해도 삼성종합기술원에서는 논문 발표에 적극적이지 않았다. 자신의 업무 중 그래핀은 3분의 1밖에 되지 않는다는 최 박사의 이야기를 듣고 인원을 보강해 논문 준비에 박차를 가하라고 격려하고 지원했다. 그리고 메디치연구회에도 어젠다(Agenda)를 발표하도록 했다.

6개월 정도가 지난 2009년 1월 〈네이처〉에 최재영 박사와 공동연구자의 논문이 게재됐고 이때부터 삼성전자에서도 그래핀에 대한 다각적 검토를 시작했다.

몇 년 사이 삼성전자는 그래핀에 탁월한 연구 성과를 보여주며 다량의 특허를 보유한 기업이라는 명성을 얻었다. 〈네이처〉에 게재된 최재영 박사와 공동연구자의 논문은 그래핀 분야에서 지금까지 가장 많이 인용된 논문 중 하나다. 이 시기에 출원한 기본 특허는 국제적으로 그래핀 특허 중 가장 강력한 원천 특허로 인정받고 있다. 타 산업에도 광범위하게 사용되고 있다. 이후 최재영 박사는 삼성그래핀총괄센터장을 맡았고 2015년 임원을 퇴직한 후에는 성균관대학교 나노 소재 분야 교수로 임용돼 미래 그래핀 반도체 상용화에 매진하고 있다.

〈네이처〉에 게재된 최재영 박사와 공동연구자의 논문

    그래핀과의 인연은 내가 국가CTO로 프로젝트를 진행할 때도 계속됐다. 2008년에 호암상을 수상한 컬럼비아대 김필립 교수를 만난 것이 중요한 계기로 작용했다. 자문단장으로 있을 때 미래 국가 먹거리로 그래핀을 꼭 넣어야 한다고 생각했는데 첫해에는 성공하지 못하고 재수 끝에 국가 연구과제로 선정할 수 있었다.

    2010년 김필립 교수는 '노벨상 수상 후보자'에 오를 정도로 그래핀 분야 전문가로 꼽혔다. 국가 자문단에 합류한 김 교수는 우리나라가 그래핀 연구에 어떻게 접근해야 할지 많은 도움을 줬다. 요즘도 세계

지식경제부 R&D전략기획단의 자문위원들[왼쪽부터 스탠퍼드대학의 스티븐 퀘이크 교수, 컬럼비아대학의 김필립 교수(현재는 하버드대학 교수), 하버드대학의 박홍근 교수]

에서 '원천 기술'이 가장 앞서 있고 특허도 가장 많이 보유했다는 뉴스를 접할 때마다 뿌듯한 느낌을 받는다. 그래핀 반도체가 상용화되어 미래에도 한국이 반도체 강국의 위치를 지속하기를 기대한다.

KT에 있을 때는 광화문포럼을 주최했다. KT의 수장이 되면서 R&D와 기술 차별화를 강조했다. 통신업계의 상식 중에 통신도 서비스이기 때문에 마케팅이나 유통 경쟁력을 키워야 한다는 것이 있다. 그러나 나는 이미 시장이 포화 상태에 들어선 만큼 기존의 것만으로는 성장할 수 없다고 강조했다.

광화문포럼은 "그럼 미래를 어떻게 준비해야 하는가?"라는 질문에 대한 대답 중 하나로 시작됐다(KT경제경영연구소 주최).

에너지, 자율 주행, 증강현실(AR), 가상현실(VR), 전기차, 빅데이터 등을 미래의 먹거리로 정하고 관련 R&D 분야의 전문가들을 초빙해서 두 달에 한 번씩 회의를 진행했다. 매번 2~3개 주제를 정한 다음, KT가 준비한 자료를 발표하면 이후 각 전문가가 준비한 발표를 30분 정도 들었다. 그리고 토론을 30분 정도 진행하고 마무리하면서 2~3개 주제를 소화했다. 애써 시간을 내준 전문가 7~8명의 경우 KT와 도모할 계기를 마련할 수 있었고, 20여 명의 KT 내부 임원의 경우 미래의 기술 지도를 습득할 수 있는 유용한 자리였다. 그 결과, 네트워크를 기본으로 한 5G 시대에 KT는 플랫폼 회사로 전진해나가고 있다.

여러 조직을 꾸리고 운영하면서 직원들의 사기를 생각해 '후발 주자'임을 강조하지는 않았다. 내심 '선두를 뛰어넘기 위해 실험과 모험을 감행한다'라는 각오가 있었다. 지금 와 생각하면 실험과 모험은 후발 주자의 특권이기도 했다.

다행히 동료들은 모두 새로운 것을 준비하는 과정을 숙명으로 받아들였다. 특히 엔지니어들은 기본적으로 불가능은 없다고 생각했다. 실제 다른 분야의 전문가들과 모여서 불가능이 가능해지는 일도 여러 번 있었다. 후발 주자라는 인식과 엔지니어의 특성이 만나자 미래를 준비하는 것이 훨씬 더 수월해졌다.

"조금 더 피치를 올려라."

지금도 나는 '미래를 어떻게 준비해야 할까?'라는 화두를 붙잡고 있다. 열기 넘치는 현장이 그리울 때는 영국의 케임브리지대학에서

했던 특강이 떠오른다.

2002년 11월, 유명 시인의 이름을 딴 T. S. 엘리엇 식당에서 점심을 먹고 그 당시 단일 연구소로는 세계에서 가장 많은 28명의 노벨상 수상자를 낸 캐번디시연구소의 강연장에서 250명 정도의 청중이 모인 가운데 '한국 반도체 산업'을 주제로 특강을 했다.

당시 알렉 브로어즈(Alec Broers) 총장은 반도체를 전공하고 IBM에 근무한 경력이 있는 공학박사였다. 특강 전에 400년의 역사를 보여주는 장엄한 건물의 총장실에서 인사를 했다. 테이블에는 몇 달 전 내가 ISSCC 학회에서 발표했던 논문의 사본이 놓여 있었다. 그때는 공학에 대한 높은 관심이 단순히 총장 개인의 취향이라고만 생각했다.

"2주 전에 고든 무어가 캐번디시연구소 강연장에서 강의를 했습니

2002년 케임브리지대학 총장(Professor Sir Alec Broers)과 환담하는 모습[왼쪽은 라종일 주영국대사, 오른쪽은 김기남 상무(현 삼성전자 대표이사 부회장)]

다. 인파가 몰려 2단 강의실을 열기 위해 문을 열어야 했습니다. 오늘 닥터 황의 강의에는 얼마의 청중이 몰릴지 기대가 됩니다."

당시 고든 무어는 '무어의 법칙'뿐만 아니라 반도체 1등 기업 인텔의 회장으로 지명도가 높았다. '나의 강의가 그에 비할까?'라고 내심 생각했다. 아무리 '황의 법칙'으로 화제가 됐다고 해도 동양에서 온 기업인의 이야기를 들으러 얼마나 많은 학생이 오겠는가….

그런데 강의 시간이 다가오면서 나의 예상은 가볍게 빗나갔다. 2층 강의실을 여는 것은 물론 앉을 자리가 없을 정도로 학생들이 빽빽하게 들어섰다. 한국에는 이공계 기피가 심각하다고 연일 기사가 나오던 때라 나의 마음은 기쁘지만은 않았다.

영국은 이공계 분야에서는 미국, 독일, 일본에 뒤진다는 자평이 나

2002년 케임브리지대학 캐번디시연구소 강연장에서 강의를 준비하고 있다(왼쪽에는 강의에 사용할 발표 자료가 있다).

올 정도로 발전이 정체된 곳이었다. 그런데 학생들의 열의는 남달랐다. 폭이 넓고 구체적인 질문들로 나를 놀라게 했다.

세월이 흘러 어느새 한국은 누구나 인정하는 '반도체 강국'이 됐다. 그렇지만 세계 최고의 시스템 반도체 강국은 대만이고 최근에는 타 메모리 업체들과 중국 등 후발 주자가 맹렬히 추격해오고 있다. 이를 지켜보는 마음이 편할 리 없다.

전 세계에는 케임브리지대학 학생들처럼 열의 넘치는 젊은이들이 넘쳐날 것이다. 세계에는 처음부터 1등이었던 이들보다 늦게 시작해 1등이 된 이들이 더 많다. 역경과 장애를 극복하고 우뚝 서기 위해서 누군가는 앞선 이보다 더 힘을 냈을 것이다. 나 역시 나 자신에게 "조금 더 피치를 올려라"고 주문했다. 오늘날에도 후발 주자의 노력과 정신이 잊히지 않기를 바란다.

02

실패하면
다시 하면 된다

| 네이본 · 다튼 |

한 10년쯤 된 것 같다. 유행에 뒤처지지 않으려고 젊은 친구들이 본다는 TV 프로그램을 찾아봤는데, 대부분 '서바이벌 오디션 프로그램'이었다. 이만큼 오래 유행이 지속하는 것을 보면 서바이벌 프로그램을 보는 시청자가 상당히 많은 것 같다. 도전과 경쟁, 그리고 승패의 결과는 우리 손에도 땀을 쥐게 한다.

우리는 잘 알고 있다. 모든 서바이벌 프로그램에서 남는 건 극소수라는 것을. 하나의 프로그램에서 수천 명의 패자가 쏟아져나온다. 경쟁이란 원래 그렇다. 승자는 극소수고 패자는 대다수다. 그 상황을 지켜보는 이들의 마음에도 희로애락이 쌓인다.

나 역시 기업에서, 그리고 정부 조직에서 오랜 시간 피 말리는 경쟁을 피할 수 없었다. 승리의 쾌감을 맛본 적도 많았지만 그렇다고 항상 이기지는 못했다. 그래도 다행스럽게 나는 행복했다. 이겼을 때는 이겨서 행복했고, 졌을 때는 재도전의 희망이 있어 행복했다. 고달픈 도전 속에서도 처음의 열정을 지킬 수 있었다.

그러나 이것이 어디 내가 다 잘나서였겠는가? 지금에 이르러 보니 젊은 날 나를 지도해준 두 교수님 덕분이라는 생각이 든다.

가장 혈기왕성하고 패기가 넘칠 때 실수나 실패가 많다고 한다. 나는 젊은 날의 많은 시간을 연구실에서 보냈다. 하루하루가 실수였고 실패였다. 그러나 두 교수님은 이를 대수롭지 않게 생각했다. 나를 믿으면서 프로젝트를 맡겼고, 실패하면 다시 할 기회를 줬다. 덕분에 나는 실패에 관대한 마음을 갖게 됐고, 리더가 됐을 때 '임파워먼트'를 무리 없이 실천할 수 있었다.

어떤 실수와 실패에도 "Never Mind!"

박사 과정의 어느 날이었다. 매사추세츠주립대학 연구실로 출근한 나는 눈앞에 벌어진 광경에 놀라 가방을 내던지고 컴퓨터로 달려갔다. 전날 연구실을 나갈 때 걸어놓은 인쇄가 그때까지 계속되고 있었다. 컴퓨터 옆의 프린터 앞에는 널따란 출력 용지가 수북이 쌓여 있었다.

당시에는 요즘처럼 좋은 프린터가 없었다. 연구실에서는 롤로 된 도트 프린터를 공용으로 사용했다. 양옆에 구멍이 있는 전산용 전용 용지를 써야 했는데, 낱장이 아니라 롤로 되어 있어서 연속으로 몇십 페이지를 이어서 인쇄할 수도 있었다. 그런데 프로그램이 잘못되었는지 밤새 프린터가 돌아간 것이었다. 지금이야 사소한 실수라고 하지만 당시는 상당한 비용을 치러야 하는 실수였다. 담당 교수를 볼 생각에 마음이 무거웠다. 그런데 잠시 후 출근한 데이비드 네이본(David H. Navon) 교수(이하 '네이본 교수')의 반응은 예상과 달랐다.

"Never Mind!"

괜찮다는 이야기였다. 긴장했던 마음이 일시에 풀리면서 묘하게 뭉클한 감정까지 일었다.

네이본 교수는 전기 및 컴퓨터공학 교수로 당시에 60세가 다 된 고령의 학자였다. 뉴욕에서 태어나고 자랐으면 제2차 세계대전에 참전하기도 했다. 젊었을 때는 TE(Transitron Electronic)에 입사해 10년 넘

2004년 4월 15일 매사추세츠주립대학 존 롬바디 총장(맨 오른쪽)이 준비한 오찬 전에 네이본 교수(오른쪽에서 두 번째)와 환담했다.

게 연구개발 이사로 있으면서 초기 트랜지스터 개발에도 참여했다. 1965년부터 매사추세츠 공대 교수로 재임했으며 내가 박사 과정에 들어간 1981년에는 이미 상당한 연구 성과와 명성이 쌓여 있었다. 그런데도 젊은 학생들의 말에 귀를 기울이고 항상 앞서서 배려해줬다.

네이본 교수는 나에게 갈륨비소(GaAs)로 만드는 반도체에 관한 프로젝트를 맡겼다. 예나 지금이나 반도체의 주요 재료는 실리콘이다. 싸고, 독성이 없으며 강하다는 이유로 주요 재료로 쓰이고 있다. 그에 비해 갈륨비소의 경우 원가는 비싸지만 전자 이동 속도가 실리콘에 비해 6배나 빠르다. 속도가 생명인 항공우주와 무선통신, 군 장비에 사용된다. 갈륨비소 반도체 개발에 관심이 많았던 네이본 교수는 큰 그림을 그려준 후, 세부적인 연구는 내가 스스로 알아서 하도록 했다. 아이디어를 가져가면 항상 긍정적인 피드백을 먼저 주고 수정 사항에 대해 의견을 더해줬다. 그 자체로 많은 힘이 됐다.

프로젝트를 맡고 얼마 안 됐을 때 일이다. 네이본 교수는 차 보조석에 나를 태우고 뉴욕 요크타운하이츠로 차를 몰았다. IBM R&D센터(왓슨연구소)를 가기 위해서였다. 당시 IBM R&D센터는 젊은 공학도라면 한 번쯤 가보고 싶은 명소 중 명소였다. 글로벌 특허의 상당수가 그곳에서 나왔다. 덕분에 IBM에는 미국 최다 특허 획득 기업이라는 명성도 생겼다.

아름다운 도로 끝에 푸른 하늘과 숲으로 둘러싸인 원형의 장대한 건물이 나오자 나도 모르게 입이 벌어졌다. 네이본 교수는 동양에서 온 젊은 공학도에게 세계의 기술이 만들어지는 현장을 느끼게 해주고 싶었던 것 같다. 실제로 IBM R&D센터를 돌아본 나는 미래에 대한 부푼 희망을 안고 연구실로 돌아갔다.

네이본 교수의 경청과 독려에 나는 박사 과정을 순탄하게 마칠 수 있었다. '순탄하게'라는 표현이 좀 이상하게 들릴 수도 있으나 '박사 과정을 밟는 여느 공학도만큼'이라고 이해해주기 바란다. 물론 쉽지 않은 길이었다. 3년 동안 나는 전 세계의 최고 학회 학술지로 연구가들이 발표하고 싶어 하는 〈IEEE Transaction on Electron Devices〉에 1편, 〈IEEE on Electron Devices Letters〉에 2편의 논문을 실었다. 할 수 있을 만큼 모든 열정을 불태운 결과였다.

이 과정에서 보람 있던 순간을 꼽으라면 네이본 교수와 뉴욕에 있는 코넬대학에서 2년마다 열리는 반도체 관련 학회인 '코넬 콘퍼런스'에 참석해 발표한 일이다. 코넬대학에는 유일하게 미 정부로부터 지원을 받는 갈륨비소 반도체 내셔널 랩이 있다. 이곳에서 역시 미 정부로부터 지원을 받아 학회를 진행했다. 이 학회에 논문이 채택되어 직접 발표를 하게 됐다. 내가 주저자로, 네이본 교수가 부저자로 이름을 올렸다.

네이본 교수는 컴퓨터를 활용해 반도체 디자인을 하는 독보적인 기술을 갖고 있었으나 이를 구체적으로 구현할 랩은 미국 내에서도 MIT 링컨랩밖에 없었다. 네이본 교수는 자신이 몸담았던 MIT 링컨랩에 협조를 구하고 프로젝트의 진행을 도왔다.

네이본 교수는 코넬 콘퍼런스에 나의 논문이 채택된 것을 매우 기뻐했고 자랑스럽게 생각했다. 미국 내에서도 지명도 있는 학회에서 논문을 발표하는 교수는 많지 않았다. 이들에게 국방부를 포함한 정부 기관과 글로벌 기업들의 연구 지원이 집중됐다. 네이본 교수는 내가 매사추세츠주립대학을 떠난 후에도 국방부의 연구 지원을 받을 수 있게 해줬다. 항상 미안하고 감사한 마음을 가졌던 나도 마음의 빚을 조금은 덜 수 있는 기쁜 소식이었다.

박사 과정을 마치고 텍사스인스트루먼트와 IBM에서 오퍼를 받았다. 그런데 이후 거취는 스탠퍼드대학으로 정했다. 스탠퍼드대학 전자공학과의 로버트 다튼(Robert W. Dutton) 교수(이하 '다튼 교수')가 "함께 연구를 진행하고 싶다"라고 직접 연락을 해줬기 때문이었다. 다튼 교수는 〈IEEE on Electron Devices Letters〉에 실린 논문을 보고 나의 연구에 깊은 관심을 두게 됐다고 했다.

마음으로 결정을 하고 나서도 박사 과정을 지도해준 교수를 두고 다른 교수에게 간다는 것이 마음에 걸렸다. 그런데 이때도 네이본 교수는 내 걱정과 달리 섭섭한 내색을 일절 하지 않았다. 언제나처럼 밝은 얼굴로 실리콘밸리에 가서 하고 싶은 연구를 하며 꿈을 키워보라고 앞날을 응원해줬다.

자율성이야말로 의욕을 불러일으키는 최대의 자원

스탠퍼드대학에서는 6개월간 박사 후 과정(Post-Doc) 기간을 거쳐 책임연구원(Research Associate)으로 4년 동안 근무했다. 학교 측의 배려로 인텔에서 2년간 기술 자문으로 일할 수 있었다. HP에도 자문 활동을 했는데, 프로젝트 베이스로 단기간에 진행했던 것이니만큼 인텔의 경험이 지대한 영향을 미쳤다. 인텔 본사인 SC-9 건물에서 앤디 그로브를 만난 것도 이때였다.

나를 스탠퍼드대학으로 이끌었던 다른 교수는 인텔의 CEO였던 앤디 그로브와 함께 버클리대학에서 수학한 수재였다. 집적 회로 프로세스, 장치 및 회로 기술, CAD(Computer-Aided Design) 및 병렬 계산 방법에 관한 연구를 중점적으로 했다. 200개 이상의 저널에 논문을 싣는 등 학회 활동도 활발히 했다. 이 덕분에 1983년에 스탠퍼드대학 최연소 교수로 임용됐다. 다른 교수는 산업계와의 교류도 매우 활발히 했다. 페어차일드, AT&T, HP, IBM, 그리고 일본의 마쓰시타까지 다양한 업체에 컨설팅을 진행했다.

다른 교수와는 정말 친구처럼 지냈다. 위계가 없었다기보다 격이 없었다. 다른 교수는 핼러윈 파티와 같은 가족 행사에 항상 우리 가족을 초대해주었다. 연구 중에도 수시로 필요한 내용이나 어려운 부분을 물었고 이를 해결해주려 했다.

당시 나의 연구에는 그래픽 대형 컴퓨터가 필수였다. TI에서 만든 대형 스크린이 연결된 컴퓨터가 연구실에 있었다. 개인이 구매하기에는 워낙 고가여서 학교에서 밤을 새며 작업을 했다. 이를 지켜보던 다른 교수는 컴퓨터를 집에 가져가 쓰도록 배려해주었다. 대형 스크린이 있는 컴퓨터가 집에 오고부터 가족들과 저녁을 먹고도 연구를 원활히 할 수 있었다.

다른 교수와는 연구 방향도 잘 맞았다. 1985년에 함께 쓴 논문이 VLSI 학회에서 2등으로 선정됐고 다음 해에는 IEDM 학회에서 논문을 발표할 기회가 생겼다. 다른 교수는 직접 발표를 해보라며 선뜻 내게 리허설 기회를 양보해줬다.

연구자에게 있어 반도체 산업의 중심인 실리콘밸리에서 실용 연구의 기풍을 익히는 과정은 최고의 환경이라고 할 수 있다. 게다가 자율성을 갖고 연구에 임하다 보니 '다양한 연구 활동을 게을리해서는 안 되겠다'라는 의욕이 솟구쳤다. 직접 눈으로 보고 몸으로 부딪히니 업계의 주요 트렌드에 대한 기본 연구가 필요하다는 것도 깨달았다. 이때 괴력에 가까운 에너지가 발휘됐다. 연구 논문은 결국 아이디어 싸움이었다. 시간의 구애를 받지 않는 강렬한 몰입의 시간을 가질 수 있었다. 이 덕분에 나는 내로라하는 반도체 학회에서 10여 편의 학회 논문과 〈IEEE Transaction on Electron Devices〉 학회지에 10편의 논문을 발표하는 성과를 올렸다. 다른 교수의 격려와 자문은 큰 힘이 됐다.

다른 교수에게 인상 깊었던 것 중 하나는 일본에 대한 지대한 관심이었다. 서양인으로는 드물게 일본어를 읽고 말할 줄 알았는데 나와 함께 출장을 다닐 때면 책을 펴놓고 한자를 물어보곤 했다.

내가 한국행을 결심하기 얼마 전이었다. 다른 교수는 안식년을 맞아 일본의 전기 · 전자 회사들을 방문하러 떠났다. 그리고 6개월이 지났을 무렵, 나를 일본으로 불렀다. 10일이 넘는 일정으로 일본의 반도체 업체들을 직접 소개해줬다. 세계 톱 10 안에 드는 일본의 6개 업체를 방문하고 오사카대학에서는 강의도 했다. 연구소장들과 기술 분야 최고 직위인 펠로들을 직접 만나 이야기를 나누다 보니 일본의 기술발전을 피부로 느낄 수 있었다. 훗날 이들과 쌓은 인맥은 삼성전자에서 기술교류회를 통한 벤치마킹을 할 때 큰 도움이 됐다.

자발적 광기의 시대, 내가 미쳐야 우리가 행복해진다

사람은 '경험의 한계'를 넘어서기 어렵다고 한다. 조직에 들어가 리더의 자리에 올랐을 때 나는 두 교수님으로부터 배운 것들을 많이 활용했다. 실수와 실패를 과정으로 이해하고, 최대한 담당자가 역량을 발휘할 수 있도록 지원했다. 무엇보다 직원들이 '자발적 광기'로 행복해지는 환경을 만들고자 노력했다.

2001년 삼성전자 메모리사업부장 초기, 새로운 밀레니엄으로 정신없는 한 해를 시작할 때 나는 '경영현황설명회'에 심혈을 기울였다. 사업이 너무나 어려워 적자를 기록하는 달도 있었고 연착륙할 방법을 찾지 못해 애를 태우던 시간도 있었다. 그만큼 바쁘고 불안한 시기였지만 경영현황설명회만큼은 빼놓지 않으려 애를 썼다.

경영현황설명회에서는 고객과 기술, 그리고 전략 등 다양한 주제로 이야기를 펼쳤다. 당시 삼성전자의 고객이었던 마이크로소프트와 노키아 이후에 합류한 애플까지, 그들을 만나며 들은 이야기들을 엔지니어들에게 가감 없이 전달했다. 우리의 기술에 열광하는 고객들, 그들이 추구하는 새로운 기술들, 그리고 우리가 그들과 협력할 수 있는 부분까지!

초반에 관심이 없던 엔지니어들조차 "팀 쿡과 존 루빈스타인이 지켜보는 가운데 스티브 잡스가 마커를 들고 화이트보드에 향후 10년간 개발될 애플의 제품들을 그리기 시작했습니다. 그리고 우리를 향해서는 필요한 반도체 성능과 요구 사항들을 이야기하기 시작했지요"라며 생생한 이야기를 전달하자 눈이 초롱초롱 빛났다. 2004년 12월에 애플

베를린필하모닉 연주회

삼성전자 반도체총괄 경영현황설명회

본사를 방문한 이야기는 직원들 사이에서도 화젯거리가 됐다. 직원들은 자신들의 기술이 고객사를 감동하게 하고 세계의 소비자들을 환호시킬 것이라는 생각에 가슴이 뛴다고 했다.

실수와 실패를 거듭하는 고난과 위기의 순간에 내가 깨달은 것은 단순했다. 사업이란 전략과 기술, 그리고 고객만 있다고 되지 않는다는 것이다. 조직원 전체가 전략을 공유하고 한 사람, 한 사람이 위기를 극복하겠다는 결연한 마음을 가질 때 비로소 되는 것이었다. 나는 기업 경영을 종종 오케스트라의 지휘와 비교한다. 기업 경영의 본질을 단 한마디로 표현해야 한다면 '하모니'다. 사업 전략, 인재 활용, 고객 관리, 기술 개발, 미래 투자, 재무 관리 등 기업 활동의 다양한 요소들이 하나로 맞물려 돌아가야 비로소 성공적 경영이 가능하다는 것이다. 또한, 힘들고 어려울수록 신기술 개발을 소홀히 해서는 안 됐다. 그러기 위해서는 실패를 무릅쓰고 다시 도전해 정면 돌파를 꿈꾸는 열정이 필요했다. 조직원들의 가슴에 불이 꺼지지 않도록 하는 것이 나의 숙제였다.

경영현황설명회는 한마음으로 달리고 있다는 것을 느끼게 해주는 귀중한 시간이었다. 2001년부터 경영현황설명회를 열었다. 세계 IT 경기가 급락하면서 시장이 어려울수록 기술 개발과 사람에 집중해야 한다고 믿었고, 비전과 정보를 공유해야 한다는 생각을 했다. 한 달에 한 번씩 1시간 반 동안 2008년까지 지속했다. 이를 통해서 사업부 전체가 정보와 비전을 투명하게 공유하고 하나로 묶을 수 있었다. 서로 다른 악기와 연주자들이 완벽한 화음을 내기 위해서는 구성원 모두가 화합하고 협력해야 한다. 기업 역시 연구, 개발, 양산 등 전 과정에 걸쳐 조직의 모든 이들이 초기 단계 때부터 마음을 열고 소통하고 공감대를 갖고 협력해야만 최고의 성과를 낼 수 있다.

이 같은 노력은 국가CTO 시절에도 이어졌다. 우리나라 공무원들의 역량은 매우 뛰어나다. 함께 출장을 가거나 해외에서 석학들을 초대해 이야기를 나누는 자리에서 그들의 태도와 전문 지식은 빛이 났다. 글로벌 학자와 엔지니어들도 이들을 칭찬했다. 그러나 시스템적으로 함께 소통하고 큰 비전을 만들고 실천하는 과정에서는 다소 어려운 점이 있었다. 오래된 관료 조직이 갖는 문제점이 그대로 드러났다.

나는 국가 미래 먹거리에 대한 큰 전략인 메타 플랜을 짜고 이를 실현하는 과정에서 부처 간 벽 허물기와 불합리해 보이는 정책을 개선하는 데 공을 들였다.

국내에 애플의 2세대폰 아이폰 3G가 소개된 지 얼마 뒤였다. 애플의 인기가 치솟자 지식경제부에서 애플을 뛰어넘을 원천 기술과 소프트웨어 기술을 만들어야 한다는 취지와 관련해 프로젝트를 진행했다. 소프트웨어와 소재가 화두였다. 그런데 당장 올라온 프로젝트 기획안이 성에 차지 않았다. 수개월 사이에 준비해서인지 허술한 부분이 많았다. 각 국과 과별로 협력이나 통합된 프로젝트는 눈에 보이지 않고 전부 잘게 나눠진 단기간 개발 위주의 프로젝트가 대부분이었다. 나는 예산 집행에 브레이크를 걸고 관계부처 담당자들을 모두 불러 모아 터놓고 이야기하는 자리를 만들자고 제안했다.

지식경제부의 장·차관, 실·국장, 담당 과장들, 소프트웨어와 소재부분 민간위원장, 그리고 국가R&D전략기획단 단원들을 포함해 60~70명이 과천 정부청사에 모여 열띤 토론을 벌였다. 처음에는 이

전에 없던 활동을 하려니 서먹서먹하고 말을 아끼던 사람들이 열린 자리, 열린 기회라는 것을 이해하자 본연의 역량들을 쏟아냈다. 쉬는 시간에는 복도에까지 따라와 이야기꽃을 피우는 열정이 대단했다. R&D 단원들은 "인도에서 사와도 될 것 같은 소프트웨어를 개발하기 위해 예산을 쓰는 것은 낭비다"라는 말을 시작으로 "꼭 필요한 곳에 예산을 써야 한다"라는 입장을 고수했다. 중재자로 나선 지식경제부 장관은 모든 이야기를 듣고 "이대로는 진행이 어려우니 기획안을 새로 작성하는 것으로 하자"며 토론회를 정리했다.

이후 개선안이 준비되는 동안 나는 "왜 부처 간 협업을 하지 않느냐? 지식경제부는 국토부, 복지부, 정통부 등 다른 부서와 협업해서 프로젝트를 진행해야 한다"라고 목소리를 높였다. 경쟁하는 기업 간, 심지어 국가 간에도 협업하는데 국가의 앞날을 함께 고민해야 하는 정부 부처에서 협업이 이뤄지지 않는다는 것은 이해할 수 없는 상황이었다. 물꼬가 트이자 개선안들이 나왔고 2~3달 뒤 완성된 프로젝트 개선안은 이전과는 판이한 형태가 됐다.

2014년 KT 회장으로 취임한 후에도 경청과 임파워먼트에 대한 강조는 계속됐다. KT에 '경영설명회'와 'CEO 점심 데이트', '1등 워크숍' 등 이전에 없던 활동들을 추가했다. 분위기 일신을 위해서라도 아날로그 방식이 필요했다. 직원들이 도전하고 최선을 다하기 위해서는 정서적으로 지지를 받고 있다는 느낌이 들어야 했다. 비전을 제시하고 함께 가자고 일으켜 세우는 것 못지않게 얼굴을 맞대며 이야기를 들어주고 호응을 해주는 소통도 중요했다.

기억에 남는 것 중 하나는 야구단인 KT 위즈(WIZ) 창단 첫해에 수

KT 위즈 야구장에서 시구를 한 신입사원과 함께 시포가 끝난 후에 기념사진을 찍었다.

원의 그라운드로 내려갔던 일이다. 삼성 라이온즈와 경기가 펼쳐질 때 나는 글러브뿐만 아니라 마스크에 보호 가드까지 완벽하게 착용하고 잔디밭으로 내려갔다. 시작 전 기념 행사는 대한민국 통신 130년을 기념하는 이벤트로 채워졌다. 단연 하이라이트는 시구 타임이었다. 그러나 야구공을 던진 사람은 내가 아니라 KT의 신입사원이었다. 나는 마스크로 얼굴을 가리고 공을 받았다. 시구가 끝나고 마스크를 벗었을 때 1만 명의 관중은 깜짝 놀라며 환호했다.

젊은 시절 나는 자발적 광기를 불태우며 살았다. 반도체로 세계 1등이 되었을 때는 '내가 미쳐야 우리가 행복해진다'라는 것을 생생하게 경험했다. 그 밑바탕에는 수많은 실수와 실패에도 다시 일어서면 된다는 자신감이 있었다. 나의 실수와 실패를 용인하고 도전을 격려해준 스승들이 있었기에 가능한 것이었다.

조직의 리더가 되었을 때 나는 조직원들, 그리고 차세대 리더들에게 비슷한 경험을 선물해주고 싶었다. 전례 없던 '시포'라는 이벤트를 통해 스트라이크든 안타든 볼이든 가리지 않고 맘껏 도전하면 이를 용인하고 받아주겠다는 선배 경영자의 마음을 전하고 싶었다.

20년 만의 재회

때때로 궁금하고 만나고 싶은 그리움이 있었지만 머리에 서리가 내려앉을 때에야 두 교수님을 다시 만날 수 있었다. 거의 20년 만의 재회였다. 개인적으로는 너무 많은 도전과 실패를 경험한 뒤라 더 반갑고 감격스러웠다. 모든 역경을 딛고 성장한 제자의 오늘을 보여드릴 수 있어 자랑스러운 마음도 있었다.

2004년 4월, 매사추세츠주립대학에서 최고동문상을 수상하게 됐다는 연락이 왔다. 시상식 전날 총장 자택에서 오찬이 열렸다. 이날 네이본 교수 부부를 다시 만났다. 20년 세월이 무색하게 우리는 정겹게 담소를 나눴다. 네이본 교수는 1987년 은퇴 후에도 후학들을 가르치고 있었다.

최고동문상 시상식은 매사추세츠 주청사 중앙홀에서 열렸다. 총장은 내게 GE의 잭 웰치도 60대가 되어야 받은 상을 50대에 받은 것이라고 농담을 건네기도 했다.

시상식을 마친 후 오찬 시간에는 감격의 순간이 기다리고 있었다.

2004년 4월 매사추세츠 주청사에서 열린 최고동문상 시상식 후 오찬 시간에 펼쳐진 아리랑 축하 공연

40명 정도 되는 매사추세츠 음대생으로 구성된 합창단이 귀에 익은 노래를 부르기 시작했다. 한국의 노래 '아리랑'이었다. 200명이나 되는 인사가 어리둥절한 표정으로 노래를 감상했다. 매사추세츠 주청사는 천장이 상당히 높았다. 나는 네이본 교수와 함께 은은하게 울려 퍼지는 아리랑을 4절까지 들었다. 벅차오르는 감격을 감출 수가 없었다.

한국에 돌아오고 석 달쯤 지났을 때 네이본 교수가 짧은 투병 끝에 향년 79세로 세상을 떠났다는 소식을 들었다. 예상에 없던 마지막 만남은 지금까지도 각별하게 남아 있다.

다른 교수와는 한국에서 재회했다. 2006년 삼성전자 반도체총괄 사장과 메모리사업부장을 겸직하고 있을 때 자체적으로 TAC(Technology Advisory Committee) 포럼을 주도했다.

다튼 교수가 TAC 포럼에서 강연하고 있다.

　　미래 반도체 기술 여러 분야의 세계 최고 권위자들로 구성된 멤버는 미국의 스탠퍼드대학, MIT, 하버드대학, 버클리대학 교수들과 일본의 도쿄대학, 도호쿠대학 교수들이었다. 이들과 2박 3일 일정이 진행됐다. 연구원 700~800명이 모두 참석해 기조연설을 듣고, 분야별 세션을 나눠 석학들의 강연을 진행했다. 3시간에 걸친 패널 회의까지 진행했는데 다튼 교수를 좌장으로 초청했다.

　　세계 반도체 석학들을 눈앞에서 만나고 직접 질문하는 자리는 연구원들에게 강렬한 자극이 되었다. 다튼 교수에게 한국의 젊은 연구원들을 소개하는 나 역시 감회가 새로웠다.

　　2009년에 삼성종합기술원장을 퇴직하고 다시 스탠퍼드대학을 찾았을 때 다튼 교수는 내 어깨를 주무르며 "수고했다"라고 격려해줬

다튼 교수가 어깨를 주물러주고 있다.

다. 산업 현장을 오래 누볐으니 재충전도 의미가 있다는 조언이었다.

지금 생각하면 하버드대학과 MIT, 스탠퍼드대학을 돌며 세계적 석학들을 만났던 시간이 다튼 교수의 말대로 확실한 '재충전의 시간'이었다. 이날의 충전은 국가CTO, 그리고 KT에서 또 한 번 나를 불사르는 자원이 되었다.

실패하는 것도 역량이다

"해도 후회하고 안 해도 후회할 거라면 해라."

많은 선배가 도전을 강조한다. 최소한 후회는 남지 않기 때문이다.

경영자로서 나도 마찬가지였다. 많은 구성원이 '무엇을', '어떻게'라고 되물었지만, 관건은 '얼마나 많이 시도하느냐?'였다. 실패하면 확실히 잘못된 길 하나는 발견하게 된다. 이쯤 되니 실패도 하나의 역량임을 인정하지 않을 수 없다.

KT에 몸을 담은 지 2년쯤 지났을 때 정의선 현대차 부회장을 만날 일이 있었다. 나는 어려웠던 때를 생각하며 "그때 참 힘들었는데 부회장님이 잘 해서 다행입니다"라며 정 부회장의 손을 잡았다.

국가CTO 때 일이다. 우리는 5개 분야〔바이오 · 생명공학 · 신산업, 주력 사업(자동차 · 기계 · 화학 · 중공업), IT(반도체 · 통신 · 소프트웨어), 재료, 에너지(원자력)〕를 중심으로 미래 먹거리를 준비했다. 전기차는 주력 사업 중 하나였다. 자동차 회사를 찾아가 "정부 프로젝트로 전기차를 지원할 테니 프로젝트를 진행하자"라고 이야기를 꺼냈다. 국가 예산 수백억이 들어가는 큰 사업이었다. 그러나 당시 국내 자동차 회사들은 '엔진이 없는 차'는 상상하지 못했고 정부 주도형 프로젝트에 선뜻 응하지 않았다. 일본 닛산이 리프를 내놓기 바로 전이었고 이후 토요타에서도 프리우스를 내놓았는데도 불구하고 국내에서 '전기차'는 시기상조라는 인식이 강했다. 나는 주력 사업 담당과 여러 번 이야기해서 국내에서도 전기차 프로젝트를 진행할 방안을 강구했다. 결국 삼고초려 끝에 기아차에서 전기차 프로젝트를 받아줬다. 그랬던 그 일이 후에 국내 전기차 개발의 마중물로 평가되고 있으니 나로서도 힘들었던 만큼 보람이 컸다.

전기차가 사업자를 구하지 못해 힘든 경우였다면 예산을 못 타서 어려운 경우도 있었다.

나는 삼성종합기술원장 시절 때부터 '그래핀'에 대한 남다른 애정이 있었다. 그래핀은 러시아의 물리학자가 최초로 분리한 재료로 얇고 가벼우면서 내구성이 높다. 독특한 물리적 · 화학적 성질 때문에 활용 범위가 넓다. 일례로 구리보다 1,000배 많은 전류를 실리콘보다 150배 이상 빠르게 전달한다. 강철의 200배 강도, 다이아몬드 2배의 열전도를 지니고 있다. 빠른 속도, 더 큰 용량, 더 작은 크기 등 '혁신'을 의미하는 모든 조건을 구현하게 해준다. 하버드대학의 세계적인 그래핀 권위자인 김필립 교수에게서 그래핀의 가능성에 대해 익히 들었기에 우리나라가 기술 선점을 해서 미래 먹거리로 활용해야 한다는 생각을 줄곧 갖고 있었다. 국가CTO가 되었을 때 좋은 기회라 생각하고 예산을 받으러 기획재정부 예산 책임자를 찾아갔다. 그런데 돌아오는 질문은 기대 밖이었다.

"단장님, 결과가 1~2년 뒤에 나옵니까?"

순간 얼굴에서 표정이 사라졌다.

"제가 맡은 임무가 대한민국의 5년, 10년 뒤 먹을거리를 만드는 것입니다. 당장 내년에 결과가 나올 것 같으면 제가 할 일이 아니지요. 그런 건 민간 기업에서 해도 됩니다."

"그럼 예산을 드리기가 어렵습니다."

그렇게 나는 한 번 낙방했다. 그래핀 기술의 저력과 이를 통해 우리나라 기술력이 달라진다는 부연 설명은 하등의 소용이 없었다. 팔자에 없는 재수가 그렇게 시작됐다. 다음 해는 좀 더 심각한 상황이 벌어졌다.

"그러려면 저를 왜 뽑아서 이 자리에 앉혔습니까? 5년, 10년 뒤 미래 기술 발굴하려고 전 세계를 돌아다니면서 벤치마킹을 하고 가장 잘할 수 있는 기술을 하자고 하는 것 아닙니까?"

그 이후에 예산 책임자는 따로 자리를 내서 예산 편성이 되었다고 알려줬다.

"미래에 대한 열정을 가지고 예산을 신청해주신 걸 잘 압니다. 신청액보다 적지만 예산을 책정해드리겠습니다. 늦어서 미안한 마음입니다."

나는 감사한 마음으로 예산을 받았다. 기초 기술이기 때문에 전체 예산에서 차지하는 비중은 적은 편이었다.

그런데 그 기술이 '소재 강국 한국'의 원동력이 되고 있다. 올해 국제전기기술위원회(IEC)에서 한국이 제안한 내용을 국제 표준으로 채택했다. 미국, 영국, 일본 등 선진국의 견제를 뚫고 거둔 성과였다. 세계 그래핀 시장 규모는 2019년 1억 달러에서 2025년 15억 달러로 급성장할 전망이다.

실패 없이 성공하는 경우는 극히 드물다. 나도 수많은 실패를 경험했다. 그런데도 내가 목표를 이룰 수 있던 것은 실패에서 멈추지 않았기 때문이다.

다양한 도전을 해보면서 실수도, 실패가 있다는 것도 인정하자. 그리고 작은 한 걸음을 소중히 생각하자. 수많은 리더가 이러한 길을 걸으며 단단한 리더로 성장했다. 항상 열려 있는 그 길로 한국의 미래를 이끌 많은 젊은 친구들이 달려와주길 바란다.

03

경험하라, 대전환을 이끄는 과학 기술의 힘을

| 클라우스 슈밥 |

나는 얼리 어답터(Early Adopter)다. 새로운 기기가 나오면 매장을 찾아 시연해보고 맘에 들면 사서 지인들에게 자랑도 한다. 직장 생활을 처음 시작했을 때는 내가 만든 제품을 가장 먼저 사용하면서 고객 입장에서 평가해보려고 노력했다. 이 행동을 반복적으로 하다 보니 재미가 붙으면서 어느 순간부터는 습관이 됐다. 얼리 어답터 기질은 삶의 전반에서 끊임없이 나를 성장시키는 자원이 됐다.

얼리 어답터로 사는 것은 여러모로 유리하다. 엔지니어만이 새로운 기술을 탐구하고 미리 경험하는 시대는 지나갔다. 학습을 시작하는 학생부터 국가를 지휘하는 지도자들, 글로벌 기업을 경영하는 사업가들까지 과학 기술을 모르고서는 원하는 지점에 도달할 수 없다.

따라서 "미래를 내다보는 눈을 키워주는 일상적 습관이 있습니까?"라는 질문을 받을 때 나는 "당신도 얼리 어답터가 돼 먼저 경험해보세요"는 답을 해주기도 한다. 고객의 입장에 서는 것은 '경영자'가 지녀야 할 첫 번째 자세이기 때문이다.

떠나는 자의 당부가 아니라 새로 시작하는 이의 포부로

"수석 직급의 일반 연구원으로 입사하여 연구·개발 총책임자로 현직을 마무리 짓게 되니 감회가 깊습니다.

연구소는 예측할 수 없는 꿈을 꾸고 만드는 곳입니다. 연구원들은 꿈을 가져야 하며 무엇보다 긍정의 힘을 가지고 있어야 합니다. 자기만의 성을 쌓지 말고 옆 사람이 무엇을 하는지 항상 관심을 가지면서 신시장 창조에 매진해야 합니다.

저는 지금 이곳을 떠나지만 어디에 있든 앞으로도 미래 성장 동력이 될 신기술을 계속 고민하고, 또 공부하는 자세로 정진하겠습니다."

삼성전자를 퇴임하던 10년 전 일이다. 나는 삼성전자 기술총괄 사장과 함께 삼성종합기술원장도 맡고 있었다. 앞에서도 말했지만 당시 나는 한창 2040 젊은 과학자들로 구성된 메디치연구회를 만들어 다른 분야와 협업하며 유연하게 사고하는 인재를 키우기 위해 공을 들이고 있었다.

막상 조직을 떠나자니 아쉬움이 컸다. 하지만 남겨진 직원들의 지속적인 성장을 응원하고 싶은 마음이 더 컸다. 고심 끝에 떠나는 이의 당부가 아니라 새로 시작하는 이의 포부로 이임사를 마무리했다.

2009년 초, 삼성전자 경영 일선에서 물러난 나는 일생에서 가장 긴

휴가를 보냈다. 이전까지 외국은 출장이나 업무를 위해 다닌 것이 대부분이었다. 비로소 좋아하는 공연의 관람, 그리고 역사와 문화의 현장 답사를 위해 2주의 휴가를 냈다. 러시아의 상트페테르부르크를 찾아 낮에는 박물관이나 명소를 찾고 저녁에는 공연을 봤다. 역사와 문화의 현장은 매우 흥미로웠다. 톨스토이 생가, 차이콥스키가 콜레라에 걸렸다던 다방을 돌며 마음의 피로를 녹였다.

그러나 휴가는 예정대로 마무리되지 못했다. 일정을 다 채우기도 전에 나는 노트북을 꺼내 들었다. 그 자리에서 해외 석학들에게 만남을 요청하는 편지를 썼다. 한 기업의 CTO가 아니라 미래 기술의 얼리 어답터로서 직접 찾아가 보고 듣고 배워보고 싶다고 했다. 오래 인연을 쌓아온 덕분인지 해외 석학들은 몸과 마음이 자유로워진 늦깎이 학생을 열렬히 환영한다는 답신을 해줬다. 특히 몇 년간 서신을 나눴던 하버드대학 박홍근 교수는 하버드대학과 MIT에서의 일정 대부분을 주선해줬다. 노벨상 수상자, 하버드대학의 석좌교수 등과의 만남이 계획됐다는 회신을 보내줬다.

답신을 받고 나는 출장길에 오르는 사람처럼 만반의 준비를 했다. 만나야 할 사람, 가봐야 할 곳에 대한 계획을 꼼꼼히 짰다. 대부분이 기술계 석학들이고 세계 최고의 첨단 연구소들이었다.

5월 초 '미래 기술 트렌드'라는 화두를 붙잡고 나는 우선 미국 동부로 날아갔다. 일정은 국가와 지역을 바꿔 계속됐고, 해가 바뀌어서야 마무리됐다.

가장 먼저 하버드대학, MIT, 스탠퍼드대학, 버클리대학의 연구소와 실리콘밸리의 유망 기업들을 방문했다. MIT에서는 에너지연구

하버드대학 박홍근 교수 연구실

소, 미디어랩, AI랩, 재료연구소, 차세대전지연구소 등을, 하버드대
에서는 뇌연구소, 바이오연구소, 나노센터, 그리고 DNA 시퀀싱의
세계적 권위를 가진 브로드인스티튜트(Broad Institute) 등을 방문했다.

　미 동부에 있는 4주 정도는 하버드대학에서 노벨상 수상자들이 사
용했던 자료가 영구 보존된 교수실에서 업무를 봤다. 역시 박홍근 교
수가 학교에 나의 방문을 알리자 학교 측에서 특별히 배려해준 것이
었다. 깊이 감사하며 호사를 누렸다.

　다음은 서부의 스탠퍼드대학과 버클리대학, 그리고 실리콘밸리의
벤처 기업들이었다. 은사이신 다른 교수가 연구실을 마련해줘 4주간
다른 교수의 옆방에서 생활할 수 있었다. 스탠퍼드대학에서는 유전학
센터, AI 및 로봇연구소, 글로벌기후변화연구소, 전자신물질연구소,

3차원소자연구실 등을, 버클리대학에서는 마이크로나노 기술센터, 바이오나노센터, MEMS(미세 전자 제어 기술)연구소, 무선센서시스템 연구소 등을 방문했다.

마지막으로 싱가포르에 있는 바이오연구소, 일본에 있는 에너지와 바이오, 환경 분야 연구소 등이었다. 연구 현장을 살피며 미래 신기술과 관련한 공부를 하니 학생 신분으로 돌아간 것만 같았다. 회사에 소속되지 않은 자유로움은 반도체의 경계를 넘어 새로운 기술을 탐구하는 데 활력을 더했다.

나는 60여 명의 세계 석학들과 만나고 토론하면서 다시 한번 가슴이 뜨거워졌다. 1년간 이어진 배움의 기간 동안 나는 세상이 상상했던 것보다 훨씬 더 거대하고 근본적인 변화가 시작되었음을 확인했다. 스스로에게는 "한국의 미래 성장 동력이 무엇이어야 하느냐?"라는 질문을 계속해서 던졌다.

그러나 열띤 토론 속에서 한없이 작아지는 때도 많았다. 이전까지는 대한민국을 대표하는 기업의 CTO로 현장에서 글로벌 트렌드를 주도하고 신기술의 중심에서 이탈해본 적이 없다고 자부해왔었다. 그러나 학제를 넘나드는 선진 대학들의 연구 현장을 경험해보니 우리와의 간극이 상당하다는 것을 인정할 수밖에 없었다. 특히 MIT와 하버드대학 연합팀으로 구성된 세계 최고의 DNA연구소 브로드인스티튜트의 스튜어트 슈라이버(Stuart Schreiber) 소장의 특별한 배려로 하버드대학 박홍근 교수와 함께 좀처럼 외부에 오픈이 되지 않는 인간 유전자 분석실을 들어갔을 때가 기억에 남는다.

이곳은 로봇 암(Arm)으로 작업해 하루에 3~4명의 유전자 지도를

세계 최고의 DNA연구소 브로드인스티튜트의 스튜어트 슈라이버 소장이 DNA 시퀀싱 기술을 설명하고 있다.

완성했다. 당시에는 1명의 유전자 지도를 완성하는 데 수개월이 소요되던 시절이었다. 나는 복합 질병의 근원 규명과 맞춤형 처방 연구와 관련해 세계에서 가장 앞선 생명공학의 현장을 보면서 반도체 산업 이후의 미래는 바이오 산업이 주도할 것이라는 확신을 하게 됐다.

객지 생활에서 쌓이는 피로에도 불구하고 정신줄이 팽팽해졌다. 특유의 긍정마인드로 또 한 번 힘차게 달려야겠다는 의지가 살아났을 때, 국가CTO직을 맡아달라는 연락을 받았다. 몇 번의 고사 끝에 기술 강국 대한민국의 미래를 열겠다는 각오로 단장 지위를 수락했다.

지난 20년간 반도체를 통해 각인된 성공 DNA를 미래 기술과 산업의 맥락에 맞춰 이식할 수 있다면 새로운 성장 동력의 발굴과 육성으로 이어질 것이다. 이로써 제2의 반도체 신화를 만들 수 있을 것이다. 그렇게 해서 젊은이들이 자기 스스로의 저력을 믿고 더 나은 미래 세상을 꿈꿀 수 있도록 만들고자 했다.

결과적으로 자유롭게 석학들을 만나고 연구소를 오갔던 그날의 배움들은 내가 국가CTO와 KT 회장으로 일할 때 큰 자원이 되었다. 또한, 혼돈의 바다에서 미래를 설계할 아이디어들을 건져 올리게 해줬고 그날의 에너지 덕분에 새로운 기술들을 융합해 현장에 녹여낼 수 있었다.

이후 10년을 더 현장에서 뛰면서 나는 '기술은 과학자가, 경영은 비즈니스맨이 하는 시대는 지나갔다'라는 것을 몸으로 깨달았다. 우리는 과학 기술 없이는 생존할 수 없는 환경에 놓여 있다. 지금은 누구나 '첨단 기술에 대한 지식'을 쌓고 이를 자기 삶의 다른 자원들과 융합시키는 과정을 거쳐야 하는 시대다. 새로운 기술들을 경험하지 않고서는 일생을 관통하는 통찰도 얻을 수 없다.

이러한 현실 인식은 비단 나 혼자만 한 것이 아니다. 국적과 나이를 뛰어넘어 친구가 된 세계경제포럼(World Economic Forum)의 클라우스 슈밥(Klaus Schwab) 회장의 말이기도 하다.

기술에 대한 열렬한 신자이자 얼리 어답터와의 만남

'글로벌 경제 대통령'이라고 불리는 클라우스 슈밥 회장과의 인연이 시작된 것은 2017년이다. 나는 KT의 글로벌 감염병 프로젝트를 설명하기 위해 스위스 제네바에 있는 세계경제포럼 본부를 찾았다. 당시 KT는 '기가토피아 전략'과 "5G가 세상을 바꾸는 힘이 될 것이다"라는 선언으로 세간의 이목을 끌고 있었다. 과거의 낡은 이미지를 벗고 앞선 통신 기술 업체로 힘차게 도약하는 중이었다.

사실 클라우스 슈밥 회장과의 미팅은 개인적으로도 몹시 설레는 일이었다. 클라우스 슈밥 회장이 1971년에 세계경제포럼을 만들어 독립적 국제기구로 발전시켜온 것은 잘 알려진 사실이다. 그는 오랜 기간 세계 리더들과 함께 글로벌로 해결해야 할 어젠다를 정리해 중립적이고 공정하게 이야기를 나눌 수 있는 플랫폼을 구축하고자 노력해왔다. 또한, 여러 매체를 통해 "나는 기술에 대한 열렬한 신자이자 얼리 어답터"라고 밝히며 기술이 인류의 진보와 발전에 공헌하리라는 확실한 믿음을 강조해왔다. 그의 활동과 철학은 내게 깊은 인상을 남겼다. 앞선 사건들을 통해 나는 그가 나와 비슷한 생각의 결을 갖고 있을 것이라는 기대도 하고 있었다.

미팅이 진행되기 2년 전인 2015년은 '대한민국 통신 역사 130주년'이었다. KT 회장직을 맡고 있던 나는 기념식에서 '지능형 기가 인프라와 ICT(Information and Communications Technologies, 정보통신기술)의 융합으로 4차 산업혁명을 이끌 것'이라는 발표를 했다.

"지금 전 세계는 4차 산업혁명이 가져올 ICT와 사업 간의 융합에 주목하고 있습니다. 1차 산업혁명에서 증기기관, 2차 산업혁명에서 전기, 3차 산업혁명에서 컴퓨터가 그랬던 것처럼 강력한 네트워크에 기반을 둔 ICT의 융합은 산업의 새로운 성장 동력이 될 것으로 전망하고 있습니다."

2015년 9월 KT 130주년 행사에서 4차 산업혁명을 견인하겠다고 발표했다.

당시 독일에서는 '인더스트리 4.0'이라고 해서 제조업과 ICT의 결합을 강화하는 이야기가 나오고 있었지만 4차 산업혁명이라는 논의는 본격적으로 이뤄지지는 않고 있었다. 그런데도 나는 세계 최고 수준의 인텔리전트 ICT 인프라 위에 제조업뿐만 아니라 에너지, 금융, 자동차 등 모든 사업이 융합하는 새로운 산업과 가치가 4차 산업혁명을 통해 실현될 것이라 선언했다.

4개월 뒤인, 2016년 1월 스위스 동부의 스키 휴양지로 알려진 다보스에서 열린 세계경제포럼('다보스포럼'이라고도 함)의 주제가 바로 '4차 산업혁명의 이해(Mastering the 4th Industrial Revolution)'였다.

세계경제포럼은 3일 일정으로 진행되는데 300개 메인 세션 중 절반에 가까운 140여 개에서 4차 산업혁명과 관련된 주제를 다뤘다. 로

세계경제포럼(WEF) 본부에서 GEPP 관련 MOU(양해각서)를 체결하고 클라우스 슈밥 회장과 악수하고 있다(오른쪽은 현 KT CEO인 구현모 대표).

봇, 인공지능, 사물인터넷 등 최첨단 기술의 융합을 통해 상상할 수 없던 신시대가 도래할 것이라는 진단과 예언은 세계에 큰 파문을 던졌다. 그해 6월에 출간된 《클라우스 슈밥의 제4차 산업혁명》은 국내에서도 베스트셀러가 됐다. 클라우스 슈밥 회장은 전 세계에서 100만 부가 팔렸는데 그중 30만 부가 한국에서 팔렸다며 한국의 남다른 관심에 놀랐다고 이야기했다.

예상대로 만남은 매우 뜻깊었고 매우 잘 통했다. 클라우스 슈밥 회장은 나를 환영하며 유쾌한 분위기를 만들었다. 글로벌 감염병 확산 방지 플랫폼(Global Epidemic Prevention Platform, 이하 'GEPP') 구상도 매우 진지하게 경청했다.

KT에서 추진하고 있는 GEPP는 감염병 발생 지역을 다녀온 사람을 로밍 데이터로 추적해 질병 확산을 막는 데 활용하는 글로벌 플랫폼이다. 해외를 다녀온 사람에게는 감염병 정보를 제공한다. 세계적으로 감염병이 확산할 때는 전 세계 모든 휴대전화 이용자의 감염병 발생 지역 방문 정보를 파악해 이용자와 각국 정부에 위험 안내 서비스를 제공한다. 물론 이를 위해서는 글로벌 합의가 선행되어야 하므로 ITU(통신), WHO(보건), WEF(경제) 등 각 분야 국제기구의 적극적인 협조가 필요하다.

클라우스 슈밥 회장은 열렬한 반응을 보여줬다. 때마침 세계경제포럼에서도 감염병 문제 해결을 위해 예산까지 책정했다면서 제안을 반겼다. 그 자리에서 '세계경제포럼 2018'의 패널로 참여해줄 것을 부탁했다. '다음 세대의 감염병 대비(Preparing for the next epidemic)' 세션에 참석해 GEPP를 소개하고 통신 기술이 인류에 어떻게 기여할 수 있을지 혜안을 펼쳐달라는 제안이었다. 흔쾌히 수락했다.

이후 클라우스 슈밥 회장은 나를 친구로 대해줬다. 미래 기술에 대해 남다른 애정을 가진 이로서, 그리고 얼리 어답터임을 자랑스러워하는 동지로서 15년의 나이 차는 걸림돌이 되지 않았다. 개인적 관심사에 대한 질문도 거리낌이 없었다.

"닥터 황, 현재 독일에서는 인더스트리(제조업) 4.0에 대한 담론이 활발합니다. 닥터 황이 보기에는 어떻습니까?"

클라우스 슈밥 회장은 독일에서 태어나 스위스 프리부르대학에서 경제학 박사를, 스위스 연방공과대학에서 공학박사를 마쳤고 이후 하버드대학 케네디 공공정책대학원에서 행정학 석사 학위를 받고 1972년에는 제네바대학에서 최연소 교수로 임용되기도 했다. 자신의 뿌리인 독일에 대한 애정이 상당했다.

나는 그 자리에서 2010년 초반부터 시작된 독일의 인더스트리 4.0에 대해 제조업에 집중되기보다 디지털 트랜스포메이션(Digital Transformation) 등으로 확대되는 상황으로 진단했다. 나아가 4차 산업 혁명의 거대한 프레임이 전 세계적으로 확대되는 가운데 다양한 산업을 발전시킬 방향을 모색해야 한다는 의견을 펼쳤다. 클라우스 슈밥 회장은 나의 의견에 공감했고 기술과 산업 간의 융합이 미래 기술의 핵심이라는 이야기를 나눴다. 첫 만남부터 예정된 시간보다 1시간이나 넘게 대화가 이어졌다.

클라우스 슈밥 회장은 5G 기술에 대한 남다른 애정도 드러냈다. KT가 전 세계에서 가장 먼저 5G 선언을 했다는 것에 깊은 감명을 받았다며《클라우스 슈밥의 제4차 산업혁명》2쇄 판에 5G 세션을 추가해 넣겠다고 했다.

한국에 돌아온 나는 클라우스 슈밥 회장이 보낸 메일 한 통을 받았다. '출판사에 넘기기 전에 닥터 황이 검토해주면 매우 감사하겠습니다'라는 부탁과 영문 원고가 담겨 있었다. 나름 열과 성을 다해 영문 원고를 살핀 다음 회신했다. 실제로 그의 책 2쇄 판부터는 5G 기술에 관련한 내용이 담겼다.

4차 산업혁명의 시대, 무엇이 인류의 삶을 진화시킬까?

2018년 1월, 나는 다시 스위스 다보스를 찾았다. '다음 세대의 감염병 대비' 세션에 참석해 GEPP에 대해 자세히 설명했다.

KT는 2017년 메르스 대응을 위해 GEPP를 개발하고 적용한 경험이 있었다. 2015년에 메르스가 처음 발생했을 당시, 확진자 186명에 사망자는 38명에 이르렀다. 2017년에는 GEPP 덕분에 메르스의 확산을 막고 사망자 제로의 성과에 기여할 수 있었다.

"GEPP를 위생이 취약하고 국가적 역량이 미흡한 개발도상국에 적용할 경우 상당한 효과를 거둘 수 있습니다", "전 세계적으로 GEPP 모델을 도입한다면 스마트하게 국민을 감염병의 위험으로부터 지켜줄 수 있습니다" 등 나의 열변을 들은 많은 글로벌 리더가 감염병 확산 방지 프로젝트에 깊은 감명을 받았다며 글로벌 플랫폼 구축 제안을 적극적으로 검토하겠다고 답했다. 이후 GEPP를 채택하는 국가가 생겨났고 관련 지원도 활발해졌다.

2018년 1월 세계경제포럼(WEF) 행사 중 빌 게이츠가 초청한 조찬 간담회에서 환담했다.

세계경제포럼 기간 중에 만난 빌 게이츠 회장은 GEPP에 대해 "Creative and Fresh"라며 관심을 보였다. 식사에 앞서 환담하는 중에 빌 게이츠 회장에게 GEPP에 대해 간단히 설명했다. 빌 게이츠 회장은 초반부터 매우 적극적인 반응을 보였다. 이 만남은 2020년 5월 빌앤드멜린다게이츠재단(마이크로소프트 창업자인 빌 게이츠와 부인인 멜린다 게이츠가 함께 설립한 사회공헌단체)이 KT와 3년간 120억 규모의 '감염병 대비를 위한 차세대 방역 연구'를 진행하는 디딤돌이 됐다.

클라우스 슈밥 회장과 세계경제포럼과의 인연은 이후로도 계속됐다. 2018년 4월, 대통령의 초청을 받고 한국을 찾은 클라유스 슈밥 회장은 공식 일정 중에 시간을 만들어 나의 사무실을 찾았다. 평창 동계올림픽에서 5G 시연을 지켜본 소감을 전하며 2019년에도 다보스를 방문해달라는 부탁을 했다. 세계경제포럼 IBC 위원 자격으로 나를 초청하고 싶다고 했다. IBC는 국제비즈니스위원회(International Business Council)라고도 하는데, 미국 대통령, 세계은행 총재, 국제통화기구 총재 등 세계 정재계 주요 인사들이 참석해서 세계 100대 CEO들과 교류하는 모임이다. 한국 기업인으로는 최초의 초청이라서 감회가 남달랐다. 팀 쿡 애플 CEO는 작년에 신규 멤버로 이름을 올렸고, 라파엘 라이프(Rafael Rief) MIT 총장이 나와 같이 신규 멤버로 이름을 올렸다.

2019년, 나는 IBC 초청위원 자격으로 다시 다보스를 찾았다. 첫날에는 IBC 회원들을 위한 회의가 열리는데 나는 신입회원 자격으로 참석이 예정돼 있었다.

49회를 맞은 2019년 세계경제포럼의 주제는 '세계화 4.0: 4차 산업혁명 시대 글로벌 아키텍처 형성'이었다. 그러나 IBC 위원들 사이에서는 미국과 중국 간의 갈등이 가장 큰 관심 대상이었다. 직전 해인 2018년에는 트럼프 대통령의 참석이 화젯거리였다. 빌 클린턴 전 대통령 이후 18년 만에 미국 대통령이 참석했기 때문이다.

그러나 트럼프 대통령이 세계경제포럼의 주제인 '분절된 세상, 공동의 미래 창조(Creating a Shared Future in a Fractured World)'에 반하는 연설(미국 우선주의 강조)을 하는 바람에 주최 측도, 참가자들도 매우 당혹해했다. 2017년에 중국 시진핑 주석이 처음으로 세계경제포럼을 찾은 직후라 파장은 더욱 컸다. 그리고 2019년 연초, 화웨이를 둘러싼 갈등으로 미·중 간 갈등이 최고조에 달했다. IBC에 참석한 100여 명의 글로벌 CEO들은 미래 기술 중 최고의 화두인 '5G'도 미국과 중국이 서로 경쟁하며 선점할 것이라고 내다봤다.

2019년 IBC 회의에 참석한 회원들

이야기의 시작은 '세계화 4.0을 위해 가장 중요한 것이 무엇이냐?'였다. 토론 끝에 답으로 5G와 관련한 이야기가 나왔다. 하지만 이야기의 방향이 미·중 간 갈등으로 넘어가자 나는 조용히 손을 들었다. 잘못된 예견, 잘못된 현실 인식을 바로잡아야 할 때였다.

"5G는 28GHz의 초고대역 주파수를 사용하는 이동통신 기술입니다. 2GHz의 이하의 주파수를 사용하는 4G LTE(롱텀에볼루션)는 도달 거리는 길지만 속도는 느립니다. 반면, 고대역 주파수는 직진성이 강해 도달 거리는 짧지만 속도는 빠릅니다. 특히 지연 시간이 4G에서는 20밀리미터 세컨즈지만 5G에서는 2밀리미터 세컨즈로 짧아지는 특성이 있어서 4차 산업혁명의 핵심인 자율 주행, 원격 진료 등 산업 전반에 이 기술을 적용할 수 있습니다. KT가 주도한 컨소시엄에서 만든 5G 표준의 80%가 국제표준에 반영되었습니다."

나는 글로벌 기업의 수장과 세계 정상들 앞에서 한국의 기술력을 이야기했다. KT는 이미 1년 전에 열린 평창 동계올림픽에서 이전에는 상상할 수 없었던 영상을 전 세계에 보여줬을 뿐만 아니라 5G 시범 서비스를 완벽하게 재현했다. 모인 사람들에게 이 사실을 상기시킨 후, 2달 뒤 세계 최초로 5G를 상용화할 만반의 준비를 마친 상태라고 공표했다. 그러면서 정말 하고 싶은 이야기로 넘어갔다.

"오늘의 주제로 돌아가겠습니다. 우리는 지금 세계를 위해 어떤 것을 할 것이냐, 가장 중요한 것이 무엇이냐, 어떻게 경제적 혜택을 다양한 사람들, 특히 소외 계층들에게까지 나누어주느냐를 이야기하고 있습니다.

5G의 이점은 단순히 용량과 속도만이 아닙니다. 우리는 5G의 연결

세계경제포럼 콩그레스센터에서 열린 5G 세션

성(Connectivity)에 주목해야 합니다. 대용량의 데이터를 이른 시간에 전달하며 각각을 연결하는 5G는 온 인류의 삶을 바꿀 것입니다. 그것도 낮은 가격으로 모든 사람에게 공평하게 쓸 수 있는 플랫폼으로 제공될 수 있습니다. 그래서 5G는 세계의 불평등 해소를 실현하는 핵심 기술이 될 것입니다."

그리고 이야기를 이어갔다.

"아직도 인터넷에 접근하지 못하는 사람이 전 세계에 수십억 명에 달합니다. 인류에게는 디지털 격차를 줄여야 한다는 과제가 있는 것입니다. 5G의 초연결성은 4차 산업혁명으로 인한 혜택을 공정하게 분배하는 밑바탕이 될 것이고, 초저지연성은 자율 주행, 원격 진료 등을 실현해 좀 더 안전하고 편리한 생활을 만들어줄 것입니다. 5G는 4차 산업혁명에서도 경제적 혜택을 보지 못하는 사람들에게 혜택을 줄 수 있는 중요한 도구입니다. 이렇게 세계의 불평등을 해결한 핵심 기술이 될 것입니다."

세계경제포럼은 2020년에 창립 50주년을 맞았다.

얼마나 시간이 흘렀을까, 박수가 터져나왔다. 앞자리에 앉아 있던 마크 베니오프 회장이 엄지를 치켜세우며 즉흥적으로 시작된 발표가 잘 마무리됐음을 알려줬다. 세계통신협회(GSMA) 회장이며 바르티엔터프라이즈 설립자 겸 회장인 수닐 바르티 미탈(Sunil Bharti Mittal)이 마이크를 받아 "닥터 황 이야기가 100% 맞는 것 같습니다. 5G 위력은 지금까지 우리가 경험하지 못한 것이니 경제에 절대적인 영향을 미칠 것이라는 이야기를 신뢰합니다"라고 공감하는 말을 해줬다.

이후, 세계 100대 CEO들과 국가 정상급 인사들이 만나는 자리(IBC)에서 나는 "닥터 황을 통해 '세계화 4.0'에서 가장 중요하고 서둘러야 하는 기술이 5G라는 것을 인식하게 됐습니다"라는 인사를 자주 들었다. 개인적으로도 세계 최초로 5G의 중요성을 전달하고 각인시킨 그날이 매우 의미 있는 시간으로 기억된다.

이 사건 이후 세계경제포럼에서 나는 "미스터 5G"라는 별명으로 통했다. 마크 베니오프 회장이 붙여준 닉네임이 입에서 입을 타고 퍼진 결과였다.

앞으로도 나의 다보스행은 계속될 것으로 보인다. 한국의 앞선 기술들을 소개하고 기술 혁명이 인류 발전에 공헌하는 방법을 모색하기 위해서라면 어디든 달려갈 생각이다.

경험하고 축적하라, 기술이 도전과 기회를 제공한다

반도체 전문가로 활약할 때 나는 엔지니어에서 출발해 경영자로 성장하고 싶은 젊은이들에게서 질문을 많이 받았다.

특히 "무엇을 준비해야 합니까?"라는 질문에 대한 답으로 해당 분야에서 연구자로서 탄탄한 지식과 경험을 강조했다. 실력은 기본 중 기본이다. 다음으로는 다른 사람과 어울리는 '팀플레이'가 필요하다. 나는 팀플레이를 통해 트렌드를 공부하며 관련 분야의 인맥을 구축할 수 있었고 소통과 협업 능력도 향상되는 경험을 했다. 자연스럽게 경영적 요소를 갖출 수 있었다.

그런데 KT에서 전문경영인으로 활약할 때는 받는 질문이 좀 달라졌다. "어떻게 남들보다 빨리 미래 기술을 익히고 선점할 수 있습니까?"라는 내용이었다. 경영자의 자리에 오래 있는 모습을 보니 내가 엔지니어 출신이라는 것을 기억하지 못해서 그렇다는 생각을 했다.

"사람들이 과거에 어떤 생각을 했고, 지금 어떤 생각을 하고 어떻게 생활하고 있는지, 앞으로 어떤 삶을 살고 싶어 하는지 이해해야 합니다. 반도체도 통신도 다르지 않습니다."

나는 연구소에 있을 때나 경영자의 자리에 있을 때나 항상 고객사에 가면 사장이나 구매총괄이 아니라 CTO를 먼저 만났다. 고객사가 준비하고 있는 기술을 알아야 그들의 관심 영역과 미래 비전을 알 수 있고 고객에게 필요한 솔루션을 제시할 수 있기 때문이다.

특히 최고경영자는 시장의 흐름을 잘 보고 농축된 아이디어로 시장의 변곡점마다 판단과 결정을 옳게 내려야 한다. 이를 위해 수요자의 니즈도 알아야 하고 기술과 마케팅도 눈여겨봐야 한다. 그중에서 기술의 흐름과 시장의 맥을 읽어야만 정확한 시점에 확신을 가진 결단을 내릴 수 있다. 그 점에서 공학자 출신이라는 포지션은 내게 매우 유리하게 작용했다. 그 덕분에 실험 정신을 갖고 기술을 익힐 수 있었다.

많은 경영자가 우리 인류의 미래가 과학과 기술이 제공하는 지혜를 어떻게 활용하느냐에 달려 있다고 말한다. 과학과 기술은 개인에게도 같은 효용을 제공한다. 어느 분야에서 일하든지 첨단 과학과 기술의 영향에서 벗어날 수 없다. 기술을 '나의 일이 아닌 것'으로 여겨서는 4차 산업혁명과 같은 대전환에서 통찰을 획득하기 어렵다.

잔소리를 보태자면 어떤 전공 분야에 종사해도 과학적 사고와 마인드를 가졌으면 한다. 그리고 젊은 친구들이 좀 더 과학과 기술에 대한 긍정적이고 낙관적인 태도로 세상에 나가길 바란다.

앞으로도 과학과 기술의 발전은 많은 도전과 기회를 제공할 것이다. 이미 과학과 기술은 우리의 생활방식과 업무방식, 그리고 타인과 관계를 맺는 방식까지 바꿔 놓았다. 혁신의 가속도와 파괴의 속도를 이해하고 예측하는 사람들은 자본보다 높은 노동의 가치를 실현할 것이다. 이를 알고 과학과 기술을 통해 미래를 준비하는, 한 단계 더 높은 차원의 고민이 필요한 때다.

04

열정은 언제나
길을 찾게 한다

|AI연구소|

　2016년 3월은 여러 가지로 내게 흥미 있는 달이었다. 우선 세기의 대결인 알파고와 이세돌 9단 간의 대국이 있었다. 며칠 사이로 펼쳐진 5번의 대국을 모두 봤다. 구글의 딥마인드가 만든 인공지능(AI) 바둑 프로그램과 인간의 대결은 그 자체로 흥미로웠다.

　안타깝게도 이세돌 9단은 한 번의 승리만 거뒀다. 마지막 매치는 알파고에 있어 초읽기의 접전이었다. 그러나 흑을 잡고 이겨보겠다는 이세돌 9단의 패기는 인공지능의 능력을 넘어서지 못했다. 알파고가 인간의 능력을 넘어섰다는 현실은 그 자체로 충격이었다.

　알파고를 필두로 전 세계에는 AI 열풍이 불었다. 2년 전 아마존이 스마트홈 스피커 '에코'를 출시한 후라서 열풍의 강도는 더 강해졌다. 2020년 지금의 기술에 비춰보면 대단하지는 않았으나 당시 에코에 탑재된 인공지능 플랫폼인 '알렉사'는 사용자의 말을 알아듣고 사물

인터넷(IoT, Internet of Things)을 제어할 수 있다는 점이 대단한 화제가 됐다. 영화에서나 볼 줄 알았던 스마트한 AI 비서가 곧 등장할 것만 같았다. 구독해보던 일본의 〈닛케이신문〉은 AI와 관련해 연일 박스 기사로 보도했다.

"앞으로 한국이 집중해야 할 것은 첫째도 인공지능, 둘째도 인공지능, 셋째도 인공지능입니다."

2019년 손정의 소프트뱅크 회장이 한국에 했다는 이 말을, 나는 3~4년 앞서서 일본의 신문에서 매일 읽고 있었다. 나의 마음은 편치 않았다.

처음 AI에 구체적인 관심을 두기 시작한 시기는 10년 전 즈음이다. 삼성전자의 기술총괄 사장으로 있으면서 삼성종합기술원장을 겸임할 때부터 이미 인공지능에 대한 개괄적인 이해를 위해 관련 연구자들을 만나고 있었다. 이후 현직에서 물러나 하버드대학과 MIT, 스탠퍼드대학을 돌며 새로운 기술들을 접할 때 상상 이상으로 발전된 상태를 확인할 수 있었다.

2009년 MIT에서 CSAIL(Computer Science and AI Lab)의 빅터 주(Victor Zue) 교수를 만난 것은 AI 인식에 중요한 계기가 됐다. 그는 중국계 미국인으로 전기공학과 컴퓨터과학을 전공했다. 2012년에 오카와상을, 2013년에는 IEEE 학회가 주는 상을 받은 경력이 있을 정도로 AI, 특히 음성 인식 분야에서는 전문성을 인정받았다. 인간과 컴퓨터의 상호 작용을 쉽고 자연스럽게 하는 음성 언어 인터페이스 개발에 전념하고 있던 빅터 주 교수는 음성 인식과 인공지능 기술을 직접 시연해 보여줬다. IT가 미래의 중심이 될 것이라는 비전을 바탕으로 자율 주행 자동차, 대화하는 내비게이션, 초대형 스크린 등을 연구하고 있다는 설명을 들었다. 또한, 연구소에서 하는 연구를 노키아, 마이크로소프트, NEC, 구글 등 글로벌 기업과 100% 공동으로 진행하는 것을 매우 자랑스럽게 여겼다. 그런데 그가 열거한 기업 중에 한국의 기업은 없었다. 이유를 물어보니 3~4년 전에 한국에 있는 기업에도 노크했으나 관심을 보이지 않았다고 말했다.

MIT를 나올 때 나는 목 뒤가 서늘해지는 느낌을 받았다. '이들은 이토록 앞서나가고 있는데 우리는 무얼 하고 있는가…'라는 자괴감도 일었다.

알파고와 이세돌 9단의 경기를 보면서 느낀 서늘함이 다시 살아나는 것만 같았다. AI의 도입은 여전히 숙제로 남아 있었다.

2016년 3월 중순, 한창 바빠진 마음으로 나는 우면동에 있는 KT융합기술원을 찾았다.

"한국의 가정은 KT가 지키겠습니다."

KT 수장이 된 후부터 주말 KT융합기술원 방문은 나의 중요한 일과였다. 묵혀뒀던 기술들, 혹은 앞으로 개발이 가능한 기술들을 함께 개발하고 논의하라는 지시를 내렸다. 의사 결정이 가능한 임원이 참석해서 기술 개발을 독려하고 추진력을 더해주라는 당부도 했다. 거기에 나의 손과 머리를 보태는 것은 보람 있는 일이었다.

당시 기술원에는 3개의 연구소가 있었다. 적게는 30~40명, 많게는 40~50명이 모여 토의를 진행했다. 각각의 연구소를 돌며 이야기를 듣고 필요한 지원 내용을 함께 고민했다.

"아무것도 아닙니다."

알파고에 의한 충격이 가시지 않은 어느 날이었다. 회의실 문을 열고 들어가니 연구원들이 황급히 자료를 정리했다. 무엇인지 물었으나 원하던 대답이 돌아오지 않았다. 재차 "괜찮으니 이야기해보세요"라고 말했다.

회의를 주관하면 백규태 소장이 눈짓하자 "음성 인식 기술을 활용하는 것인데요…"라는 이야기가 시작됐다. 그 순간 머릿속에서 번쩍하고 불이 켜졌다. '백규태 소장이 기어이 사고를 냈구나!' 하며 미소가 번졌다.

백규태 소장은 KT 융합기술원에 몇 안 되는 AI 전문가였다. 미국에서 컴퓨터과학으로 박사 과정을 마치고 귀국해 1995년 KT에 입사했다. 1980년대에 인공지능이 한창 뜨기 시작하자 미국으로 건너가 박사까지 마쳤다. 그런데 그가 박사를 마쳤을 때는 인공지능 기술이 오랜 정체기에 들어가는 바람에 사회적으로도 관심 분야가 되지 못했다. 이런저런 고민 끝에 그는 교수의 꿈을 접고 KT에 입사했다.

KT에서 그가 역량을 펼칠 분야는 많지 않았다. IPTV가 시작되자 미디어 담당이 되어 지원하는 것이 주된 업무였다. 그렇게 자신이 원하던 AI 업무는 뒷전으로 미룬 채 KT에서 20여 년의 시간을 보냈다.

KT의 수장이 되어 직원들과 인사를 나눌 때 백규태 소장은 남다른 구석이 있어 보였다. 보기 드문 AI의 전문가라는 것도 그러했지만 '반짝거리는 눈빛'이 매우 생동감 넘쳤다. 기술의 트렌드를 놓치지 않으려 하면서 새로운 기술들이 어디로 향하고 있는지 확인하려는 의지가 대단했다.

"습관이기도 한데 저는 5시에 일어납니다. TV도 보고 구글링도 하면서 세상 돌아가는 것들을 쭉 봅니다. 그리고 새로운 기술을 보면 앞으로 세상이 어떻게 흘러갈지도 보입니다. 이제 AI의 시대가 올 겁니다. 제 눈에는 그게 보입니다."

남들은 승진이나 은퇴 후 삶을 고민할 나이에 그는 세상에 대한 열띤 호기심을 갖고 자신이 연구하는 기술들이 어떻게 변화하는지에 집중했다. 누구보다 열심히 일했다. 동료와 선후배들도 '일벌레'라는 흉인지, 칭찬인지 모를 말을 많이 했다. 50대 중반을 넘긴 나이와 20년을 넘긴 연차에도 아직 임원(상무)이 되지 못해 주변의 안타까움을 사기도 했다.

2015년 말, 정기인사를 할 때 백규태 소장에게 직접 전화를 걸었다.

"백 상무님, 2016년부터 잘 부탁드립니다. KT에서 마지막 불꽃을 태워주세요."

직접 상무 승진을 알렸다. 사실 모두가 만류하는 승진 인사였다. 하지만 "백 상무에게 맡길 숙제가 있습니다"라며 뜻을 굽히지 않았다. 축하 인사를 받은 그는 약간 격앙된 목소리로 "정말 최선을 다하겠습니다"라고 말했다. 그 말에서 진심을 느낄 수 있었다.

그리고 불과 3개월 만에 그가 일을 냈다. 내게 숙제처럼, 짐처럼 생각됐던 AI 프로젝트를 조용히 준비하고 있었던 것이다. PPT도 매뉴얼도 없는 구두 보고였지만 나는 단번에 그가 기획하고 있는 디바이스가 어떤 것인지 감을 잡을 수 있었다. 그러면 잘할 수 있겠다는 믿음도 있었다.

"한국의 가정은 KT가 지키겠습니다."

백규태 소장은 미국의 아마존, 구글, 애플, 중국의 바이두와 샤오미까지 글로벌 IT 기업이 AI 스피커에 뛰어들 것을 예상했다. 그리고 AI 스피커가 단순히 사용자와 대화해 생활가전을 작동시키는 것을 넘어, AI 엔진 혹은 AI 플랫폼으로 다양한 산업 분야와 융합할 것을 알고 있었다. 그는 미국과 중국의 AI 스피커가 한국 시장에 상륙해 한국의 가정을 집어삼키기 전에 KT가 움직여야 한다고 힘줘 말했다. 나도 100% 공감하는 이야기였다. 두말할 것도 없이 의기투합이 이뤄졌다.

하늘은 스스로 돕는 자를 돕는다

백규태 소장은 3~4개월 내 데모를 만들겠다며 자신감을 보였다. 나는 전폭적인 지원을 약속했다.

초반에는 사내에서 각종 반대가 쏟아졌다. 가장 큰 첫 번째 반대 이유는 '성공한 경험이 없다'였다. 그동안 새로운 기술과 아이디어로 제품(디바이스)을 수도 없이 만들었지만 소비자는 통신회사에서 만든 제품에 관심을 두지 않았다는 이야기도 덧붙였다.

나는 "소비자가 원하는 최첨단의 제품은 다릅니다"라고 강조했다. 우리가 하려는 AI 스피커는 소비자의 호기심을 충족시켜주는 수준의 단순한 접목 제품이 아니다. 최첨단 기술을 활용해 새로운 시대를 보여주는 제품이다. KT 강점인 IPTV와 AI 스피커를 연동한다면 시너지는 2배 아니라 20배도 날 수 있다. 소비자가 잘 만든 제품을 외면할 리가 없다고도 생각했다.

두 번째 반대 이유는 '이런 형태의 작업은 없었다'였다. 백규태 소장의 이야기를 듣고 나는 각 부서에 "초기부터 협력하세요"라고 당부했다. 제품 개발은 보통 기술 개발 후 마케팅 파트에서 검증하고, 테스트를 거치면서 수정한 다음, 기술이 어느 정도 완성되면 디자인 보완을 거쳐 부품 구매에 들어갔다. 이렇게 관행대로 작업이 이뤄진다고 하면 제품 출시까지 빨라야 1~2년, 길면 4~5년씩 걸렸다. 중간에 담당자가 다른 일에 집중하느라 일의 진행을 미루면 그대로 사장되기도 했다. 이 때문에 나는 처음 기획단계 때부터 디자인, 기술, 부품, 구매까지 다 모여서 협력하라고 당부했다. 당장은 '내가 왜 여기서 함께 고민해야 하지?'라는 마음이 들더라도 협력하다 보면 없던 길도 보인다면서 설득했다.

세 번째 반대 이유는 '인공지능에 대해 너무 모른다'였다. 하지만 나는 백규태 소장의 전문성과 열정을 믿었다. 경험도, 기술도, 전문 인력도 부족한 것이 명백한 현실이라고 해도 그의 열정을 믿고 도전해볼 만한 가치가 있다고 생각했다. 덧붙여 KT는 인공지능에 대해서는 다소 뒤처져 있을지는 몰라도 빅데이터, IoT, 유무선 인프라에서만큼은 독보적인 위치를 차지하고 있었다. 음성 인식, 자연어 처리, 미디어 큐레이션 등 KT융합기술원이 20여 년간 축적한 기술들도 활용할 수 있었다. 인공지능의 기초가 되는 기술에 다양한 스펙을 보유하고 있다는 것도 KT만의 큰 자산이었다.

나는 백규태 소장과 128명의 연구원들을 믿고 독려했다. 다행히 공감과 설득이 이뤄지자 일은 일사천리로 진행됐다. 5월에 우리끼리 보는 데모 데이(Demo Day)가 잘 마무리되자, 7월에는 KT융합기술원의 로드 쇼에서 임원들에게 직접 프로토 타입을 선보였다. 임원들까지 '기가지니'의 완성된 모습을 처음 확인했다.

"지니에는 4가지 고민이 담겨 있습니다. 첫째, 부르기 쉽도록 'ㅈ'으로 시작하는 이름입니다. 둘째, 인공지능에서 사람의 말을 이해하고 실행하는 세 번째 레벨이 지니입니다. 셋째는 제가 좋아했던 드라마 '아내는 요술쟁이'에 나오는 아내 이름이 '지니'이고요, 마지막으로 《아라비안나이트》에서 소원을 들어주는 '지니'도 있습니다."

백규태 소장의 말에 모두가 고개를 끄덕이는 것으로 제품의 이름도 정해졌다. 이후 몇 달 동안 백규태 소장과 연구원들, 그리고 디자인 담당, 마케팅 담당, 구매 담당 등 모든 인력이 열과 성을 다해 기가지니 개발에 매달렸다. 사업은 엄청난 속도로 진행됐다.

구매팀에서 스피커 업체를 정해 계약까지 마친 1~2달 뒤에 '안도의 한숨을 내쉰 사건'도 있었다. 신문에 '삼성전자, 하만카돈 9조 원에 인수' 기사가 실린 것이었다. 거짓말 살짝 보태 KT와 하만카돈이 맺은 계약서에 잉크가 살짝 마른 시점이었다.

기가지니라는 이름이 정해지기 전부터 스피커 사양에 대한 논의가 뜨거웠다. 아무리 좋은 AI 엔진이 탑재됐다고 해도 스피커가 좋은 음질을 내지 못하면 소비자들의 반응을 이끌기 어렵다는 공감대가 있었다. 좋은 스피커는 가격대가 높았다.

구매팀에서는 좋은 음질의 스피커를 대량으로 구매해 단가를 맞춘다는 전략을 세우고 하이 클래스 업체들을 접촉했다. 마침, 오디오 명가로 손꼽히는 하만카돈과 이야기가 잘돼 몇 년 치 물량을 미리 구매하는 조건으로 계약이 진행됐다. 그리고 불과 얼마 뒤, 하만카돈이 삼성전자에 인수된 것이다.

"우리 조직이 초기부터 협력하고 구매에서 발 빠르게 움직인 덕분입니다. 백 소장부터 직원들 모두가 똘똘 뭉쳐서 열심히 하니까 하늘도 감격한 거겠죠? 하늘은 스스로 돕는 자를 돕는다고 하잖습니까?"

프로젝트 첫 번째 회의에 참석한 구매팀장이 조기 협력의 중요성을 언급했다. 공치사로만 들리지 않았다. KT융합기술원의 AI 관련 연구원들의 도전 정신과 열정, 그리고 마케팅 담당부서의 초기 참여는 일정을 앞당기고 완성도를 높였다. 그 덕분에 '알렉사(아마존)'나 '홈(구글)'과는 차별화된 IPTV 기반의 AI 스피커가 완성됐다. 생산 초기부터 기가지니는 KT 130년 역사상 최초의 창의적 디바이스로 평가됐다.

단숨에 1등, 모두의 열정 덕분입니다

2017년 1월, KT스퀘어에서 '기가지니' 기자간담회가 열렸다. 아마존의 '알렉사'와 SKT의 '누구'가 시장에서 이미 선을 보인 후였다. 그러나 KT 직원들에게는 남다른 자신감이 있었다. '보이는 AI 스피커'라는 확실한 차별점으로 소비자들을 사로잡는다는 전략이 있었기 때문이다.

"보통의 인공지능 스피커는 듣고 말하기만 하지요. 그러나 기가지니는 듣고 말하는 데 그치지 않습니다. 기가지니는 사용자가 이야기

기가지니 기자간담회에서 발표하는 백규태 소장

하고 요구하는 것을 TV로 보여드립니다.”

　기가지니는 KT가 IPTV 1위 사업자라는 점을 강점으로 활용했다. “지니야, 삼성동 가는 길 알려줘”라고 말하면 IPTV는 삼성동에 이르는 길을 지도로 보여준다. 이 덕분에 기가지니는 AI 스피커로 불리는 동시에 세계 최초 인공지능 IPTV로도 불렸다. 국내 언론은 사용자의 편리성과 편의성이 획기적으로 높아졌다는 평을 내놓았다.

　처음의 찬사가 아깝지 않게 기가지니의 시장 침투력은 엄청났다. 불과 9개월 만에 완성한 디바이스라는 게 믿기지 않게 1년 반 만에 100만 고객을, 2년 만에 200만 고객을 확보했다. 그리고 2020년 기준으로 270만 가정에 기가지니가 설치됐다. 국내 AI 스피커의 시장 점유율을 살펴보면 KT가 39％로 압도적 1위를 차지하고 있다.

2017년 7월 AI테크센터 개소식에서 AI 전용 서버에 사인을 하고 있다.

게다가 기가지니의 AI 엔진을 필두로 KT는 단숨에 AI 산업의 선도 기업으로 뛰어올랐다. 2017년 7월에는 KT융합기술원에 AI테크센터 (AI Tech Center)를 개소했다.

11월에는 '기가지니 LTE'를 선보여 야외에서도 AI 서비스를 즐길 수 있도록 했고 2018년 2월에는 어린이를 위한 AI 서비스도 출시했다. 이후 냉장고, 안마의자, 에어컨과 같은 가전 제품은 물론 차량, 스마트홈 단말기에 삽입해 기가지니 호출어와 서비스를 이용할 수 있는 '기가지니 인사이드'도 출시했다.

기가지니의 서비스 영역은 가정에서 아파트, 호텔, 자동차로 확대됐다. 서울 노보텔앰배서더더호텔 객실에 설치된 기가지니에 말을 걸면 로봇이 용품을 배달하는 서비스를 시작했다. 아파트의 경우 AI 스피커를 통해 음성으로 아파트 커뮤니티 시설을 예약하거나 관리비 등 관련 정보를 검색할 수 있다(기가지니 우리 아파트 서비스). 또한, 커넥티드카 기술을 접목해 자동차와 집을 양방향으로 연결하는 홈 투 카, 카 투 홈 서비스도 2018년 여름부터 시작했다.

2019년 10월. KT는 기가지니의 성공을 발판 삼아 'AI컴퍼니'로의 탈바꿈을 선언했다. 3,000억 원의 투자와 1,000명의 AI 전문가 육성을 우선 목표로 발표했다. 앞으로 개척할 모든 분야에서 기가지니는 스마트폰 운영체제(OS)처럼 인공지능 서비스를 가능케 하는 플랫폼 역할을 할 것이다.

백규태 소장은 2019년 12월 〈한국경제신문〉에서 수여하는 '제28회 다산기술상'의 수상자로 발표됐다. AI 스피커(TV) 기가지니와 AI 에코시스템을 개발한 공로뿐만 아니라 2018년 평창 동계올림픽에서 사용된 5G 이동통신을 기반으로 한 실감 미디어 기술을 개발한 공로도 인정받았다. 평창 동계올림픽에서 선보인 '선수 시점 영상 솔루션'과 '360도 영상 기술'도 백규태 소장의 작품이라는 것을 자랑삼아 적어 본다.

다양한 기가지니 제품들

우리의 열망이 우리의 가능성이라는 믿음

기가지니를 함께 만들며 백규태 소장의 순수함에 놀랐던 적이 한두 번이 아니었다.

"KT에 와서 지금이 가장 보람 있습니다. 제가 하고 싶은 걸 원 없이 할 수 있으니까요."

"교수 안 하길 잘한 것 같습니다. 사업부서에서 마음대로 사업도 해보니 좋습니다."

"제때 이루기 어렵다고 생각했는데 딥러닝으로 AI 기술이 점핑하는 걸 보고 어쩌면 마지막으로 해볼 수 있겠다는 생각이 들었습니다."

60이 다 된 연구소장의 말들이다. 혹자는 내가 그의 마지막 심지에 불꽃을 붙여줬다고 하지만 나는 그의 순수한 열정이 길을 찾아낸 것이라고 생각한다. 비록 시간이 걸린다고 해도 열정은 언제나 길을 찾게 돼 있다.

현업에서 물러난 나는 요즘 AI 스피커와 AI 엔진 관련 기사를 보면 걱정 반 기대 반이다. KT의 AI 기술은 전 세계적으로 인정을 받고 있다. 세계경제포럼 2019에서 만난 구글 관계자들의 기가지니에 대한 관심은 뜨거웠다. 그들은 KT를 AI 기업으로 인식했고 음성 인식 기술에 대한 양사 공조를 제안했다. 당시 에릭 슈미트는 자신이 주최한 조찬회의에 나를 초대했는데 KT의 기가지니에 대한 높은 관심 덕분이라고 생각했다.

그러나 2020년 전 세계 AI 스피커 시장 점유율을 보면, 아마존 23%, 구글 19%, 바이두 14%, 알리바바 13%, 샤오미 11%, 애플 5%

순이다. 그리고 이름 모를 업체들이 14% 정도를 차지하고 있다. 한국 시장은 애써 지켜내고 있지만 이러한 시장 상황이 언제 달라질지 모른다. 세계 경제가 미국과 중국 중심으로 재편되고 있고 AI 영역에서는 기술 면에서 압도적으로 앞서 있는 것도 사실이다.

지금 우리가 믿을 수 있는 건 다음 세대의 열정뿐이다. 기가지니를 포함해 AI 엔진의 딥러닝은 이제 성숙기로 들어섰다. 서비스 도입 3년을 넘긴 만큼 다양한 빅데이터도 쌓였고 기술도 더 발달했다. 이를 나은 기술과 디바이스로 실현하는 것은 다음 세대들의 몫이다.

30년도 더 된 일이다. 세계 최초로 256M D램을 개발하고 잠시 기쁨에 취해 있었다. 회사에서도 공로를 크게 치하해줬으며 심지어 청와대에서도 아침을 대접하겠다고 연락이 왔다.

256M D램 개발 책임자 자격으로 직원들과 함께 청와대로 아침을 먹으러 갔다. 식사를 잘 마치고 대통령과 악수를 하는 순간이었다. 고개를 숙이다 양복 겉주머니에 꽂혀 있던 만년필이 바닥에 떨어졌다. 나보다 대통령의 움직임이 빨랐다. 대통령은 손짓으로 수행원들이 오는 것을 제지하고 손수 만년필을 주워 나의 양복에 꽂아줬다.

"다시는 일본에 지지 마세요."

만년필을 꽂으며 던진 대통령의 한마디가 아직도 귓전에 생생하다. 당시는 기술로, 제품으로 일본을 넘어서는 것이 모두의 숙제였다. 대통령의 말은 한 번의 승리에 만족해서는 안 된다는 당부이자 일본과의 싸움에서 최선을 다해달라는 부탁이었다. '우리 세대에서만큼은 반드시 일본을 이기고 말겠다'는 마음속 열정이 한층 커졌다.

모든 성취의 출발점은 열망이다. 열망이 클수록 가능성도 커진다.

가능성이 클수록 성취도 커진다.

　이제 현업에서 물러난 백규태 소장의 바람 역시 다음 세대들이 글로벌 1등의 열망을 갖는 것이라고 한다. 할 수만 있다면 나도 떨어진 만년필을 주워주며 힘껏 그들을 응원하고 싶다.

기술의 새로운 도전에 함께하다

2009년

그래핀(Graphene)

흑연을 뜻하는 그래파이트(Graphite)와 탄소 이중 결합을 가진 분자를 뜻하는 접미사 '-ene'을 결합해 이름이 지어졌다. 0.35 밀리미터 두께의 얇은 막으로 되어 있다.

화학적, 물리적 특성이 기존 물질보다 월등히 우수하며 반도체 재료인 실리콘 이동도보다 150배 이상 전자를 빠르게 이동시킬 수 있고, 강철보다 200배 강하며 열전도율도 다이아몬드보다 2배 빠른 특성을 갖고 있다.

응용 분야로는 2차 전지, 태양 전지, 플렉시블 디스플레이와 자동차 · 항공 · 우주 산업의 부품 등이 있으며 실제로 다양한 산업 분야에 사용이 가능하다. 현재 미래의 반도체에 적용하기 위한 연구가 활발히 진행되고 있다.

2012년

K-MEG(KT-MEG)

지역 단위의 소규모 통신망의 인프라를 사용한 독립형 전력망으로 자체 생산 및 소비, 거대 프로세스를 통해 전력을 자급자족할 수 있는 작은 단위의 마이크로 그리드 시스템을 말한다. 이러한 마이크로 그리드 개념을 바탕으로 열, 전기, 가스 등 모든 에너지원에 대한 '생산-저장-소비-거래'를 통합적으로 관리한다.

2014년 KT는 국가 프로젝트인 K-MEG를 인수해서 머신 러닝 기반의 AI 분석 엔진인 e-브레인을 적용해 소비와 생산을 예측하고 생산과 거래를 최적화하는 KT-MEG를 개발했다. 예를 들어, 전기 요금을 낮추기 위해 고객의 전력 소비 패턴과 특징을 분석해 피크(Peak)를 예측한 다음, 설비를 자동으로 제어해 에너지 비용의 10~20%를 줄일 수 있다. 노후화된 설비 대체 등을 통해 에너지 비용을 추가로 40%까지 절감하게 해주는 혁신적 플랫폼이라고도 할 수 있다.

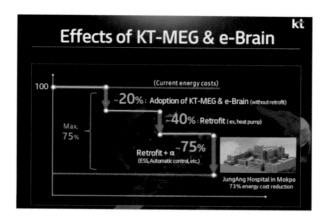

2015년

5G

속도 중심의 4G 때까지의 통신과는 달리 초고속을 넘어 초저지연 동시 다발 접속이라고 하는 비연속 진화를 가져올 뿐만 아니라 미래의 핵심 산업이자 4차 산업혁명을 가능하게 하는 네트워크다. AI, 빅데이터, IoT 등과 결합해 기존 산업에 새로운 성장의 기회를 제공하는 4차 산업혁명의 핵심 플랫폼이라고도 할 수 있다.

자율 주행, 원격 진료 등 전 산업에 적용되며 2035년까지 5G 단독으로 시장 규모는 12조 3,000억 달러, 일자리는 2,200만 개를 만들 것으로 글로벌 시장 조사기관인 HIS는 예측했다.

KT는 MWC에서의 5G 선언을 시작으로 기술 표준화 주도, 평창 동계올림픽에서 5G 실현, 상용화까지 세계 시장에서 5G를 주도하고 있다.

동행
Accompany

4장

함께하면
더 멀리
갈 수 있다

01 마음속 스승을 간직하라

| 헤르만 지몬 |

젊었을 때는 머리가 하얗게 세면 어른이 되는 줄 알았다.

젊은 시절 나는 나름 날렵했다. 부산고등학교에서 체육대회를 할 때
마다 릴레이 선수로 뛰었다. 대학교 때는 테니스를 즐겨 배웠다. 단과
대 테니스 대회에서 우승컵을 안기도 했고 전교 테니스 대회에도 출전
했다. 고향인 부산에 내려가서도 부산대 코트에서 테니스를 즐겼다.

혈기 왕성한 시기에도 나는 어른에게만큼은 깍듯하게 예의를 갖췄
다. 설사 테니스 코트에서 만나는 교수님들의 실력이 나만 못해도 우
쭐대지 않았다. 그분들은 내게 '어른'이었기 때문이다. 어른은 내게
배움과 존경의 대상이었다.

당시에 존경했던 어른들보다 나이가 많아지다 보니, 세상에 '거저'
는 없다는 생각을 하게 된다. 누군가의 존경을 받는 자리에 앉는 것
은, 누군가를 존경하는 것보다 100배, 아니 1,000배는 더 어렵다. 흰

머리가 늘어갈수록 어른의 무게도 커진다.

이제는 존경했던 분들이 세상을 떠났다는 소식을 들을 나이가 됐다. 진즉부터 "힘에 부칩니다"라는 하소연 대신 "그분들이라면 어떻게 했을까?"라는 독백을 더 많이 하게 됐다. 그래도 '따뜻한 기억'을 남겨준 마음속 스승들 덕분에 힘든 시기를 잘 버텨올 수 있었다.

20년 가까운 세월 동안 가깝게 지내온 헤르만 지몬은 '마음속 스승을 간직하라'는 가르침에 다양한 영감을 불어넣어준 세계적 경영학자이자 친구다. 내가 메모리사업부장일 때부터 시작한 만남은 지금까지 이어지고 있다. 그는 중견기업 육성에 관심이 많았으며, 내가 자리를 옮기며 혜안을 구할 때마다 친구로서 많은 조언을 아끼지 않았다.

《히든 챔피언》과 《헤르만 지몬의 프라이싱》은 그의 대표작으로 국내에서도 베스트셀러 반열에 올랐다. 또한, 경영 컨설턴트라는 화려한 일을 하는 중에도 인류가 낳은 스승들의 책을 섭렵해 '격언과 아포리즘'을 엮은 책을 내기도 했다(국내에는 《경영 통찰력》이라는 제목으로 출간됐다). 누군가에게도 배움을 얻는 데 두려움이 없었던 그는 다양하고도 끈끈한 네트워크를 유지하는 데도 에너지를 아끼지 않았다. 그와의 마음속 스승에 대한 이야기를 나누며 연락을 주고받는 일은 내게도 즐거운 일상이었다.

걸어온 길을 되돌아볼 수 있는 용기

2020년 초여름, 헤르만 지몬이 보낸 이메일이 도착했다. 이번에 집필한《헤르만 지몬》의 영어판이 나오는데 여기에 실을 추천사를 부탁하는 이메일이었다. 말미에는 '혹시 시간적 여유가 없거나 작업이 부담되어 거절한다고 해도 우리의 우정에는 아무 문제가 없습니다'라는 글이 있었다. 역시 상대를 배려하고 예의를 중시하는 그다운 표현이다. 영어판으로 번역한 내용을 담은 파일이 첨부되어 있었는데 시간을 절약하기 위해 국내에 출간된 한글판을 사서 읽었다(《헤르만 지몬》이라는 제목으로 국내에 출간됐다).

《헤르만 지몬》은 그의 첫 번째 자서전이었다. 1947년 독일 북부의 시골 마을에서 태어난 그는 경영 전략과 마케팅, 특히 가격 결정 분야에서 세계 최고의 권위자로 꼽히고 있을 뿐만 아니라 독일이 낳은 초일류 경영학자로 평가받고 있다.

그의 이력을 살펴보면 그에게 따라붙는 수식어가 과찬이 아님을 알 수 있다. 영국과 독일에 있는 대학의 비즈니스 스쿨 교수를 지냈고 하버드대학, 스탠퍼드대학, MIT, 그리고 일본과 프랑스의 대학에서도 객원 교수를 지냈다. 그리고 1985년에 설립한 지몬─쿠허앤파트너스를 전 세계에 지사를 둔 글로벌 컨설팅회사로 키워냈다.

그러나 그의 자서전인《헤르만 지몬》은 이러한 성과를 나열하기 위한 책이 아니다. 우리가 상상하는 일반적 자서전과도 차이가 있다. 그는 매우 세밀하게 자신의 삶을 돌아보고 그 세계가 어떻게 만들어졌는지를 '무용담'이 아닌 일상적 대화로 써 내려갔다. 일례로 농부의 아들이었던 자신이 독일의 중등교육기관인 김나지움에 들어가게 된 이유로, 똑똑하거나 열심히 해서가 아니라 '공부를 하지 않아서 차분하게 시험을 볼 수 있었기 때문'이라고 썼다.

또한, 책에서 그는 학문에 소질을 발견한 것이 대학에서 졸업을 앞둔 시점이라고 썼다. 이때부터 학자로 살기로 한다. 현재는 당대 석학들과 교류하는 놀라운 인적 네트워크를 보여주고 있다.

그의 인생에서 인상 깊었던 부분은 유년 시절이었다. 그는 시골 마을에서 사투리를 쓰며 유년기를 보낸 '그때'와 성인이 된 이후 글로벌 무대에서 활동하는 '지금' 사이에 엄청난 골짜기가 있다고 표현했다. 엄청난 간극이 존재한다는 그만의 표현이었다. 실제로 물리적·문화적 간극의 상당함을 증명하기 위해 유년기의 또렷한 기억들을 나열하기도 했다. 부모님의 출생과 결혼, 자신을 둘러싼 사촌들의 출생과 죽음, 당시 지역의 상황 등 방대한 자료를 통해 그는 '그때'를 기억하려 부단히 애를 쓰는 것으로 보였다.

《헤르만 지몬의 프라이싱》이라는 그의 또 다른 책에 근거하면, 내가 삼성전자 메모리사업부 부장으로 있던 2001년 9월 3일에 그와 처음 만났다. 횟수로 20년 정도 꾸준히 교류하며 지냈다고 할 수 있다. 성균관대학교 석좌교수를 거쳐, 국가CTO, 그리고 KT 회장으로 있는 동안에도 서로 자주 연락하고 만나곤 했다. 국가CTO 때는 글로벌 R&D포럼의 기조연설을 부탁했는데 흔쾌히 들어주기도 했다. 그때에는 식사도 여러 번 같이 했다.

이토록 오랜 기간 사귀어왔는데도 책을 통해 알게 된 그의 유년 시절은 내게 매우 생소한 이야기였다. 그래서 더 흥미를 갖고 읽었다. 제2차 세계대전 후 독일은 어마어마한 피해를 본 패전 국가였다. 그러한 상황에서 시골 마을에서 태어난 그가 어떻게 현재의 자리에 오르게 됐는지 찬찬히 살펴보며, 그의 '걸어온 길을 되돌아볼 수 있는 용기'에

2011년 '글로벌 R&D 포럼'에서 헤르만 지몬 교수와 토론하고 있다.

감탄할 수밖에 없었다.

우리 나이쯤 되면 지난날에 대한 그리움과 설핏 스치는 기억들이 흐려지는 안타까움이 공존한다. 그러나 대부분 그런 채로 살아간다. 현재를 비추는 조명을 과거로 돌려 또렷하게 상기하고 그 안의 궤적들을 돌아볼 여유와 용기를 가진 사람은 많지 않다. 대부분 젊은 시절은 치기 어린 실수들로 점철돼 있다. 가지 못한 길에 대한 후회도 만만치 않다. 그러나 헤르만 지몬은 이러한 감정들을 감당하기로 했고, 그로 인해 거기서 자신이 잊고 지낸 사람들, 특히 새로운 기회로 이끌어주고 삶을 전환해준 마음속 스승들을 떠올리는 보상을 받았다.

'내가 나눗셈을 해결하지 못했을 때 선생님은 인내심을 잃고 말았다. … 나로서는 전형적인 반응을 할 수밖에 없었다. … 야단을 맞은

후 나는 숫제 과외를 포기했다.'

김나지움에 진학하기 위해 선생님의 도움을 받기로 했는데, 얼마 후 그는 선생님과 나눗셈을 못한다는 것 때문에 싸웠고 과외를 받지 않기로 했다. 다행히 김나지움에 간 이후에는 언제 그랬느냐는 듯 관계도 회복되었다.

그의 책《헤르만 지몬》에는 그에게 영향을 준 수많은 사람이 등장한다. 그의 부모님을 포함한 친인척들, 김나지움의 선생님들, 대학에서 만난 교수들, 그중에는 마케팅계의 대부 필립 코틀러도 포함돼 있다. 이외에도 나를 포함한 한국의 리더들, 전 세계에서 만난 경영 구루들, 종교계 인사들… 그는 그들 한 명 한 명에 관한 일화를 기억했고 이에 대해 꾸밈이나 과장 없이 기술했다. 그들을 통해 느꼈던 감정과 그들이 자신에게 미친 영향도 담담하고 건조하게 표현했다. 그의 이야기는 독일 빵처럼 딱딱하고 퍽퍽했으나 풍미가 있었고 인간적인 허기를 채우기에는 충분했다.

첫 번째 기억, 장구 가락과 매화 그림

헤르만 지몬과 서신을 왕래하는 중에 각자의 조부에 대한 이야기를 나눈 적이 있었다. 나의 할아버지가 일제 강점기를 거쳐 해방까지 어려운 시기를 보냈던 것처럼 그의 할아버지도 세계대전에 참전하며 힘겹게 보냈다고 했다. 우리 둘은 4~5살 유년기에 할아버지를 떠나보낸 것, 그리고 '그럼에도 불구하고' 할아버지에 대한 애틋한 기억을 오래도록 간직한 것에 공통점이 있었다.

헤르만 지몬에게 부탁받은 추천사를 써 보낸 후, 나는 나의 '그때'와 '지금'을 연결하는 다리를 건너가 봤다.

나는 6.25 사변 중 부산에서 태어나 자랐다. 대학을 가기 위해 부산을 떠난 이후로는 줄곧 서울에서 살았다. 수년간의 미국 유학 생활을 제외하면, 내게 '그때'는 부산에서의 시절로, '지금'은 서울살이로 요약된다. '지금과 그때를 연결한 다리'에서 나를 가장 먼저 반겨주는 이는 할아버지다.

나의 할아버지는 대한제국의 화원으로 이름을 알린 매산 황영두 선생이다. 이미 1890년대에 궁정화가로 지냈던 할아버지의 삶이 〈경남신문〉에 연재될 정도로 지역에서는 지명도가 매우 높았다.

10살에 그림을 그리기 시작해 신동 소년 화가로 이름을 날렸고 명성황후 시해사건 직후에는 고종 앞에서 시필(試筆)을 하여 성찬(盛饌)을 받기도 했다. 경성의 선전(鮮展, 조선미술전람회)이나 도쿄의 제전(帝展, 제국미술원전)에도 입상하고 신학문까지 익혔다. 그러나 나라 잃은 백성으로 뜻을 다 펴지 못한 할아버지는 마흔 즈음에 진주로 낙향하셨다. 진주에서 결혼해 아버지를 낳으시고, 붓을 놓지 않으신 채 지역의 다채로운 인사들과 교류하며 노년을 보내셨다.

내 기억으로는 할아버지는 진주에 계셨고 우리 집은 부산에 있었다. 아버지는 6.25 사변으로 피난을 온 김에 부산에 정착하셨고 거기서 나를 낳으셨다. 할아버지는 본가를 떠나지 못하셨다. 종손이었던 아버지는 사변 중에도 제기를 비롯해 제사와 관련된 물품은 하나도 빠뜨리지 않고 챙겨오셨다.

제사는 우리 집의 흔한 풍경이었다. 명절을 포함해 한 달에 한 번꼴로 제사가 있었고, 그때마다 할아버지는 우리 집에 오셔서 제사를 집도하고 하룻밤을 주무시고 가셨다.

"규야, 오너라. 장구 가르쳐줄게."

할아버지는 장손인 나를 예뻐하셨다. 음복한 후, 어머니와 아버지가 제사상을 치우면 나는 그

할아버지이신 매산 황영두 선생

제서야 할아버지와 마주했다. 할아버지는 온돌방에 나를 앉히고 방바닥을 두 손으로 치시며 장구 장단을 가르쳐주셨다. 이후 초등학교 1학년 학예회 때 할아버지에게서 배운 장구로 '엇박'을 시연했는데 아직도 그 가락을 기억하고 있다.

할아버지는 내가 초등학교에 들어가는 모습도 보지 못한 채 돌아가셨다. 내가 태어날 때 이미 고령이셨던 할아버지는 향년 77세, 그리고 내 나이 불과 5살에 돌아가셨다. 추석 즈음에 부모님과 장례를 치르기 위해 진주로 갔던 기억이 아직도 생생하다. 정신이 없던 어머니는 개골창(개울)에 빠진 나를 심하게 혼내셨다. 늘 장손자를 감싸주던 할아버지의 부재는 내게도 서러운 것이었다.

'이제 칠순이 다 된 인생에, 고작 어릴 적 몇 년의 기억이 얼마나 영향을 미쳤겠는가?'라고 생각할 수도 있겠지만 할아버지와의 기억은

내 삶 전체를 관통했다.

아버지는 보관을 잘하라면서 할아버지의 유품 관리를 내게 맡기셨다. 아버지가 출장을 가시거나 외지에 나가면 할아버지가 남긴 보자기를 풀어보는 것이 나의 낙이었다. 그 안에는 매화를 담은 그림이 둘둘 말려 있었다. 할아버지가 그린 매화 그림에는 마음을 울리는 무언가 담겨 있었다. 매화 그림이 전하는 기운에 할아버지에 대한 기억이 맞물려 어린 내게도 특별한 감정이 일었다. 수많은 보자기를 풀었다 매기를 반복하는 사이 별 탈 없이 학령기를 보냈다.

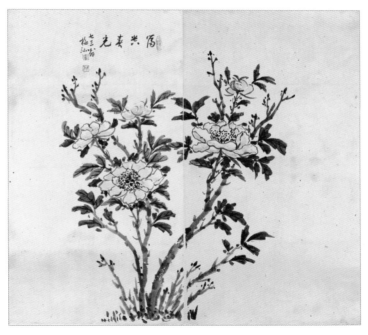

매산 황영두 선생의 묵모란도(1953년)

대학에 가고 유학을 위해 떠나면서 잠시 잊고 지냈지만 한국에 다시 정착한 후부터는 아예 할아버지의 유품을 집에 보관하기로 하고 챙겨 올라왔다. 틈틈이 할아버지의 그림을 보고 그림 속 매화의 자태를 살펴봤다. 세상살이에 여유가 없다는 핑계를 대면서도 언젠가는 할아버지의 작품을 세상 사람들과 나눠보리라 마음을 먹었다.

그러다 2018년, 할아버지 사후 61주년을 맞아 작품들을 평창동에 있는 가나갤러리에 보냈다. 오래된 작품을 복원하고 족자도 새로 했다. 마침 서울산수연구소의 이태호 소장이 전시회 소식을 듣고, 4박 5일간 진주에 내려가 할아버지의 자취를 탐문하고 몰랐던 기록들을 찾아내 글로 정리해줬다. 항일지사들과의 교우 관련해서는 그때까지만 해도 구전으로 전해져오던 내용이 많았는데 자료를 보강해준 덕분에 도록에 실을 수 있었다. 할아버지의 묵매도가 전람회에서 입선했

거실에 걸려 있는 일지매(1956년)

314

을 때 개화파 독립운동가인 오세창, 문빈, 서병두, 이영민 등이 보내준 '축하서첩'도 함께 실었다. 할아버지는 독립운동을 위해 만주로 떠나겠다고 찾아오는 지인들에게 그림을 들려 보내며 어려울 때 요긴하게 써줄 것을 부탁했다고 한다.

나는 거실 한편에 할아버지가 세상을 떠나기 1년 전인 76세에 그리신 매묵도(먹으로 매화를 그린 그림) '일지매(一枝梅)'를 걸어두고 위로와 용기를 얻었다.

폭이 3미터에 이르는 일지매는 고목 매화나무 한 그루가 전체를 채운 병풍이다. 경영인으로 위기와 도전을 겪을 때마다 할아버지가 전하는 기백을 온몸으로 느끼며 심기일전을 다짐하곤 했다.

헤르만 지몬의 집에서 마음속 스승을 읽다

국가CTO로 분주할 때, 헤르만 지몬과 그의 지인의 한옥 고택을 방문한 적이 있다.

클래식을 함께 듣던 헤르만 지몬은 자신을 '바그네리언'이라고 자랑스럽게 말했다. 이야기의 시작은 내가 바그너의 악극 '니벨룽겐의 반지'를 보러 독일 바이에른의 바이로이트에 가게 됐다는 자랑 아닌 자랑을 하면서부터였다. 헤르만 지몬은 음악인들 사이에서 바그너의 광팬을 칭하는 '바그네리언'이란 말을 여러 번 사용하면서 매해 여름 독일 바이에른 북부의 바이로이트에서 열리는 '바이로이트 페스티벌'에 간다고 했다. 바그너가 남긴 10개 오페라를 줄줄 욀 정도로 바그너를 좋아하는 그는 바이로이트 페스티벌과 관련한 여러 이야기를 해줬다. 한옥 고택과 바그너 이야기는 묘하게 어울려 좋은 추억이 되었다. 헤르만 지몬은 한옥의 정취를 매우 좋아했다.

헤르만 지몬은 자신을 '친한파'라고 말할 정도로 한국을 좋아했다. 그는 1970년대 독일로 건너간 한국인 의료인들과 광부에 대한 기억이 있었고, 대학에서도 한국인 학생들과 함께 공부했다. 그의 회사에 컨설팅을 맡기는 한국 회사들 덕분에 한국을 자주 방문했다. 그는 현대 한국의 역동성과 과거 한국의 오리엔탈리즘을 사랑했다.

헤르만 지몬의 한국에 대한 애정은 우리 관계에도 매우 유익하게 작용했다고 생각한다. 그는 새로운 책이 나오면 꼭 챙겨 보내줬고, 각종 매체와 인터뷰할 때도 나와의 인연을 자주 얘기했다.

"독일에 올 기회가 있다면 꼭 한번 들러주길 고대합니다"라며 본에 있는 자신의 집에 나를 초대했는데 시간이 나지 않다가 독일에 있는 히든 챔피언 기업들을 방문하는 일정이 잡혀 시간을 내보기로 했다. 프랑크푸르트에서 출발해 고속도로를 2시간 반이나 달려야 했지만 그를 만난다는 생각에 기분은 설렜다.

라인강변에 자리 잡은 그의 집은 우리나라의 전원주택과 같았다. 단층으로 된 하얀색 집 옆으로 넓은 정원이 잘 꾸며져 있었다. 나는 R&D전략기획단 동료들과 함께 갔고, 그는 지인인 경영대 교수들을 몇 명 더 초대했다. 라인강이 바라다보이는 야외의 정자에서 우리는 저녁을 먹었다.

헤르만 지몬의 아내는 매우 쾌활했고 직접 엄청난 양의 음식을 만들어 내놓으면서 다양한 이야기도 해줬다. 그녀는 기업체를 운영하기

헤르만 지몬 교수는 추천사와 함께 서재에서 찍은 사진을 보내왔다. 뒤쪽에 그의 자서전(한국어판)이 보인다.

도 하고 사회활동도 활발하게 하는 커리어 우먼이었다. 우리와 있을 때는 남편을 먼저 배려하면서 손님 대접에도 매우 능숙했다. 반면 헤르만 지몬은 서양의 다정한 남편과는 거리가 멀어 보였다. 오히려 무뚝뚝한 부산 사나이만도 못했다. 나는 그에게 "독일인치고는 정말 좋은 아내를 얻었습니다"라고 농담을 건넸다. 우리는 함께 웃었다.

헤르만 지몬의 집에서 가장 인상 깊었던 장소는 서재였다. 서재에는 인류 스승의 유산들이 빼곡히 꽂혀 있었다. 전통적인 유럽풍 서재에 있는 수많은 장서를 보면서 나는 그의 마르지 않는 통찰의 원천이 바로 그곳임을 알아차렸다.

그는 이미 2000년에 《Geistreiches fur Manager》라는 책을 집필했다 (국내에서는《통찰의 경영 아포리즘》이라는 제목으로 출간됐다). 이 책에는 동서양을 막론한 수많은 스승이 등장한다. 그리고 기업의 비전과 미래, 사업 전략과 경쟁, 경제와 정치는 물론 미디어와 자기 경영에 이르는 다양한 분야의 경구들이 담겨 있다. '캡슐형 지식'이라 할 만한 문구가 한데 모인 것을 보며 나는 '이런 작업이 어떻게 가능했는가?'라는 의문을 품었다. 그런데 그의 서재를 본 순간, 그 작업이 그에게는 소일 거리에 지나지 않았을지도 모르겠다는 생각이 들었다. 많은 시간 서재에 머물다 보면 매일 만나는 스승들의 문구를 정리하고픈 욕구가 생겨날 것만 같았다.

이런 이야기를 시작으로 나는 헤르만 지몬과 마음속 스승들을 공유했다. 즐겁고 의미 있는 시간이었다.

2012년에 헤르만 지몬은 독일의 권위 있는 마케팅 잡지의 일부 면

Hinaus in die Welt der Staatsmänner und Manager: Hermann Simon als gefragter Wirtschaftsexperte mit Friedensnobelpreisträger Michail Gorbatschow (l.), mit Ex-Präsident Bill Clinton (M.) oder mit dem National Chief Technology Officer von Korea, Dr. Chang Gyu Hwang (r.)

mentprofessor aus Illinois einmal formuliert. „Marketing ist leicht gesagt und schwer getan", dürfte Hermann Simon augenzwinkernd seinen Sinnspruch für Manager hinzufügen und damit indirekt begründen, warum Vordenker wie Kotler und er selbst rund um den Erdball so ungemein gefragt sind.

Bekanntlich gilt der Prophet im eigenen Lande nichts, doch das stimmt für den Management-Fachmann nicht. Das Ran-

dass man es nicht als separate betriebliche Funktion sehen könne. „Das eigentliche Ziel des Marketings ist es, das Verkaufen überflüssig zu machen. Das Ziel des Marketings ist es den Kunden und seine Bedürfnisse derart gut zu verstehen dass das daraus entwickelte Produkt genau passt und sich daher von selbst verkauft." Solche wie in Stein gemeißelte Drucker-Sätze als Schlüssel zum Erfolg zeigen sein Bemühen um Klarheit und Überblick. Heute Simons Markenzeichen

독일의 마케팅 세일즈 분야에서 권위 있는 잡지 〈압샷츠비르챠프트〉에 헤르만 지몬 교수 가 인터뷰를 했다.

을 스크랩해 메일로 보내줬다.
그 잡지에는 고르바초프, 빌 클
린턴, 그리고 내 사진이 나란히
실려 있었다. 자신의 65세 생일
을 기념한 인터뷰에서 '가장 인
상 깊었던 3인' 중 한 명으로 나
를 꼽았고 사진까지 싣게 됐다
고 했다. 이국의 잡지에 실린 사
진을 보며 오랜 우정과 그의 따
뜻한 마음이 느껴졌다.

〈압삿츠비르챠프트〉 표지

가르침은 말이 아니라 삶이다

"당신의 마음속 스승은 누구입니까?"

이 책의 전반에서 소개하고 있듯 나는 무수히 많은 마음속 스승을
간직하고 있다. 할아버지와 충무공 이순신, 반도체의 창시자 윌리엄
쇼클리와 인텔의 영원한 수장 앤디 그로브, 매사추세츠주립대의 데이
비드 네이본 교수와 스탠퍼드대학의 로버트 다튼 교수 등 떠오르는
얼굴이 수없이 많다.

그런데 하루는 지인과 '마음속 스승'을 주제로 이야기를 나누다 그
만 입을 다물고 말았다.

"그분들에게서 들은 특별한 이야기가 있습니까?"

할아버지에 대한 막연한 그리움을 품고 살아왔지만, 할아버지가 돌아가셨을 때 내 나이 고작 5살이었다. 칠순 할아버지와 어린 손자 사이에 특별한 대화가 있었을까 싶다. 윌리엄 쇼클리와 앤디 그로브는 나의 위대한 우상들이었고 그들과 대면은 가슴 벅찬 경험이었다. 그러나 나를 성장시키고 내 앞날을 응원해주었던 두 교수님 역시 아포리즘을 남겨줄 스타일은 아니었다.

끝내 나는 남들이 쉽게 이야기하는 '인생을 바꾼 결정적 한마디'를 떠올리지 못했다. 그런데도 모든 사람을 내 삶에 지대한 영향을 끼친 스승이라고 생각하고 있었다. 어려울 때마다 이분들을 통해 위로와 용기를 얻었음에 틀림이 없었다. 그때 나는 깨달았다.

'아! 인생을 변화시키는 것은 한마디 말이 아니구나.'

할아버지가 남기신 그림은 말 이상의 것이었다. 특히 데이비드 네이본 교수와 로버트 다튼 교수, 두 은사님은 생활 전반을 통해 내게 모범을 보였다. 박사 과정과 이후 책임연구원 시절 나는 그분들이 있어서 외롭지 않았고 늘 든든했다.

이밖에도 내가 마음에 품었던 스승들은 자신들의 삶으로 자신의 철학과 가르침을 모두 보여줬다. 그래서 잊을 수 없었고, 어려울 때마다 '그분이라면 어떻게 했을까?'라는 고민을 통해 쉽게 답을 얻을 수 있었다.

경영이란 순례자의 길을 함께 걷는 것

헤르만 지몬은 '가르침은 말이 아니라 삶'이라는 것을 행동으로 확인시켜준 친구이기도 하다.

독일과 한국은 7시간의 시차가 있다. 직항을 이용해도 11시간이 걸린다. 그런데도 그는 시간이 날 때면 먼저 이메일과 전화로 연락을 준다. 한국에 올 일이 있으면 항상 사무실에 와줬고 삼성전자의 MP3나 KT의 기가지니 등 내가 준 선물들을 언급하며 항상 나를 기억하고 있다고 말해줬다. 인생의 대부분을 머문 경영 현장에서 얻은 통찰을 서슴없이 나눠줬다. 그가 가진 강력하고 끈끈한 네트워크 역시 이렇게 삶을 나누는 태도 덕분일 것이다. 이러한 면에서 그는 나의 롤 모델이자 마음속 스승이기도 하다.

약간의 찬사를 보태자면, 헤르만 지몬이 대학교수와 글로벌 컨설팅회사의 대표로 있을 때 내게 보여준 태도는 마치 동양의 순례자와 비슷했다.

'모든 사람과 사물을 스승으로 삼고, 언제나 경청과 배움의 자세를 갖자.'

일간지에 한 시인이 '마음속 스승'을 소개한 글에서 발견한 문장이다. 이 문장을 읽고 나는 헤르만 지몬을 떠올렸다. 들으려고 하는 자만이 들을 수 있고 배우려고 하는 자만이 새로운 것을 받아들일 수 있다. 많은 책에서 이런 내용을 강조했던 그는 스스로 그렇게 했다.

이 글이 유독 와닿았던 데는 젊은 시절 경험도 한몫했다.

낯선 곳에서 유학 생활을 지내면서 나보다 뛰어난 천재들을 만나며 몹시 놀랐다. 처음에는 그들을 경쟁 상대로 여기고 고군분투했다. 그러나 이내 마음을 고쳐먹었다.

'세상 어디에나 나보다 똑똑한 사람은 꼭 있다. 내가 이기려는 마음

을 내려놓으면 새로운 길이 보일 것이다.'

실제로 내가 마음을 바꾸자 부딪치기만 했던 그들과 나의 의견은 새로운 정반합의 결론으로 이어졌다. 그들의 생각이 틀리지 않았다는 것을 인정하자 연구의 결과도 더 좋아졌다.

경영자의 자리에 앉은 후부터 나는 직원들에게도 배운 대로 했다. 특히 임원급에게는 "안에만 있지 말고 밖에 나가서 사람들을 만나세요"라고 강조했다. 방에 갇혀 지내는 모습을 가장 경계했다. 자신의 성에 틀어박혀 후배들이 써준 보고서나 고치고 있으면 답이 없다. 차라리 업무를 위임하고 남는 시간에 나가서 남들과 소통하는 것이 낫다. 나는 모든 사람에게 위임과 소통을 왜 해야 하는지, 어떻게 해야 하는지 끊임없이 이야기했다. 경청과 배움을 중시한다는 점에서 경영자는 순례자와 닮았다.

30년간 나는 조직 안에서 '여럿이 함께' 걸으면서 '경청과 배움의 자세'를 잃지 않으려 애썼다. 꽃길은 짧고 가시밭길은 길었지만 많은 스승이 붙잡아준 덕분에 정해진 길을 완주할 수 있었다.

은퇴한 뒤에도 나는 여전히 길 위에 서 있다. 이제부터는 젊은 친구들에게 삶의 방향을 알려주며 변함없이 '순례자의 길'을 걷고자 한다.

02 벽을 허물면 혁신의 길이 보인다

| 에릭 슈미트 |

경영자에게 '롤 모델'은 사람, 앞선 기업만은 아니다. 나는 '조직의 문화' 역시 벤치마킹이 필요한 영역이라고 생각한다.

조직의 문화는 '역사성'을 가진다. 리더가 누구냐, 무슨 일을 하느냐, 어떤 비전을 실현했느냐에 따라 조직의 문화가 달라진다. 그리고 한번 뿌리박힌 문화를 바꾸기는 쉽지 않다.

스탠퍼드대학 연구실에서 나는 다른 교수를 '밥'이라고 불렀다. '교수님', '박사님' 같은 직함도 '미스터' 같은 호칭도 필요 없었다. 반말도, 존댓말도 없는 영어로 나는 "밥, 그 생각은 틀렸습니다"라고 서슴없이 말할 수 있었다. 그것은 그들의 문화였다. 나 같은 이방인의 경우 처음에는 충격이라고 할 수 있었다.

인텔에서도, HP에서도 나는 비슷한 상황들을 경험했다. 그들은 위계보다는 협의하고 토론하면서 한 방향으로 나아가는 것을 조직의 동력으로 생각했다. 인종 차별, 빈부 격차 등 다양한 문제가 있어도 선진국일 수 있는 것은 '개방적 문화' 때문이라고 생각했다. 잘못을 스스로 비판하고 이를 시정하려고 노력한 결과이기도 하다.

유학을 마치고 한국으로 돌아오기로 했을 때 아내와 나는 타국살이는 더 하지 않겠다고 약속했다. 그간의 배움을 발판으로 한국 기업이 세계 일류로 성장하는 데 기여하고, 우리나라가 선진국 반열로 올라서는 데 디딤돌이 되리라 각오했다.

다행히 나는 운이 좋은 사람이었다. 어려울 때마다 초심을 돌아보게 해줄 사람을 만날 수 있었다. 자리가 달리지고 조직이 달라지는 30년 동안 힘들고 어려운 고비가 수시로 찾아왔다. 그때마다 가까이서 혹은 멀리서 '가고자 했던 길'이 어렴풋이 보였다.

캘리포니아에 있는 구글 본사(구글플렉스)는 내가 조직과 리더십에 대해 고민할 때 만난 이색 공간이었다. 나는 당시 구글의 CEO였던 에릭 슈미트를 만날 때마다 '어떤 리더가 꿈의 직장을 만드는가?'라는 생각을 하면서 유심히 관찰했다. CTO 출신 CEO라는 공통점 때문에 말이 잘 통하기도 했다.

No working! 일하지 말고 놀아라!

2000년대 초반에 구글플렉스를 처음 방문했다. 당시는 지금과 같은 모습은 아니었으나 '캠퍼스'라 불릴 정도의 규모는 됐다.

구글 역시 처음에는 실리콘밸리의 여느 스타트업처럼 차고에서 시작했다. 구글의 창업주이자 스탠퍼드대학 대학원 박사 과정 중이었던 세르게이 브린과 래리 페이지는 친구에게서 차고 출입문으로 연결된 방을 빌렸다.

벤처캐피털의 투자로 동력을 얻고 성장 가도에 오르자 두 창업자는 '직원들이 일에만 집중하게 하겠다'라는 결의를 담아 구글 본사를 기획해 지었고 1998년 8월부터 입주를 시작했다.

그로부터 3~4년 뒤에 래리 페이지의 초대로 나는 구글플렉스를 방문하게 됐다. 구글의 최초 CEO였던 래리 페이지는 2001년 에릭 슈미트에게 CEO직을 넘겨주고 제품 관리와 엔지니어링에 집중하고 있었다. 공동 창업주인 세르게이 브린은 엔지니어링과 비즈니스 계약을, CEO인 에릭 슈미트는 부사장들과 영업 그룹을 관리하는 형태로 업무를 분장했다.

당시 나의 용무는 D램의 판매와 데이터 센터 구축에 대한 자문이었다. 구글은 처음에 IBM 서버를 구매하는 대신 보급형 PC를 다량으로 구매해 데이터 센터를 정비했다. 그렇게 해서 데이터 센터의 구축 비용을 3분의 1로 낮출 수 있었다. 그러나 전 세계 인터넷 검색 시장의 3분의 2를 소화하게 되면서 데이터 센터가 한계에 다다랐다.

구글은 2003년 장비 구입에 2억 달러를 투자했고, 이후에는 연간 30억 달러로 늘렸다. 그런 상황에서 래리 페이지는 삼성전자에 대규모로 D램을 주문했다.

관련 회의가 마무리될 때쯤 에릭 슈미트가 회의실로 들어왔다. 당시 에릭 슈미트는 업계에서 인지도가 상당히 높았다. 구글에 오기 전부터 이미 노벨의 CEO, 선마이크로시스템즈의 CTO이자 CEO를 지냈다. 업계에서는 전략 기획, 경영, 기술 개발 등에서 인상적인 리더십을 보여줬다는 평가를 받았다.

물론 에릭 슈미트의 사업 능력은 과학 기술자로서의 실적에 기반을 둔 것이기도 했다. 그는 캘리포니아대학 버클리캠퍼스에서 컴퓨터과학으로 박사 학위를 받았다. 유닉스(Unix) 전문가이자 자바(JAVA) 발명에 공로를 인정받기도 했다. 구글의 두 창업자가 그토록 찾고자 했던 '최고의 전문성과 창의력을 갖춘(Smart Creative)' 인물임이 틀림없었다.

에릭 슈미트와 나는 조직의 리더로서 앞으로의 협력 사항에 관해 의견을 나눴다. 신기하게도 고집스럽고 집요한 모습은 보이지 않았다. 오히려 젊은 시절 나를 가르쳤던 두 교수님이 떠오를 만큼 부드럽고 포용적이라는 인상을 받았다. 구글의 두 젊은 창업자가 40대 중반의 에릭 슈미트를 CEO로 채용한 데는 그의 성품도 중대한 영향을 미쳤을 것이다.

구글플렉스를 돌아보면서 에릭 슈미트가 풍기는 개인적 느낌과 구글플렉스의 오픈된 분위기가 매우 흡사하다고 생각했다. 직원들은 칸막이 없이 탁 트인 공간에서 자유분방하게 일을 했다. 어떤 직원들은 강아지를 데리고 출근했고 로비에서는 아이와 함께 있는 직원도 눈에 띄었다.

'No working!'

구글이 내건 슬로건을 접하고 나는 1980년대 중반 미국에 처음 왔을 때 느꼈던 것과 비슷한 충격을 받았다. 직원들에게 제공하는 무한대의 복리후생 혜택에 대해 에릭 슈미트는 여러 자리에서 이유를 다음과 같이 설명했다.

"목표는 직원들을 불편하게 하는 모든 요소를 없애는 것입니다. 우리는 일반적인 복리후생 혜택 외에도 열심히 일하는 엔지니어 직원이라면 누구나 원할 법한 일류 시설의 식당, 체육관, 세탁실, 마사지실, 이발, 세차, 드라이클리닝, 출퇴근 버스를 제공합니다. 업무에 몰입하는 태도를 이끌어내는 방법이 있다면 이에 대한 투자는 낭비라고 볼 수 없습니다."

구글의 조직 문화는 여기에서 멈추지 않았다. 일도 하지 말고 놀라고 강권하고 있었다. 실제 구글은 일주일에 하루, 그러니까 근무시간의 20%를 자기가 열정을 느끼는 프로젝트에 투자하게 한다. 직원들이 일하지 않고 놀면서 자신이 하고 싶은 일을 한 덕분에 기술 혁신의 돌파구를 여러 번 찾아냈다고 자랑하고 있다.

구글, 그리고 에릭 슈미트와의 인상 깊은 첫 만남 이후부터 구글의 조직 문화가 구글의 성과에 어떤 영향을 미치게 될지 주목하기 시작했다.

기성세대의 직무유기를 반성하며

2010년 8월 초, 재미한인과학기술자협회 총회에 참석하기 위해 시애틀로 가는 중간에 구글을 방문했다. 두 번째 방문이었다.

당시에는 국가CTO로 있으면서 국가의 미래 먹거리를 찾는 중이었다. HP, 스탠퍼드대학 SRI연구소, 버클리대학 로렌스연구소 등을 방문해야 해서 일정이 매우 바빴다. 그렇다고 해도 에릭 슈미트를 만나야 할 이유가 있었다.

그해에 G20 정상회의가 서울에서 열릴 예정이었다. 지금은 G20 정상회의와 B20 정상회의가 분리되어 있지만 당시에는 G20 정상회의 행사 내에 B20 행사가 한 세션으로 진행됐다.

행사를 주관하던 지식경제부에서 기조연설을 에릭 슈미트에게 부탁했으나 일정상 어렵겠다는 회신을 받았다. 국가CTO의 자격으로 한 번 더 부탁을 해보려고 실리콘밸리를 중간 기착지로 정했다. 물론 가기 전에 에릭 슈미트에게 메일을 보냈다. 에릭 슈미트는 바쁜 일정 중이었지만 시간을 내줬다.

다시 만난 에릭 슈미트는 생각보다 여유가 넘치는 모습이었다. 한

G20 정상회의 기조연설을 부탁하기 위해 구글을 방문해 에릭 슈미트를 만났다.

국이 세계 IT산업의 테스트 베드 역할을 하는 만큼 검색 엔진, 메모리처럼 우수한 기술 분야에서 협력을 기대한다고 했다.

나는 환담 후에 "사실 G20 기조연설을 한 번 더 부탁하러 왔습니다"라는 부탁의 이야기를 꺼냈다. 이야기를 들은 에릭 슈미트는 일전에 시간을 내기 어려워 거절했지만 다시 한번 스케줄을 조정해서 긍정적으로 진행하겠다는 확답을 줬다.

이날 다시 둘러본 구글플렉스는 7~8년 전보다 훨씬 커졌고 훨씬 활기가 넘쳤다. 2004년 상장에 성공했을 때 매출은 32억 달러에 못 미쳤으나 2011년에는 379억 달러로 11배 넘게 성장한 결과라고 생각했다. 에릭 슈미트와 2명의 창업자는 이러한 성장이 초기 때부터 지켜온 4가지 조직 문화 덕분이라고 강조했다. 창의성을 존중하는 환경, 업무 시간의 20%는 자유 활용, 일에 집중하는 근무 환경 조성, 소통을 중시하는 사내 시스템 등 이 4가지 조직 문화가 없었다면 하이 테크 선도 기업으로의 도약은 어려웠을 것이라는 이야기였다.

출장에서 돌아온 나는 며칠을 고민한 끝에 구글을 다녀온 소감을 담아 '일하지 말고 놀아라'는 제목의 기고문을 일간지에 보냈다.

흔히 기업들이 하는 신규 사업에는 3가지 방식(M&A, 오너 혹은 CEO의 결단, 직원들의 아이디어)이 있다. 그동안 우리나라 기업은 M&A, 오너나 CEO의 선택에만 의존할 뿐, 직원들의 새로운 아이디어를 채택하는 것에는 인색했다. 그런데 구글은 열린 개방성을 무기로 직원들이 만든 아이디어를 대단한 성과로 연결하고 있다.

우리도 변해야 한다. 이제 지나친 실적주의는 한계에 도달했다. 결과만 중시하는 분위기에서 하루빨리 탈피해야 한다.

10년 뒤, 20년 뒤 우리가 무엇을 가지고 선진국으로 도약할지 고민하는 리더가 많아져야 한다. 지금 당장의 성과를 조금 희생하더라도 미래를 준비하는 리더들의 모습이 그 어느 때보다 절실하게 요구되는 시점이다. 단기 성과에만 집착해 젊은이들이 '리스크 테이킹'을 포기하도록 하는 기성세대는 지금 심각한 직무유기 중이다.

기고문을 보내고 나는 한참 속이 편치 않았다. 갓 50을 넘긴 기성세대 한 사람으로 아픈 반성의 시간을 보냈다.

1등 워크숍, 계급장 떼고 시작하다

앞에서 '나는 운이 좋은 사람이었다'라고 했다. 여러 이유가 있지만 내게는 '기회'가 있었다. 자기반성의 시간 이후, 충분히 역량을 갖춘 조직의 수장으로 다시 일할 수 있었다. 그렇게 KT에서는 이전에는 없던, 그러나 우리에게 필요한 새로운 조직 문화를 만들겠다고 다짐했다.

KT의 조직 문화에 대해서는 이전부터 '개선'의 목소리가 높았다. 그동안 식스 시그마, 게리 하멜 교수의 창의 경영 등 여러 혁신 운동에 투자하기도 했다. 그러나 큰 효과를 거두지 못하고 실패하면서 '개선이 불가능한 것 아니냐?'라는 회의적인 분위기만 남았다.

나는 밑으로부터, 현장으로부터의 변화가 절실하다는 것과 현장과 본사 간 소통을 통해 실질적 성과를 창출해야 한다고 생각했다. 그러기 위해서는 복잡한 툴이나 외부의 컨설팅이 아닌 우리만의 독자적인 방법이 필요했다.

우선 문제를 드러내는 것이 시급했다. 본사나 현장이나 고질적인 문제가 있어도 이를 덮어놓거나 모른 척하는 경우가 많아 개선이 쉽지 않았다. 담당자와 전문가들이 문제를 직시하고 반드시 그 자리에서 '해결책'까지 제시하는 적극적인 노력이 필요했다.

처음 고민은 '어떻게 하면 리스크를 떠맡는 것을 마다하지 않는 조직 문화를 만들 수 있을까?'였다. 그러다 점차 '리스크를 무릅쓰는 노력이 실패할 때 불이익을 받거나 책임 추궁을 당하지 않는다면?', '역할 규정이나 조직의 구조에 얽매이지도 않는다면?'으로 확장됐다. 이 모든 고민의 답으로 '1등 워크숍'을 만들게 됐다.

KT 직원들이 1박 2일 일정으로 끝장 토론을 하고 있다.

1등 워크숍은 전문가와 관련 부서 직원이 1박 2일 동안 끝장 토론을 벌이는 방식으로 기획됐다. 이때 계급장, 즉 직급을 떼고 수평적인 자유 토론으로 진행하는 것이 중요하다고 생각했다. 또한, 어떤 안을 내더라도 책임을 묻지 않고, 그 안이 실패해도 불이익을 주지 않겠다고 강조했다.

워크숍에 앞서 회사 차원에서 많은 수고가 보태졌다. 먼저 각 부서가 고질적으로 안고 있던 문제를 선별해 올리면 기업문화실에서 그룹 전체 관점으로 보고 확정하도록 했다. 그리고 40여 개 달하는 그룹 관계사 중 해당 주제와 관련된 실무자들이 초빙됐다. 마지막으로 임원들을 스폰서로 파견해 '참가자들을 믿고 의견을 지지해주는 역할'을 하도록 했다. 또한, 토론 내용을 듣고 실행 여부를 즉시 결정하고 데드라인 내 실행까지 책임지도록 했다.

효과는 바로 드러났다. 보통 첫날에는 6시가 되면 공식 일정이 끝나지만 다음 날 새벽까지 토론이 계속되는 경우가 많았다. 자유로운 의견 개진, 익명성 보장, 결정된 안의 적극적 수용이 실행되자 직원들의 열의도 점차 올라가는 것이 보였다.

1등 워크숍의 테이블에는 현장 직원의 불편을 해소하는 것부터 업무 효율을 올리는 일, 고객 만족도를 올리는 방법 등 모든 것을 올려놓았다.

상품의 개발과 출시에도 적용됐다. 일례로 1등 워크숍을 계기로 2016년에는 '기업 전용 LTE'라는 B2B 상품이 개발됐다. B2B 영업을 담당하는 한 직원이 "고객사 직원들이 업무용과 개인용으로 휴대폰 2대를 들고 다니는 것을 보고 문제의식을 갖게 됐습니다"라고 했다.

그러자 하나의 휴대폰을 개인용과 업무용으로 분리해서 쓰게 하는 방안을 연구하기 시작했다. 직원의 한마디는 개인 휴대폰에서도 사내망 접속과 보안 구현이 가능한 기업 전용 LTE로 구체화했다. 관련 부서가 협업으로 진행한 덕분에 출시 5개월 만에 50여 개 기업 고객을 유치하는 데 성공하면서 시장을 확실히 선점할 수 있었다.

신축 아파트 현장에 설치해야 하는 이동 기지국의 공간 확보가 어렵다는 의견이 검토 문제로 채택됐다. 1등 워크숍에서 현장 직원과 본사 직원, B2B 전문가가 열띤 토론을 벌였고 그 결과로 캐리어처럼 끌고 다니는 '이동식 소형 기지국'이라는 아이디어가 나왔다. 물론 이후 상품화를 했고 성공적인 결과를 만들었다.

2020년 말까지 약 8만 4,000명의 직원이 1등 워크숍에 참여했고 5,300여 개의 주제가 다뤄졌다. 1등 워크숍의 효과는 매출 신장과 비용 절감으로 나타났다. 문제 해결을 경험한 직원이 많아지자 만족감은 물론 집중도와 책임감까지 높아졌다.

소통, 협업, 위임: 일을 즐겁게 하는 3가지 액션

'행복한 직장은 어떤 직장인가?'

직장 생활을 오래 한 사람으로서 찾은 답은 '스스로 일하는 직장'이다. 구글의 래리 페이지도 나와 생각이 비슷했다.

"자율성은 우리가 거둔 대대적인 성공과 인상적인 몇몇 실패의 배후에 있는 원동력이었습니다. 기본 원리에서 출발하는 것이야말로 실제로 구글이 움직이는 방식입니다."

이와 같은 답을 해준 적이 있다. '스스로 일하는 직장'이야말로 전문성과 창의력을 가진 사람들에게 꼭 필요한 환경이다.

그런데 한국의 경우 외국에는 없는 '대기업병'이라는 말이 있다. 규모가 크고 연륜이 오래된 기업일수록 관료주의가 심해져 조직의 상하 간에 장벽이 생기고 유연성과 활력이 떨어진다는 의미가 담긴 말이다. 우스갯소리로 "대기업병은 완치가 어렵고, 당일 증상이 아닌 합병증을 일으키는 무서운 병"이라는 설명도 따라붙는다.

실제 대기업병을 고민하는 경영자가 많다. 조직 이기주의로 인해 소통이 어렵고 협업도 드물다면서 조직 체계만 생각하면 머리가 아프다고 했다. 특히 어려운 일은 아무도 하려고 하지 않고, 이를 해결하기 위해 만든 TF팀조차 무책임과 같은 공동 책임 상태에서 벗어나지 못한다고도 말했다.

나는 '그렇다면 자율성을 가진다가 어떤 것인가?'를 고민해봤다. 이 질문을 두고 오래 숙고한 끝에 '소통'과 '협업', '위임'이라는 답을 찾았다. 이 3가지로 KT 임직원들에게 수백 번도 넘게 강조한 것이기도 하다. 위기감을 느낄 때마다 이 3가지로 성숙한 조직 문화를 만들기 위해 많이 노력했다.

우선 임직원들에게 위임을 적극적으로 실행하라고 강조했다. 위임은 단순히 윗사람의 권한을 아랫사람에게 넘기는 것이 아니다. 위임하게 되면 직원들도 윗사람의 시각으로 더 넓고 깊게 볼 수 있어서 성장하게 된다. 윗사람은 위임으로 확보된 여유 시간으로 더 큰 전략을 고민할 수 있고, 이때 다른 부서와 소통하고 협업하는 과정이 더 많아진다. 소통이 많아지면 자연스럽게 신뢰가 쌓인다. 이렇게 위임으로 인해 소통과 협업의 선순환 구조가 만들어지면 가장 말단의 직원까지 신나게 일할 수 있다.

누가 시켜서 하는 일은 대부분 단순 노무다. 재미는 없고, 불만만 쌓인다. 이와 달리 위임을 통해 자율과 책임을 갖고 하게 되는 일은 온전히 나의 일이다. 말단 직원조차 자기 일을 할 때는 즐거워진다.

"세상에서 가장 행복한 사람은 어떤 사람일까요? 저는 취미와 직업이 일치하는 사람이라고 생각합니다. 물론 회사의 업무를 취미처럼 즐겁게 하기는 쉽지 않을 것입니다. 하지만 자신이 낸 아이디어로 고객의 불편이 해소되고, 자신의 손으로 새로운 시장을 일구어내고, 자신이 회사를 글로벌 1등으로 만드는 데 기여한다고 생각한다면 어떨

KT 신입사원 대상 특강에서 질문에 답하고 있다.

까요? 자신이 하는 일에 업무 그 이상의 가치가 생기고 회사를 바꾼다는 즐거움과 보람도 가질 수 있을 것입니다."

신입사원을 대상으로 한 특강에서 한 말이다.

조직원들의 마음속 비전에 불을 밝히고 소통과 경영, 그리고 과감한 위임을 통해 자율적으로 페달을 굴리게 하는 것이 리더의 일이다.

1년에 한 번 신입사원들에게 하는 특강은 가장 중요하게 생각하는 일 중 하나다. 한 달간의 신입사원 교육이 끝나는 날에 진행된다. 500명 정도 되는 신입사원들에게 인생의 선배로서, 학교 시절부터 사회인을 거쳐 최고경영인에 이르기까지 내가 겪었던 경험과 당부를 이야기한다. 1시간 특강이 끝나면 20분가량 질의응답 시간을 갖는다. 이때도 항상 자율성을 갖고 주도적으로 일하라고 당부한다.

위임이 안착한 조직에서는 일일이 진행 상황을 확인하거나 잘못을 바로잡으려 애쓸 필요가 없다. 잘못이 발생하면 어느 순간 스스로 깨닫고 자신의 페이스대로 성장한다. 신입사원들이 이러한 KT의 조직문화를 이해하고 꽃피울 수 있기를 바랐다.

혁신은 모름지기 '에지에서 센터로'

KT의 수장이 된 지 얼마 안 됐을 때, 임원들에게 피카소와 마르셀 뒤샹의 그림을 소개하며 우리의 나아갈 바를 이야기한 적이 있다.

"이것은 피카소의 꿈이라는 작품입니다. 2차원 평면에서 3차원 입체를 동시에 보여줍니다. 양면에서 보이지 않는 옆면까지 보이시죠?

기존 공간의 개념을 깨는 혁신입니다.

　다음은 마르셀 뒤샹의 계단을 내려오는 누드 넘버 2입니다. 계단을 내려오는 사람이 보이십니까? 과거와 현재, 미래의 시간을 동시에 보여주는 시간 감각의 혁신입니다."

　나는 보이지 않던 것을 보이게 만든 두 화가처럼, 우리도 우리 안의 가능성과 잠재력을 다시 보자고 말했다.

　그러기 위해서는 기존의 패러다임에서 벗어나야 한다. 스스로가 정한 한계를 부수고 나가야만 보지 못했던 것들을 볼 수 있다. 우리 안의 벽을 허물고 혁신의 길로 나가자고 강조했다.

　그로부터 몇 해 뒤인 2016년, 하버드대학 메모리얼홀 특강에서 나는 가슴 뭉클한 평가를 들었다.

쉐인 그린스타인 교수가 KT를 소개하고 있다.

2016년 하버드대학 메모리얼홀에서 특강을 했다.

학장인 쉐인 그린스타인 교수는 학생들에게 '미래 네트워크의 힘'이라는 주제로 KT의 기가토피아와 5G 전략을 설명하면서, KT에 대해 "기업 대부분이 센터(Center)에서 에지(Edge)로 가는 혁신을 할 때, KT는 에지에서 센터로 향하는 보기 드문 혁신을 보여줬습니다"라고 소개했다.

하버드 비즈니스 스쿨 학생들에게 기가토피아 전략을 설명하고 단상에서 내려오던 나는 '혁신을 실현해준' 우리 KT 직원들이 너무도 자랑스럽고 고마웠다.

2020년 봄, 나는 경영일선에서 물러났다. 성과들을 돌아보니 많은 보람이 느껴졌다. 내가 없는 곳에도 미래를 향한 혁신이 계속 일어났으면 하는 바람이 마음속에서 생겨났다. 나를 가르쳤던 사람들처럼 "선배

2018년 1월 구글 CEO인 에릭 슈미트가 초청한 AI 컴퍼니 CEO 콘퍼런스에서 환담하고 있다.

님이 말씀하시는 전통은 저희에게는 낡은 고정관념입니다"라는 말을 들을 충분한 용의가 있다.

여러분에게 필요한 것은 여러분의 사업이 빠른 속도로 변해야 한다는 통찰력이며 리스크를 무릅쓰고 그 변화의 일부가 되는 용기입니다. 그리고 최고의 전문성과 창의력을 갖춘 인력을 끌어들이고 이들에게 그런 변화를 일으키게 하는 자세와 능력입니다.

젊은 리더들에게 하고 싶은 말을 에릭 슈미트가 자신의 책(《구글은 어떻게 일하는가》)에서 먼저 했다.

2018년 1월 세계경제포럼에서 나는 에릭 슈미트를 만나 AI와 에너지에 관한 열띤 토론을 벌이기도 했다. 언제나 미래를 예의 주시하며 거대 조직을 이끄는 그를 보면서 리더가 해야 할 것들에 대한 그의 생각에 한층 공감이 갔다.

우리 사회에는 창의적인 호기심이 넘치는 인재가 많다. 이들이 우리 세대의 전통과 고정관념에 얽매이지 않기를 바란다. 더불어 우리 사회에도 혁신을 이어나가는 문화가 깊이 뿌리내리기를 바란다.

03

'진심'은 길을 열어준다

| 마음을 여는 경영 |

KT에 출근하기로 하고 내정자 신분으로 업무를 보던 40일 내내 나는 심한 감기를 달고 살았다. 그때는 왜 그토록 몸이 힘들었는지 잘 몰랐다.

삼성전자에서 반도체 부문을 담당할 때는 1년에 3분의 1을 집 밖에서 자기도 했다. 그래도 탈이 난 적이 별로 없었다. 몸이 피곤해 뻗다시피 잠자리에 누워도 다음 날 새벽이 되면 자연스럽게 눈이 떠졌다. 물론 젊은 나이라서 그랬다고 할 수 있겠지만 당시에는 신바람 나게 일하는 것이 너무 좋았다.

KT에 지원할 때 나는 남다른 기대가 있었다. B2B 영역에서 후발 주자로 시작했으나 결국 선두 기업으로 성장해 성과를 만들어냈던 경험을 B2C인 KT에서 재연해보겠다는 굳은 다짐으로 도전을 감행했다. 모두가 어려운 길이라고 생각했고 나도 그렇다고 동의했다. 어렵게 첫발을 뗐으니 달려나갈 일만 남았다고 자신했다.

그런데 한 번 찾아온 감기는 한 달이 지나도록 떨어지지 않았다. 지금 생각해보면 몸이 고됐다기보다 마음이 너무 무거워서 그랬던 것 같다.

여러 언론에서 지적한 대로 당시 KT의 상태는 좋지 않았다. 불편한 마음은 몸으로 계속 안 좋은 사인을 보내고 있었다. 몸과 마음을 추스르며 밤새 고민했다.

'무너진 조직을 다시 세우기 위해 무엇을 해야 하는가?'

무너질 둑이라면 무너지는 것이 맞다

2014년 3월 7일, 고객 정보 유출 사고에 대한 보고를 받았다. 취임식을 하고 40일이 지난 상황이었다.

취임 이후 판도라의 상자가 열린 듯 사건, 사고가 끊이지 않았다. 거기에 1,200만 건의 고객 정보 유출 사고가 발생하자 더는 물러설 곳이 없다는 느낌이 들었다.

임원들과 대책 회의를 강구했다. 임원들의 의견은 반으로 갈렸다. 전임 회장 때처럼 조사 상황을 지켜보고 실무 임원이나 담당 부문장이 사과하자는 의견과 회장이 바로 나서서 사태를 수습해야 한다는 의견이 있었다.

각각은 다 이유가 있었다. 사태를 지켜보자는 쪽은 '후폭풍'을 걱정했다. 회장이 나서서 일찍 사과하면 그 자체로 모든 잘못을 시인하는 것이 되어 자칫 둑이 무너지듯 걷잡을 수 없는 상황이 벌어진다고 우려했다. 바로 나서야 한다는 쪽은 이대로 상황만 지켜보다가는 호미로 막을 것을 가래로 막게 된다고 걱정했다. 실제 2년 전 고객 정보 유출 사고가 터졌을 때는 2주 뒤에 사과하는 바람에 안팎으로 상황이 더 좋지 않아졌다.

사안이 엄중한 만큼 회의 내내 의견이 첨예하게 갈렸다. 정리와 결정은 나의 몫이었다. 결국 기본으로 돌아가 생각했다. 경영자가 지켜야 할 자세에서 벗어난 결정은 할 수 없었다.

"무너질 둑이라면 무너지는 것이 맞습니다. 최대한 빨리 기자회견을 열도록 하겠습니다."

회의를 마치고 2시간 만에 기자들 앞에 섰다. 관련 스태프가 준비한 발표문을 새까맣게 수정한 뒤였다. 일일이 문장을 고치고 또 고쳤다.

"지난 2012년 대규모 고객 정보 유출 사고 이후 보안 시스템 강화를 약속드렸음에도 불구하고 또다시 유사한 사고가 발생한 것에 대해 이유 여하를 불문하고 변명의 여지가 없습니다. 고객 정보가 두 차례 걸쳐 대규모로 유통됐다는 것은 IT 전문 기업을 내세우는 KT로서는 너무나도 수치스러운 일이 아닐 수 없습니다."

나는 국민에게 머리 숙여 사죄하고, 보안 시스템에 외부 전문가를 포함한 모든 자원을 투입해 혁신을 이루겠다고 약속했다. 새롭게 경영을 맡은 이상 모든 과거의 잘못을 철저히 매듭짓고 1등 KT로 거듭나도록 원인 규명과 엄중 문책을 진행한 후 원점에서 다시 시작하겠다고 다짐했다.

흔히 큰일을 당하면 '머릿속이 하얘진다'라고 한다. 하지만 그날 나

의 머릿속은 이보다 훨씬 복잡했다. 당시에는 내부의 문제점을 속속
히 파악할 시간이 부족했다. 단상에서 내려오면서 '그래, 둑을 무너뜨
려 한 번 끄집어내보자. 그리고 다시 시작해보자'라는 각오를 다졌다.

미래를 다시 씁시다

회장으로 취임한 지 43일 만에 직원들에게 '하나만 더 잘못되어도
우리에게는 미래는 없습니다'라는 제목의 메일을 보냈다. 죽기 살기
로 모든 것을 바꿔야 한다는 각오의 표현이었다.

더는 물러설 곳이 없습니다. 하나만 더 잘못되어도 우리에게 미래는 없
습니다. 비장한 각오와 혁신의 자세를 가져야 할 때입니다. 말만 하고 책임
지지 않거나 기획만 하고 실행은 나 몰라라 하거나 관행이므로 어영부영
넘어가는 행동은 절대 용납되지 않을 것이라는 말씀을 명확히 드립니다.

'위기 불감증'은 조직이 침몰할 때 나타나는 주요 증상이다. 실제
많은 기업이 무너진 이유는 큰 사고가 아니었다. 작은 사고에 '어떻게
든 되겠지', '내가 아니어도 괜찮겠지', '곧 잊히겠지'와 같은 안일한
태도로 대응하다 이름도 없이 사라졌다.

나는 메일을 통해 KT 직원들에게 위기의식을 가지고 혁신의 길로
나아가자고 호소했다.

정보 보안 전문 조직 신설은 나의 첫 번째 지시였다. 통신업계 최

초로 정보 보호 최고책임자(CISO)를 최고 정보 관리책임자(CIO)로 분리하고, 기존 담당급 조직이었던 정보 보호 담당을 정보 보호단으로 승격했다. 정보 보호 강화를 위한 인재 영입에 직접 나섰고, 정보 보호 IT 관련 비용도 꾸준히 증가시켰다. 2020년 KT에서 지출한 관련 비용은 3,935억 원으로 2013년 2,158억 원 대비 180% 증액됐다. 2014년 524명이던 IT 인력도 2020년 743명으로 늘어났다.

변화와 혁신은 문제가 됐던 정보 보안에만 그치지 않았다. 당시 직원들은 그룹이라는 인식이 없었고 본사와 계열사 간의 벽이 너무도 높았다. 상호 교류나 소통이 없으니 발전도 혁신도 일어날 수 없었다.

하나의 조직으로 일어나자는 뜻으로 '싱글 KT'를 강조했다. 체질 개선이 급선무였다. 우선 경쟁력이 떨어져 적자가 속출하고 자본 잠식 상태에 이른 계열사를 매각 또는 청산을 하거나 합병했다. 그다음으로 주력인 통신 사업을 지원했다. 관련 역량을 높일 수 있도록 계열사를 신설하거나 그룹으로 편입을 진행했다. 적극적인 육성책으로 인해 통신사로서의 정체성이 명확해지자 주요 사업 전략을 펼치기 위한 추진력과 실행력이 더해졌다.

'최대한 빨리 업무 체계를 정비해 고객 최우선 기조가 흔들리지 않도록 하겠습니다.'

비대한 조직을 정리하면서 도전하는 사람에게는 엄격한 평가와 공정한 보상을 통해 기회의 문을 열겠다고 직원들에게 이메일을 보내고 약속했다.

'적당히 대충 살아남자는 타성으로는 살아남을 수 없다', '독한 마음으로 제대로 해보자', '선배와 동료들이 일궈놓은 업적을 기반으로 고객이 감동하게 만드는 놀라운 가치를 창조하자' 등의 내용을 담았다.

2014년 5월, 고객 정보 유출 사고가 발생한 지 두 달여 만에 나는 KT스퀘어 무대에 올랐다. 안팎으로 KT의 새로운 시작을 알리는 자리였다.

이날 '글로벌 No. 1'이라는 비전을 선포하고 실현하기 위한 전략으로 '기가토피아의 실현'을 발표했다. 기가 인프라와 서비스로 사물과 사람이 연결되는 ICT 융합 생태계인 기가토피아를 활성화하면서 KT의 새로운 성장 동력을 창출한다는 전략을 갖고 있었다.

이후 변화를 두려워하는 조직원들에게는 기존 인터넷보다 10배 빠른 기가인터넷을 통해 유선 사업에서 가졌던 위상을 되찾을 수 있다고 설득했다. 이처럼 다양한 소통과 설득으로 직원들의 마음이 움직

2014년 5월 KT의 '글로벌 No. 1' 비전을 선포하고 실현 전략을 설명하고 있다.

이자 변화와 혁신의 결과는 생각보다 빨리 나타났다.

2014년 10월, KT는 기가인터넷을 전국에 상용화했고 2006년 이후 10년 가까이 제자리걸음이던 인터넷 속도의 퀀텀 점프를 주도했다. 유선에서 기가 시대가 열리며 KT의 매출은 증가했다. 출시 후 2년도 되지 않아 가입자가 200만 명을 돌파했고 매출은 6,052억 원 증가했다.

훗날 나는 직원들에게서 "국민 앞에 머리 숙인 회장님을 보며 생각을 고쳤습니다", "한 번 더 믿어보자는 마음으로 놓았던 업무를 다시 붙잡았습니다", "정말 되는지 안 되는지 해보고 나서 불평불만을 하려고 했는데 해보니 정말 됐습니다" 등의 이야기를 들었다. 직원들이 나서서 변화해준 덕분에 KT의 미래를 다시 쓸 수 있었다.

악재를 극복하면서 KT를 영업 이익 1조 클럽에 복귀시켰고 미래 먹거리 개발과 기술 고도화를 통해 KT의 글로벌 경쟁력을 업그레이드했다. 그런 와중에 2014년 7월 평창 동계올림픽 공식 후원사가 됐고, 2015년 3월에는 세계 최초로 5G 시대를 선언했다. 2018년 2월 평창 동계올림픽에서 세계 최초로 5G 시범 서비스에 성공했다.

KT광화문빌딩 25층은 '소통 맛집'

삼성전자 사장으로 있었을 때 '사장님 식사하셨어요?'라는 제목의 기사가 한 신문에 실려 화제가 된 적이 있었다. 기사에는 나의 이름도 적혀 있었다. 시스템LSI 사업부 신입사원이 메신저로 황창규 사장에게 식사를 했느냐는 인사를 보냈고 '네'라는 답신을 받았다는 내용이었다.

사실은 메신저를 조작해 신입사원이 친구들에게 한 장난으로 밝혀졌지만 나는 전혀 기분이 나쁘지 않았다. 오히려 직원들이 그 신입사원의 말을 듣고 이상히 여기지 않았다는 대목에서 웃음이 났다. '우리 사장은 일반 사원과도 편하게 안부를 묻고 지내는 사람'이라고 인식해주는 것이 고마웠다. 그래서 어느 자리에선가 "실제 내게 그런 메시지를 보냈다면 나도 당사자에게 '점심 맛있게 드셨나요?'라는 회신을 보냈을 것"이라고 말했다.

실제 직원들과의 식사는 내게 즐거운 자리였고 스스럼없는 대화도 할 수 있는 자리였다. 삼성전자에 있는 동안 이러한 분위기가 조직 문화로 자리 잡기를 바라는 마음도 있었다. 현장에서의 소통은 나의 트레이드 마크이기도 했다.

나는 KT에서도 '한솥밥'을 먹어보기로 했다. 한국인에게 밥은 특별한 음식이다. '한솥밥'이라는 단어에는 격의 없음과 따스함이 담겨 있다. 어느 곳에서든 직원들과 밥을 함께 먹으면 불신과 불통의 잔재들이 사라졌다. KT에서도 이를 재현해보고 싶었다.

2014년 1월 취임 직후, 첫 번째 1년 동안은 서초동 사옥 구내식당에서, 그리고 2015년부터는 KT광화문빌딩 25층 라운지에서 직원들과의 점심 데이트를 시작했다. 메뉴는 직원들도 나도 부담스럽지 않도록 1만 원 내외의 한식으로 통일했다. 퇴임할 때까지 꾸준히 진행한 덕분에 어느 부서에 가든지 아는 얼굴이 한두 명은 꼭 있었다. 언제인가 점심 데이트 횟수를 헤아려보니 약 6년간 420회가 넘었다. 총

오찬 간담회에서 KT 직원들과 대화를 나누고 있다.

5,500명의 직원과 함께 식사했다고 한다.

처음에는 회장과의 점심을 부담스러워하는 직원도 있었다. 하지만 매주 2번씩 꼬박꼬박 점심 데이트가 진행되니 점차 분위기도 부드러워졌다. 몇 달쯤 지났을 때는 직원들 사이에서 "회장님과 점심식사를 했는데…"로 시작하는 에피소드가 자연스럽게 화젯거리가 됐다. 내게도 KT광화문빌딩 25층은 '소통 맛집'이었다. 맛도 좋았으며 분위기는 더 좋았다.

직원에게는 최고경영자의 업무 공간을 방문하고 만나면서 자유롭게 이야기할 수 있다는 자체가 귀중하고 고마운 경험이 될 것이다. 한번은 식사 중에 전공을 묻다가 한 직원이 플룻을 전공한 것을 알았다. 그 직원에게 연말에 개최되는 '1등 KT인상' 시상식에서 축하 공연을 해보면 어떻겠느냐고 물었다. 실제로 KT체임버오케스트라와 협연을 하는 자리가 마련됐다.

평소 소통만큼은 아날로그 방식이 더 낫다고 생각했다. 점심 데이트로 인해 가장 좋았던 점은 나의 행보가 임직원들에게 전해지면서 부서 간 점심식사나 임원과 팀장 간 식사 횟수가 많아졌다는 이야기를 듣는다는 것이었다. 나에 대한 벤치마킹이 많아질수록 소통은 더 수월해지고 조직은 더 유연해졌다.

이메일에 담아 보낸 마음

점심 데이트가 전통적인 아날로그 소통 방식이었다면 '이메일'은 전체 임직원들을 대상으로 한 디지털 소통 방식이었다.

어려울수록 조직은 한 방향으로 나가야 한다. 응집력을 갖고 힘있게 움직여야 한다. 그러기 위해서는 공동의 목표 의식을 갖고 몰입해야 한다. 조직의 리더였던 내게는 비전을 공유하고 조직을 정렬해야하는 사명이 있었다. 이메일은 진심을 담을 수 있는 좋은 그릇이었다. 나는 고객 정보 유출 사건 이후 전 직원에게 이메일을 보내기 시작해 주요 이슈가 생길 때마다 메시지를 담아 이메일을 보냈다. 6만 임직원에게 허심탄회한 이야기를 담아 보내기 위해 나름대로 정성을 쏟았다.

존경하는 KT그룹 임직원 여러분, 안녕하십니까? 오늘 여러분과 한 가족이 된 황창규입니다.

대한민국 최고 KT그룹 회장이 되어 개인적으로 영광이지만 한편으로 막중한 책임감도 느낍니다.

매주 KT 주요 경영진이 참석하여 중요 현안을 논의하는 1등 KT경영회의가 지난주에는 강북네트워크본부에서 열렸습니다. 이번 1등 KT경영회의 주제는 비용 혁신이었습니다. 그동안 저는 비용 혁신은 단순히 1/n로 비용을 줄이는 것이 아니라 구조적이고 지속적인 절감 방법을 찾아내는 것이라고 강조해왔고 이번 회의는 그 중간 성과를 토의하는 자리였습니다.

네트워크 부문, 커스터머 부문, 마케팅 부문, IT기획실 등의 보고가 있었고 이전과는 전혀 다른 놀라운 수준의 혁신 과제가 발굴됐습니다.

무엇보다도 과거와 같이 쥐어짜는 방식이 아니라 구조적인 개선을 통해 품질도 높이고 효율적으로 일하면서도 비용을 줄이는 방안을 찾았다는 것에 대해 기뻤습니다. 예를 들어, 무선 품질을 실시간으로 수집·평가하는 방법을 개발해서 낮은 품질 지역만을 선별해 효율적으로 투자하고 무선 기지국 임차료도 절감할 여지를 만들었습니다. 중계기 냉각 방식 구조 변경을 통해 전력비를 절감한 아이디어도 기발합니다.

비용 혁신은 단순히 덜 쓰자는 것이 아닙니다. 올해 비용을 투입하더라도 내년, 후년에 비용을 줄일 수 있다면 투자하는 개념입니다. 그 결과는 우리의 일하는 방식을 근본적으로 개선하고 경쟁력을 높이는 쪽으로 이어질 것입니다.

1등 KT경영회의를 마치면서 우리의 체질이 바뀌고 있다는 것을 느꼈습니다. 현장의 섬세한 눈과 스태프의 적극적 지원으로 이뤄낸 혁신입니다.

비용 절감이 즐거운 일이 될 수 있도록, 더 확실히 포상하는 방법도 준비하고 있습니다.

여러분도 즐겁고, 저도 즐거운, 이런 일들이 더 많이 생기기를 기대합니다. 즐거운 연휴 보내시기 바랍니다.

'CEO 생각 나누기'라는 이름으로 이메일 소통은 계속됐다. 취임한 지 6개월 정도 됐을 때 그간의 소회와 회사가 나아갈 방향, 구체적인 사업 전략, 전략 수립의 배경과 발전을 상세히 설명하는 이메일을 보낸 적이 있었다. 그런데 '회장님 너무 길어서 읽기가 힘들어요'라는 답신을 받았다. A4용지 21장에 달하는 글을 2주간 3번에 나눠서 보냈으니 당연한 반응이기는 했다. 그래도 진정성만큼은 전해질 것이라 기대했다. 직원들로부터 다음과 같은 피드백을 받았다.

- CEO 이름으로 된 메일을 처음 받은 것은 아니지만 구체적인 사업 영역과 방향성이 담긴 것은 처음입니다. 읽어도 그만, 안 읽어도 그만인 좋은 게 좋은 거라는 식의 메일이 아니어서 좋았습니다.
- 회장님 메일을 읽고 벽 없는 조직에 대해 다시 생각하게 됐습니다. 내 업무의 연결고리가 이어지지 않은 곳이 없다는 것을 느꼈고, 제 업무에 대해서도 다시 생각하는 계기가 됐습니다.
- 차근차근 사례를 들어 설명해주시니 비전의 의미를 이해하게 됐고, 그동안 회사에서 이뤄졌던 일들의 이유를 알 수 있게 됐습니다.

처음 메일을 보낸 것도 꾸준히 보낸 것도 나였지만 소통의 결과를 가장 크게 느낀 것도 나였다. 직원들의 답신은 고래가 아니라 나를 춤추게 했다. 경영진과 직원들, 또는 직원들 사이의 간극이 점차 좁아지는 것이 느껴지니 경영 현장에서 나도 더 열심히 뛰게 되었다.

2018년 8월, 이메일 소통에서 약속했던 '여러분도 즐겁고, 저도 즐거운' 일이 실제로 벌어졌다. 즐거운 일은 한 일간 신문에 '황창규 KT 회장, 모든 직원에게 피자 쐈다… 기가지니 100만 기념'이라는 제목으로 소개되기도 했다. 기가지니 출시 1년 반 만에 100만 가입자 달성이라는 성과에 나와 직원들 모두가 놀랐다.

KT그룹 임직원 여러분, 이것이 KT의 힘입니다.

이런 성공 체험들이 모여 더욱 탄탄한 KT의 미래가 만들어질 것입니다. 통신 산업을 둘러싼 척박한 경영 환경, 쉽게 뚫리지 않는 미래 산업의 돌파구에 위기 의식과 긴장감을 놓을 수 없는 것이 현실이지만 그럼에도 불구하고 우리에게는 누구도 넘보지 못할 1등 실력, 1등 기업 문화가 있다는 것을 마음에 새겨주시기 바랍니다.

전 직원들에게 메시지를 보내고 나도 피자를 먹으며 자축의 시간을 가졌다. '마음을 다한 시간이 결국 선한 결과를 이뤘다'는 감회에 젖는 시간이었다.

맛집 지도에 담긴 사연

2018년 11월에 예상치 못했던 사고가 아현지사에서 일어났다. 통신선이 묻혀 있는 관로에서 불이 나는 바람에 일대 지역의 통신에 장애가 발생한 것이다. 시민들의 불편은 이루 말할 수 없었다.

사고 현장을 갔다온 다음, 고객 피해를 적극적으로 구제하기로 결정했다. 주변 소상공인들의 피해 구제와 재발 방지를 위해 숨 가쁘게 뛰었다. 무결점 운영을 목표로 첨단 기술을 접목하는 안전 강화 사업에도 박차를 가했다. 통신망 개선안도 빠뜨릴 수 없었다.

하루하루가 강행군이었다. 그러던 중 아현동 인근 소상공인들을 위한 구제책을 마련하라고 지시한 담당 임원으로부터 보고가 들어왔다.

"KT 구내식당을 폐쇄할까 하는데 괜찮을까요?"

KT 직원들이 화재 난 지역에 가서 식사하는 것이 어떻겠냐는 안이었다. 고객들의 어려움을 피부로 느끼면서 소상공인 고객들에게 미안하다는 마음도 전할 수 있을 것 같았다. "참 괜찮은 안입니다"라고 답했다.

당시 KT 광화문 본사에는 약 5,000명의 직원이 상주하고 있었다. 이 5,000명 직원 중 대부분은 고객 대면 서비스를 해본 경험이 없었다. 아무리 '고객 가치 우선'이라고 강조해도 직접 고객을 만나지 않으면 그 중요성을 느끼기 어렵다. 게다가 당시에는 아현국사 화재로 인근 상인들을 포함해 많은 고객이 피해를 본 상황이었다. 직원들이 고객을 대면해보면 업무의 중요성과 책임감을 깨달을 수 있을 것이고,

소상공인인 고객들은 손님이 늘어 매출 증대에 도움을 받을 수 있으니 그야말로 상생이었다.

'고객 방문 식사'는 즉시 시행됐다. 광화문 본사뿐만 아니라 인근 사업장에서도 구내식당 문을 닫았다. 직원들은 식사 시간이 되면 아현동 주변의 식당으로 향했다. 나도 거의 매일 무리에 합류했다. 직원들은 두 달 가까이, 나는 석 달 동안 참여했다. 처음에는 한두 번 이벤트로 오겠거니 했던 식당 사장들도 얼굴 보는 날이 계속되자 마음을 열고 따뜻하게 맞아줬다.

외부 식당에서 식사하는 날이 많아지자 이전에는 듣지 못했던 이야기를 듣게 되면서 한층 귀가 밝아졌다. 가성비 좋고 맛있는 식당을 많이 알게 됐다는 직원이 "자주 가다 보니 식당 사장님을 이모, 형님으로 부르는 식당이 생겼다"라고 하는 말을 듣기도 했다. 충정로에 있는 한 식당 사장은 "지난번에 화재가 났을 때 불편했지만 KT 직원들이 이렇게 계속 찾아주니 고맙고 앞으로도 많이 찾아주면 좋겠다"라는 바람을 듣기도 했다. 그런 시간을 통해 다시 사고를 극복할 수 있었다. 마음을 열고 KT 직원들을 반겨주는 사장과 불평 없이 고객을 만나준 직원 모두에게 고마웠다.

다음 해 2월에는 KT 홍보팀에서 '아현 주변 100대 맛집' 지도를 발간했다. 회사 차원의 '고객 방문 식사' 캠페인 이후에도 자발적으로 아현동 일대를 방문한 직원들의 누적 방문 횟수가 2만 건이 넘었다.

직원들 사이에서는 '맛집 리스트'까지 돌게 됐는데, 이를 전해 들은 홍보팀 직원이 맛집 지도를 만들어 배포하면 지역 상권 활성화에 기여할 수 있다는 아이디어를 냈고 그 결과로 지도까지 만들게 됐다.

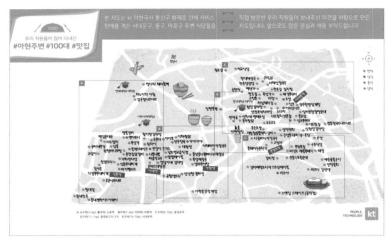

아현 맛집 지도

KT 전 직원에게 배포한 맛집 지도는 상당한 인기를 끌었다.

　사실 KT 구내식당은 여느 식당 못지않게 식단이 알차고 맛도 좋다. 좋은 재료를 쓰고 조미료도 사용하지 않아 건강에도 좋다. 건물 안에 있으니 시간도 절약할 수 있다. KT 직원들 절반 이상이 구내식당을 이용한다. 그런데도 직원들 모두 불평 한마디 없이 고객 식당 방문을 실천해줬다. 엄동설한 추위에 여러 불편을 감당하는 직원들을 보며 KT의 조직 문화가 상생과 고객 중심으로 변화하고 있음을 실감할 수 있었다.

　2019년 9월, 나는 대전의 대덕연구단지에서 열린 '통신 기반 인프라 혁신 발표장'을 깜짝 방문했다. 예정에 없던 일정이었다. 발표장을 방문한 기자들 앞에서 아현 화재와 관련해 다시 한번 사과와 재발 방지를 약속했다.

대전에 설치한 외부 통신 시설(OSP) 훈련소에 배치된 화재 진압 로봇을 점검하고 있다.

"다시 한번 진심으로 사과드립니다. 안타까운 사고는 KT의 근간인 유선 인프라 가치를 깊이 깨닫는 계기가 됐습니다. 이후 우리는 역량과 기술력을 결집해 인프라 혁신 R&D(연구 및 개발)에 매진하고 있습니다."

이날 KT는 방대한 네트워크 인프라를 지키는 OSP(Outside Plant, 외부 통신 시설) 관리 시스템의 개발 내용을 소개했다. 5G와 AI에 기반한 로봇을 활용해 통신구 상황을 파악하고 조기에 화재 진화 시스템을 개발할 수 있는 기반을 구축했다. 확실한 재발 방지 시스템이 마련된 것이었다.

아현국사 화재 발생 때부터 직원들의 외부 식사는 반년 가까이 이어졌다. 재발 방지를 위한 시스템 개발에는 10개월이 걸렸다. 실수를 반복하지 않겠다는 의지와 노력은 여전히 현재 진행 중이다. 이 책을 빌려, 나와 함께 현장을 누벼준, 그리고 미래를 함께 준비해준 많은 직원에게 감사의 인사를 전한다.

음악을 나누다, 마음을 나누다

6년은 짧다면 짧고, 길다면 긴 시간이다. 2020년 3월, 나는 KT에서 이임식을 했다. 경영자로서 일을 내려놓는다는 데 아쉬움도 컸다. 그러나 나는 신임 CEO에게 단 2가지만 부탁의 말을 남겼다.

첫째는 GEPP였다. 감염병 예방 사업은 국내외적으로 매우 중요한 사안이므로 발전시켜나가길 바랐다. 둘째는 KT체임버오케스트라에 대한 관심을 계속 가져달라는 것이었다. 직원들에게 음악을 나누는 시간과 공간이 꾸준히 마련되길 바랐다. 신임 CEO는 고개를 끄덕이며 나의 뜻을 받아줬다.

2014년 KT에 들어와서 기가토피아 선언을 하고 얼마 뒤인 5월, 임직원들과 목동에 있는 KT체임버홀을 찾았다. KT체임버오케스트라의 연주를 듣고 있으니 어릴 때부터 있었던 음악에 대한 많은 에피소드가 떠올랐다.

나는 음악을 좋아하는 소년이었다. 나라 안팎이 어려운 시절이라 접할 기회는 많지 않았으나 한 번 들은 것은 좀처럼 잊히지 않았다. 라디오에서 나오던 클래식을 즐겨 듣고 용돈을 아껴 LP를 사 모으기도 했다. 고등학교 때는 교내 합창단에서 헨델의 할렐루야 같은 대곡

KT체임버오케스트라 연주회(왼쪽은 음악 감독 김용배 교수, 오른쪽은 지휘자 이택주 교수)

을 공연했다. 대학생이 되어 서울에 올라와서 누린 호사 중 하나는 국립극장 제일 꼭대기 층에서 국립 오케스트라의 공연을 수시로 본 일이었다.

한번은 국립극장에서 프랑스 문화원에서 초청한 리옹 오케스트라의 공연이 열렸다. 문화원 초청 행사다 보니 첫 곡이 프랑스 국가와 우리나라의 애국가였다. 나는 그날 난생처음으로 4분의 3박자의 애국가를 들으면서 놀람과 감동으로 입을 다물지 못했다. 이국의 지휘자는 왈츠의 기본이 되는 박자로 애국가를 편곡해 흥겹고 감동 넘치는 곡으로 완성해냈다.

음악이 전하는 감동에 나는 다시 한번 매료됐다. 순간적으로 감정을 변화시키고 정서를 풍요롭게 하는 이 놀라운 예술을 사랑하지 않을 수 없게 된 것이다. 그날 리옹 오케스트라는 라벨이 편곡한 모데스트 무소르그스키의 '전람회의 그림'도 연주했다.

음악은 내게 휴식이자 위로였고, 많은 아이디어를 떠오르게 하는 영감의 원천이었다. 휴일이면 음악으로 시작해서 음악으로 마무리하는 하루를 보냈다. 책을 보고, 구상하는 사이 음악은 좋은 배경이 됐다.

경영자로 다시 시작하는 시기에 그것도 회사에서 지원하는 오케스트라의 연주를 듣고 있자니 '이 좋은 걸 직원들과 꼭 함께 나눠야겠다'라는 욕심이 샘솟았다. 나는 당장 직원들을 음악회에 초대하는 일을 시작했다. 임직원뿐만이 아니었다. 내가 일선에서 자주 만나지 못하는 콜센터 직원들, 지사의 현장 직원들, 신입사원들, 승진 대상자들… 그야말로 '건수만 있으면' 직원들을 공연장으로 초대했다.

처음에는 400석 규모의 KT체임버홀을 채우는 것이 쉽지 않았다. 주말에 음악을 들으러 먼 곳으로 오라고 하니 내키지 않은 사람도 있었을 것이다. 그러나 연주회를 보고 온 직원이 많아지자 입소문이 삽시간에 퍼졌다. KT체임버오케스트라 단원들도 매회 나를 포함한 KT 직원들이 자리를 채워가자 "전에 없던 의욕이 넘치고 분위기도 좋아졌다"라고 하면서 연주에 더욱 힘을 냈다. 한 달에 한두 번씩 토요일 연주회에 갔다가 직원들과 중국집에서 저녁을 먹는 시간은 지난 6년 동안 지낸 나의 즐거운 일상 중 하나였다.

몇 년 전부터는 직원들의 호응이 높아져 2,300석 규모의 예술의전당을 대관해 1년에 2번씩 정기연주회를 열었다. 공연이 있는 날이 되면 직원들은 예술의전당 분수광장, 대리석 바닥 등에 자리를 마련하고 회사에서 제공한 도시락을 즐겼다. 흡사 가족 소풍 같은 모습이 연

예술의전당에서 열린 KT체임버오케스트라 특별 연주회에서 직원 가족과 함께 사진을 찍었다.

출됐다. 나는 주변을 돌면서 직원들과 같이 온 가족에게 인사를 건넸다. 음악을 나누는 시간은 내게는 마음을 나누는 시간이었다.

음악은 인간의 오감 중 가장 빨리 발달하고 가장 늦게 닫히는 부분이다. 가르치지 않아도 즐길 줄 아는 예술로 정서적인 안정도 제공한다.

나는 직원들도 음악을 통해 내가 느꼈던 휴식과 위로를 느껴보길 바랐다. 열 마디 말보다 깊은 울림이 있는, 살아 있는 음악을 직접 경험해보길 소망했다.

KT체임버오케스트라와 함께하는 동안 나의 바람은 잘 이뤄졌다. 지휘자를 포함한 단원들, 그리고 각개 각소에서 자신의 직무를 담당하는 직원들 덕분에 KT는 이제 멋진 '하모니'를 이루는 조직으로 성숙했다. 싱글 KT를 실현해낸 지난 6년이 무척이나 자랑스럽다.

혁신과
공헌
Contribution

5장

세상을
이롭게 하는 일에
동참하라

01 인류와 사회를 위해 기술을 디자인하다

| 세계 최초 5G |

우리 사회에는 보이지 않는 구분선들이 있다.

'창의력'만 해도 그렇다. 창의력을 문학가나 예술가의 전유물로 생각한다. 이공계 학생들에게 "창의력을 가져야 한다"라고 말하면 공감을 얻어내기 힘들다. 이공계 학생들은 앞으로 하게 될 일들을 창의적인 직업으로 생각하지 않는다.

'사회 공헌'은 또 어떠한가? 가진 것을 내어놓거나 사회적 약자와 함께하는 것만을 떠올리기 쉽다. 기술이 인류 전체의 삶을 변화하고 발전시킬 수 있다는 데까지 생각이 미치지 못한다. 기술을 디자인해서 인류와 사회에 기여하는 이들을 조명하는 일에도 인색하다.

엔지니어로서, 경영자로서 내가 경험한 일들은 고정관념을 뛰어넘어 이뤄낸 결과물이다.

우선 엔지니어에게 있어 미래는 예측하고 준비하는 것보다는 상상하고 창조하는 것에 가깝다. 이 때문에 창의력과 상상력이 절대적으로 필요하다. 반도체를 연구하면서 기술의 진보가 우리 삶을 어떻게 바꿔놓을지 끊임없이 상상했다. 모바일 시대를 이끈 '황의 법칙'은 다가올 미래를 상상하고 구체화한 덕분에 만들어졌다. 당장 필요한 기술뿐 아니라 10년 후, 20년 후에 필요한 기술도 함께 연구·개발하는 습관으로 변화의 모멘텀(Momentum)을 앞당길 수 있었다. 모바일이 IT 중심에 설 것이라는 선언은 20년이 지난 지금 현실화되었다. 앞으로 통신 환경은 더욱 진화될 것이다.

엔지니어들도 '더 나은 삶을 만드는 기술을 디자인할 때' 기쁨과 보람을 느낀다. 인류와 사회를 위해 기여한다는 생각으로 자신의 영역에서 최선을 다하는 수많은 사람과 다르지 않다.

지난 수 세기 동안 기술은 인류 번영의 가장 큰 원동력이었다. 최근에는 5G가 그 역할을 담당하고 있다. 5세대 통신을 이야기하는 5G는 속도만 이야기하던 이전의 통신과 확연한 차이점이 있다. 대용량의 데이터를 4G 통신에 비해 10분의 1이라는 짧은 시간 내에 반응할 수 있는 저지연 기술을 구현하고 이동 정보의 양을 엄청나게 늘려 다양한 산업을 발전시키는 인프라로 작용하고 있다. 세계에는 유수의 통신 사업자와 관련 기업이 있지만 우리나라의 KT가 가장 앞서서 5G 기술을 선보였다. 통신이라는 산업의 특수성 덕분에 기술 발전의 수혜자는 전 인류라 해도 과언이 아니다.

안타깝게도 기술은 눈에 보이지 않는다. 편리하고 윤택한 환경을 만들어도 사용자조차 실체를 모르는 경우가 대부분이다. 그러나 많은 사람의 헌신 덕분에 수많은 불가능이 가능으로 바뀌었다. 여기서

는 5G의 상용화와 B2B 사업으로 세상을 이롭게 만든 엔지니어들의
활약상을 정리해봤다.

"합의하지 않으면 저 여기서 뛰어내립니다."

2018년 2월에 열린 평창 동계올림픽은 KT에도 굉장한 축제였다.
심혈을 기울여 준비한 5G 기술을 세계 최초로 선보이는 자리였기 때
문이다. 나는 평창 동계올림픽 개최에 앞서 5~6번 이상 평창에 내려
갔다. 준비 상태를 점검하고 현장에서 뛰는 직원들을 격려하기 위해
서였다.

2018년 1월, 개회식을 한 달 앞두고 KTX를 타고 평창으로 향했다.
중계망 및 5G 시범망을 준비하는 직원들을 격려하는 행사가 준비되
어 있었다. 당시에는 평창과 강릉 일대에 5G 네트워크 구축이 마무리
됐고 통신망과 방송 중계망 운영을 담당한 직원들은 시범 서비스를
위한 막바지 작업에 한창이었다.

본사에서는 깜짝 선물로 발열 조끼를 준비했다. 평창의 겨울 평균
기온은 영하 10도 아래이고 체감 온도는 영하 20도에 가깝다. 1,000개
의 발열 조끼가 직원들의 건강을 지켜주길 바라며 알펜시아 스키점프
센터를 찾았다.

스키점프센터에는 KT의 5G 기술을 보여줄 '평창 5G센터'가 자리
잡고 있다. KT가 통신 공급 계약을 체결한 2015년 12월부터 대회 망
구축과 기술 테스트, 시스템 운영을 위해 평창에 왔던 수만 명의 KT

2018년 1월 평창 동계올림픽에서 최종 점검을 하는 현장 직원들에게 발열 조끼를 전달했다.

직원들이 빼놓지 않고 들르는 곳이기도 하다. 대회 기간에는 통신망 운용과 유지 보수, 시스템 운영을 위해 강릉과 평창 일대에 상주한 1,000여 명의 직원들 역시 '스키점프대 앞 기념 촬영'은 빼놓지 않았다. 나도 직원들과 스키점프센터 앞에서 기념 촬영을 하며 대회의 성공 개최와 5G의 성공적 데뷔를 기원했다. 그리고 며칠 뒤 우연히 이용규 상무를 만났다.

당시 이용규 상무는 5G플랫폼개발본부장으로 있으면서 기업을 대상으로 5G를 활용한 B2B 사업을 담당하고 있었다. 그 역시 평창 동계올림픽과는 떼려야 뗄 수 없는 인연이 있었다. 불과 얼마 전까지 글로벌 통신 기업들이 참가한 SIG(Special Interest Group, 5G 규격 협의체)를 주도해, '평창 5G-SIG 규격'을 만든 장본인이었다.

이용규 상무는 "저도 스키점프대에서 잊지 못할 추억을 만들었지요"라는 말로 시작하면서 눈물 없이 들을 수 없다는 무용담을 들려줬다.

때는 2016년 3월로 거슬러 올라간다. 이용규 상무는 SIG 소속인 노키아, 삼성전자, 에릭슨, 인텔, 퀄컴 등 5개 기업의 임직원 수십 명과 함께 평창으로 향했다. SIG는 평창 동계올림픽에서 사용할 5G의 표준 규격을 만들기 위한 협의체로, 각 기업의 내로라하는 엔지니어들과 CTO로 구성되어 있었다. 이용규 상무는 KT융합기술원에서 제안한 5G 망 관리 표준화안을 기본으로 5G의 평창 표준 규격을 합의하기 위해 수개월째 5개 기업 담당들과 온라인 회의를 진행하고 있었다.

일반적으로 통신 규격 세팅 업무는 3GPP(3rd Generation Partnership Project)라는 이동통신 관련 단체들 간의 공동 연구 프로젝트로 수년에 걸쳐서 진행되고 완성된다. 전 세계적으로 적용 가능한 이동통신의 시스템 규격을 작성하는 것이니만큼 수백 개의 글로벌 업체에서 엔지니어 수천 명이 달라붙어 4~5년 단위로 작업을 진행한다.

글로벌 장비 업체 1, 2위인 에릭슨과 노키아, CPU 메이저인 퀄컴과 인텔, 단말기 제조 톱 기업 삼성전자를 협의체에 합류시킨 것만으로 어느 정도 성과가 보장됐다고 생각할 수 있으나 천만의 말씀이다. 보통 사용자들이 새로운 통신을 이용하기 위해서는 규격 완성, 칩셋 제작, 시스템 제작, 단말기 제작 등 사용자들은 잘 모르는 단계를 거쳐야 한다.

그런데 통신 규격을 어떻게 하느냐에 따라 기업의 이익이 달라진다. 기업에 지적 재산권(Intellectual Property Rights)은 매우 민감한 부분이다. 각자의 이해관계가 걸려 있어서 장비 업체, CPU 업체, 단말기

업체 모두 자신의 기술을 제시하며 이 기술이 왜 좋은지 관련 자료를 제시하면서 표준안으로 채택해줄 것을 주장한다. 당연히 진행에 어려움이 없을 수 없다. 이용규 상무는 이러한 일을 5개 회사와 불과 5~6개월 안에 협의해 완수해야 했다.

우선 원활한 진행을 위해 이용규 상무는 주 5일 동안 매일 밤 10시부터 1시까지 화상 회의를 주관했다. 미국과 유럽에 있는 글로벌 업체들의 시간을 맞추기 위해 어쩔 수 없는 상황이었다. 그리고 한 달에 한 번씩은 서울에서 모여 회의 결과를 확인하고 주제를 변경하는 정기 회의를 개최했다. 물론 회의는 영어로 진행됐다. 토종 엔지니어인 이용규 상무는 꿋꿋이 리더의 좌장으로서 갑론을박을 해결해나갔다.

5번째 정기 회의가 2016년 3월 평창에서 열렸다. 이때는 참가자 규모를 대폭 늘렸고 평창 동계올림픽 경기장 견학 등 다양한 이벤트도 준비했다. 그도 그럴 것이 그때가 이용규 상무에게는 결전의 날이었다.

회의를 마친 SIG 관계자들은 연습용 스키점프대 꼭대기로 향했다. 원래 일반인 견학은 금지돼 있었으나 이용규 상무가 특별히 본부에 부탁해 허락을 얻었다. SIG 관계자들은 즐겁고 설레는 마음으로 경기장 관람에 나섰다. 이용규 상무만이 비장한 각오로 스키점프대로 향했다.

마침내 지상으로부터 수십 미터 위의 연습용 스키점프대에 수십 명의 SIG 관계자들이 모였다. 엔지니어들은 눈앞에 펼쳐진 장관을 배경으로 기념 촬영이 한창이었다. 이때 이용규 상무는 천 길 낭떠러지 같은 점프대를 배경으로 좌중을 불러 모았다. 그는 하고 싶었던 말은 한 가지였다.

5G 표준 관련 토론에 참여한 이용규 상무가 발표하고 있다.

"제발 합의 좀 합시다. 안 그러면 저 여기서 뛰어내립니다."

4개월여 시간이 흘렀지만 '평창 5G-SIG 규격'을 확정하기에는 여전히 많은 것이 부족했다. 통상 통신 규격은 사용하기 최소 1년 반 전에 세팅이 완료되어야 한다. 그래야 칩셋 제작, 시스템 제작, 단말기 제작에 시간을 할애할 수 있다. 게다가 올림픽에서 사용하게 될 다양한 기술은 올림픽조직위와 각 경기 선수들로부터 사용 허가를 받아야 했다. 이를 위해서라도 좀 더 시간적 여유를 남겨둬야 했다. 평창 동계올림픽에 사용할 주파수 사용 기간까지 2년 가까이 남아 있다고는 하나 결코 많은 시간이 아니었다. 속이 타들어 간 이용규 상무는 마지막 패를 던질 수밖에 없었다. 평창 동계올림픽에서 5G의 성공적인 데뷔를 위해 목숨을 건 것이었다.

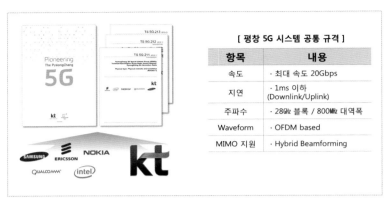

[평창 5G 시스템 공통 규격]	
항목	내용
속도	· 최대 속도 20Gbps
지연	· 1ms 이하 (Downlink/Uplink)
주파수	· 28㎓ 블록 / 800㎒ 대역폭
Waveform	· OFDM based
MIMO 지원	· Hybrid Beamforming

평창 5G 시스템 공통 규격

나는 표준 규격안에 친필 사인을 하고 감사의 편지를 동봉해 이용규 상무에게 건네줬다. 그날 그의 눈빛이 유난히 반짝였던 이유를 2018년 평창 동계올림픽을 목전에 두고 알게 된 것이다.

평창 동계올림픽을 밝힌 5G, 대한민국을 빛내다

잘 알려진 대로 KT의 5G는 평창 동계올림픽에서 성공적인 데뷔 무대를 가졌다. 많은 글로벌 통신 기업 관계자들은 '3년 만에 이뤄진 결과물'이란 사실을 알고 "믿을 수 없다"라는 탄성을 질렀다.

시작은 앞에서도 말했던 2015년 3월 스페인 바르셀로나에서 열린 'MWC 2015'에서였다. '5G 새로운 미래를 앞당기다'라는 제목의 기조연설에서 나는 세계 최초로 5G가 만들 미래상을 발표해 2,000여 명

평창 동계올림픽에서 토마스 바흐 IOC 위원장과 후원 협약식을 진행했다.

의 청중으로부터 박수갈채를 받았다. 새롭게 펼쳐질 5G 세상에 대한 기대와 놀라움이 담겨 있었다.

이 자리에서 5G는 모든 사람과 사물이 연결되는 초연결 시대에 속도, 용량, 연결을 모두 해결할 궁극의 네트워크로 지금까지 기술과는 차원이 다른 성장과 삶의 변화를 일으킬 것이라고 주장했고 5G 시대를 앞당기기 위한 글로벌 사업자들의 협력을 제안했다. 그리고 2018년 평창 동계올림픽에서 세계 최초로 5G 시범 서비스를 제공하겠다고 선언했다.

2,000여 명의 청중이 놀란 것이 당연했다. 당시 통신은 4G였다. IT 강국인 대한민국도 2011년 하반기에나 상용화가 시작됐다. 2015년을

기준으로 보면 새로운 통신 기술이 보급된 지 불과 3~4년밖에 안 된 상황이었다. 통신 변화 주기를 통상 10년으로 감안해보면 5G를 이야기하기에는 '일러도 너무 이르다'는 것이 중론이었다.

세계이동통신사업자협회(GSMA)에서 주최하는 MWC에 참가한 글로벌 기업들의 생각도 다르지 않았다. 4G와 관련한 기술 개발 여력이 많이 남아 있었고, GSMA 로드맵에서도 2020년 이후에나 5G가 실현될 것으로 기록되어 있으니 당연한 생각이었다.

"2018년 평창 동계올림픽에서 세계 최초로 5G 시범 서비스를 제공하겠다"는 선언이 이어지자 세계는 다시 한번 놀랐다. 이름도 낯선 한국의 이동통신사가 3년도 안 남은 국제행사에서 5G를 선보이겠다고 하니 청중의 반응은 반신반의로 나뉘었다.

"5G로 가능한 미래가 현실이 되도록 적극적으로 준비해야 합니다. 함께 석양 너머로 나아갑시다. 그리고 함께 미래를 만들어갑시다."

20분의 기조연설을 간결한 두 문장으로 마무리하고 단상을 내려왔다. 그리고 글로벌 기업들의 부스를 차례로 방문하며 대담한 행보를 시작했다.

MWC는 세계 최대 규모의 모바일 행사로 200여 개 국가에서 2,400여 개 업체가 참가하고 참가 인원도 11만 명에 달한다. 이 중 국내 업체도 200곳이 넘는다. 보통 글로벌 기업의 부스는 우리나라 코엑스 한 관 정도가 된다. 내로라하는 IT 기업들은 수십 명에서 수백 명의 임직원들을 파견해 기업의 기술력을 소개한다.

나는 퀄컴, 에릭슨, 노키아, 인텔, 삼성전자의 부스를 차례로 방문해 CTO 또는 CEO와 인사를 나누고 "즉시 5G 사용화를 위한 기술 개발에 착수해야 합니다"라고 강조했다. 다행히 MWC 기조연설에서 깊은 인상을 받은 탓인지 업체들의 입장과 태도는 이전과는 180도 달라져 있었다. 에릭슨의 부회장은 "우리도 기술 개발에 박차를 가해 5G에 맞는 제품을 만들어보겠습니다"라는 긍정적인 답을 줬다. 나는 "그렇다면 수개월 안에 에릭슨으로 찾아가겠습니다"라고 바로 답했다. 에릭슨의 적극적인 반응을 들은 탓인지 경쟁사인 노키아도 호의적인 대답을 줬다.

정확히 2개월 뒤, 나는 임직원들과 함께 유럽으로 날아갔다. 먼저 스웨덴에 있는 에릭슨을 방문했다. 에릭슨의 기술 담당은 5G로 구현되는 기술을 프로토 타입으로 보여줬다. 오랫동안 준비해온 5G 기술들을 짧은 시간에 굉장히 성의를 갖고 준비했음이 느껴졌다. 이어서 핀란드에 있는 노키아도 5G 기술 개발에 적극적으로 나서겠다면서 KT가 주도할 경우 컨소시엄에 참여할 의사가 있음을 밝혔다.

이렇게 SIG에 참여할 기업들이 결정되자 이용규 상무는 직접 담당자들과 연락해 빠른 속도로 실무를 진행했다. 가장 힘이 되어준 것은 국내 글로벌 기업인 삼성전자였다. 결과적으로 평창 동계올림픽에서 상용화된 단말기도 삼성전자의 제품이었다. 어려움을 뚫고 2016년 10월에 KT와 삼성전자는 세계 최초 '5G 퍼스트 콜(첫 데이터 전송)'을 성공했다. 이는 두 기업을 넘어 대한민국이 이룬 쾌거이기도 했다. 3G 퍼스트 콜은 일본에서, 4G 퍼스트 콜은 핀란드에서였지만 5G 퍼스트 콜은 대한민국에서 이뤄졌으니 그 의미가 남달랐다.

나는 직원들과 외부 협력 업체에 피자와 함께 문자 메시지를 보내며 이를 기념했다.

2015년 5월 스웨덴에 있는 에릭슨 본사를 방문해 5G 기술을 시연했다.

곧 5G 시대가 옵니다. 5G 기술 표준을 주도한다는 것은 그 산업을 주도하고 시대를 주도한다는 것을 의미합니다.

세계 각국이 엄청난 신경전을 벌이며 주도권을 쥐고자 뛰어들고 있지만, 우리가 가장 먼저 시작했고 이미 앞서가고 있습니다.

실제로 평창 동계올림픽을 준비하는 3년여 동안 KT의 기술력은 상당히 높아졌다. 100건이 넘는 5G 관련 기술 기고문이 국내외 관련 기술 잡지에 실렸으며 관련 기술 특허 60여 건이 출원되고 획득됐다. 기술을 시연하고, 설득하고, 니즈를 조율하며 특허와 표준화를 이끈 노력 덕분에 평창 동계올림픽의 5G 서비스도 무리 없이 막을 올릴 수 있었다.

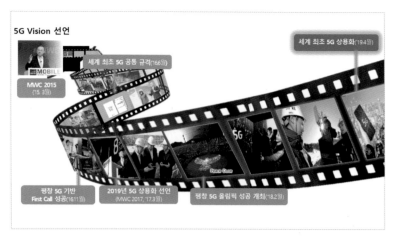

5G 선언 후 상용화까지 3년간의 과정

    외부의 찬사는 뜨거웠다. 일본 NHK는 2020년 도쿄올림픽에서 참고하기 위해 준비단이 평창에서 5G 홍보관을 비롯한 기술 현황을 시찰한 것을 다큐멘터리로 소개했고, 중국의 〈제일재경일보〉는 '최신 기술이 평창 올림픽에서 빛을 발했다'라고 보도했다.

    프랑스의 〈르 피가로〉는 KT의 평창 5G 홍보관을 취재한 체험기와 함께 5G 통신 기술이 만들어내는 스포츠의 빠르고 역동적인 장면을 생생히 눈앞에 재현되는 모습을 소개하면서 '5G는 새로운 산업혁명의 발사대가 될 것'이라고 표현했고 영국의 〈파이낸셜타임스〉는 '초고속 5G, 인류를 위한 게임 체인저가 될 것'이라는 제목으로 '인류의 달 착륙 순간이 그랬던 것처럼 5G가 인류를 진화시킬 것'이라고 평했다. 독일의 DPA통신은 '이번 평창 동계올림픽에서 미래의 기술을 몇 년 앞서 확인할 수 있었으며 대한민국이 이동통신 및 IT 능력을 전 세

2018년 평창 동계올림픽 개막식에서 5G 기술로 구현된 '평화의 비둘기'

계에 입증했다'라고 보도했다.

이 책으로나마 1,000일 동안 5G 평창 동계올림픽을 준비하며 고생한 네트워크 부문, KT융합기술원, 마케팅 부문, IT 부문 등의 수많은 임직원과 영하 20도에서도 네트워크를 맡아 고생해준 현장 요원들에게 다시 한번 감사의 인사를 전하고 싶다.

새로운 기회를 위해 기술을 디자인하다

평창 동계올림픽의 막이 내리고 1년 뒤인 2019년 봄에 KT 경영진은 5G를 상용화한다는 계획을 세웠다. 이용규 상무는 이러한 타임 스케줄을 바탕으로 5G를 B2B 영역으로 확대한다는 새로운 업무를 맡게 됐다. 그리고 지금까지도 '5G 혁신 플랫폼을 기반으로 사회를 혁신하는 산업들을 발굴한다' 라는 미션을 충실히 수행하고 있다.

2019년 2월, 5G 상용화를 한 달 앞두고 나는 'MWC 2019'의 기조연설을 위해 다시 바르셀로나를 찾았다. 당시 기조연설의 주제는 5G 플랫폼개발본부의 미션과 유사한 '5G 혁신 플랫폼에 의한 인류 공영과 사회 발전 기여'였다.

이날 기조연설에서 나는 가장 먼저 4년 전에 같은 장소에서 약속했던 5G 모바일 서비스를 평창 동계올림픽에서 선보였던 것을 상기시켰다. 이를 위해 협력해준 글로벌 파트너들에 대한 감사도 잊지 않았다. 이어서 KT 규격을 기반으로 만든 세계 최초 5G폰을 선보이며, 곧 세계 최초로 5G 모바일 서비스를 상용화할 것이라고 선언했다. 더불어 "5G는 진정한 모바일 실시간 커뮤니케이션을 실현하는 것은 물론, 생명을 구하고 제조업의 패러다임을 변화시키는 등 사회적, 산업적으로도 깜짝 놀랄 변화를 가져올 것"이라고 예측했다.

애초부터 나는 5G 혁신은 B2B 분야에서 두드러질 것이라고 강조했다. AI, 블록체인, 빅데이터, IoT 등 혁신 기술과 결합했을 때 이전까지 없던 가치가 만들어질 수 있다고 굳게 믿고 있었다.

"지금껏 상상으로만 가능했던 것들을 현실로 만들어줄 5G는 궁극적으로 사람을 위한 기술, 인류의 진보에 기여하는 기술이 되어야 합니다. 5G의 엄청난 연결성은 4차 산업혁명의 혜택을 모든 산업과 개인들에게 공정하고 경제적으로 제공할 것입니다."

국가CTO 때에는 IT와 기존 주력 산업과의 융합으로 국가 미래를 만들겠다는 생각을 해왔다. 그 과정이 현실로 실현되고 있었다.

일례로 5G플랫폼개발본부는 2018년 5월부터 현대중공업과 스마트 팩토리 솔루션을 진행했다. 그리고 6개월 뒤인 11월, KT의 5G, 빅데이터, AI 기술과 현대중공업의 로봇 개발, 선박 건조 기술이 결합해 어떠한 변화가 나타났는지 확인해봤다. 5G가 적용된 분야에서 생산성은 30% 향상했고 제품 불량률은 43% 감소했으며 원가는 16% 절감됐다. 골리앗 크레인을 지상에서 조종하고 무인 지게차를 작동하고, 세계에 나가 있는 배들을 부산항의 관제센터에서 관리하는 일들을 통해 새로운 비즈니스를 만들어내기도 했다.

헬스 케어의 경우 5G플랫폼개발본부에서 가장 활발한 사업을 펼치는 영역이기도 하다. 삼성병원, 아산병원 등 국내 주요 병원에 5G

현대중공업 한영석 사장에게 스마트 팩토리 솔루션 진행에 대한 설명을 듣고 있다.

네트워크를 설치해 원격 의료 교육과 격리병동의 인력 효율성을 높였으며, 제주도 31개 동에 5G 네트워크를 구축하고 사용자에게 혁신적인 속도와 초저지연성을 제공하는 기술인 MEC(Multi-Access Edge Computing) 인프라를 만드는 등 5G를 기반으로 한 헬스 케어 서비스를 선보이는 데도 박차를 가했다.

기술의 역할은 불가능이라는 허들을 없애는 것

20세기 말, 기술 발전에 대한 의견은 '유토피아'와 '디스토피아'로 갈렸다. 지금까지와 같이 인류 발전에 공헌할 것이라는 주장과 악용된 기술이 환경 파괴, 인간 존엄 훼손 등으로 세계를 암울하게 만들 수 있다는 우려가 맞섰다.

내가 생각하는 기술의 역할은 단순하다. '허들을 없애는 것'이다. 플래시 메모리라는 기술 하나로 세상이 바뀌었다. 불과 20~30년 전만 해도 사진은 전문가의 영역이었다. 그러나 플래시 메모리가 탑재된 디지털카메라가 발명되고 보급되면서 누구라도 때와 장소를 가리지 않고 사진을 찍을 수 있게 됐다. 방송도 마찬가지다. 요즘은 1인 방송이 흔하다. 디지털 촬영과 편집이 가능해지면서 전문가의 영역이 붕괴했다.

같은 맥락에서 보면, 미래에는 공공재와 다름없는 통신이 우리에게 남겨진 안전 재해, 환경 문제, 고령화 등의 허들을 제거하는 데 기여할 것이다. 일례로 로봇에 5G, 클라우드 컴퓨팅이 부착되면 무선이 가능해진다. 제어와 조직을 클라우드로 하게 되면 로봇의 자체 기능을 줄일 수 있다. 동선이 자유로워지면서 원하는 곳 어디서든 작업이 가능하다. 재난 위험이 높은 산업 현장에 투입한다면 안전사고를 획기적으로 낮출 수 있다.

자동차에 5G를 결합하면 배기가스를 획기적으로 줄여 기후 변화를 늦출 수 있고, 스마트 시티와 스마트 팜에 5G를 결합하면 고령화로 인한 노동력 저하를 해결할 수 있으며 의료 서비스에 5G를 결합하면 원격 정밀 의료가 가능해져 삶의 질을 한층 끌어올릴 수 있다.

물론 가야 할 길은 아직 멀다. 그러나 KT처럼 오래전에 출발선에서 출발한 기업도 있다.

2014년, 나는 '유토피아(Utopia)'의 'U' 대신 'GiGA'를 붙인 기가토피아(GiGAtopia)를 선언했다. 토머스 무어는 '없다'라는 뜻의 고대 그리스어 U와 장소를 뜻하는 'Topia'를 합쳐서 '유토피아'라는 단어를 만들었다. 부자도 가난한 자도 없는 세상을 꿈꾼 그는 유토피아는 상상일 뿐 이룰 수 없다고 했다.

그러나 나는 기가토피아를 선언하면서 지능형 네트워크로 이상적인 미래를 실현하겠다는 당찬 포부를 밝혔다. 실제 ICT를 신성장 동력으로 한 KT는 에너지, 보안, B2B, 미디어, AI 스피커 등으로 경제 발전을 견인했다. 비교적 최근에 사용화된 5G 역시 생활뿐만 아니라 경제적인 분야에서도 많은 변화를 가져올 것이다. 글로벌 시장 조사 기관인 HIS는 2035년까지 5G 단독으로는 12조 3,000억 달러, 콘텐츠와 앱 개발 등 연계 시장에서 3조 5,000억 달러의 생산 유발 효과가 나타날 것이라 예상했고, 관련 일자리는 2,200만 개가 만들어질 것이라고 봤다.

최근의 코로나19 사태는 5G 기술이 우리 삶을 변화시키는 데 가속도를 붙였다. 또한, 언택트 시대에 나타날 수 있는 시간과 공간의 제약을 모두 걷어내고 온택트의 시대로 우리를 이끌었다.

일례로 미래의 일이라고 생각했던 비대면 수업, 화상 회의가 일상화됐다. 고용량의 영상을 주고받으며 학습과 업무를 진행하는 데 불편을 느끼는 사람이 사라졌다.

오프라인으로 행사를 열 수 없던 방송사는 수십 명, 수백 명의 시청자를 화상으로 연결해 방송 프로그램을 만들었다. 이 역시 LTE 시대에는 상상도 못 할 퍼포먼스다. 하나의 화면에 수백 명의 얼굴이 띄워지는 것은 그야말로 장관이었다.

이처럼 엄청난 트래픽을 소화하는 5G는 이제 우리 일상의 공기와 같은 기술이 됐다.

모든 기술은 인간의 손에 의해서 만들어진다. 궁극적으로 인류와 사회에 기여하겠다는 선한 의지를 가진 사람들을 통해 경제적인 편익을 제공할 뿐만 아니라 다양한 허들을 없애는 기술이 많이 탄생할 것이다. 다음 세대 기술자들의 활약을 기대해본다.

다음은 국가CTO로 있을 때 〈매일경제신문〉(2012년 7월 23일)에 기고한 글이다. 평창 동계올림픽을 준비하기 위해 역대 올림픽이 어떤 주제와 기술을 기반으로 흥행에 성공했는가를 연구한 후 정리했다. 그리고 5G를 포함한 스마트 기술로 평창 동계올림픽을 차별화해야 한다는 의견을 제시했다.

(중략) 최근 올림픽 중 이런 콘셉트와 유사한 테마가 있었는지 확인해 봤다. 2004년 아테네 '문화 및 관광', 2006년 토리노 '이탈리아 옛 영광의 재현', 2008년 베이징 '중국의 부상', 2010년 밴쿠버 '친환경 그린', 올해 런던 '국제 수도', 2014년 소치 '러시아의 부상' …. 첨단 기술이라는 테마로 차별화가 가능해 보였다.

문제는 'How'다.

'우리 과학 기술을 어떻게 올림픽에 녹일까?'

평창이 결정된 작년 7월 이후 내 머릿속을 가장 많이 지배했던 질문 중 하나다.

우선은 대한민국의 냄새가 나야겠다. 기술에 우리 고유의 스토리를 담아 이를 체험한 누구라도 코리아를 떠올려야 한다.

둘째, 기술이 인간을 자연스럽게 감싸야 한다. 올림픽 참가자들이 기술 때문에 스트레스를 받아서는 안 되며 무의식 중 최상의 편의와 효율을 만끽해야 한다.

셋째, 올림픽이 끝나도 활용 가능한 '지속형 기술'이어야 한다.

예컨대 '가상 경기장(Virtual Stadium)'을 생각해볼 수 있다. 장소는 아프리카, 중동 등 동계올림픽과는 그다지 인연이 없는 나라다. 우리가 독보적 위치에 있는 3D TV의 차세대 기술, 역시 우리가 최초로 상용화한 4세대 이동통신을 이을 5세대 이동통신, 그리고 홀로그램 기술 등을 지구 저편 경기장에 적용하면 실제로 관중석에 있는 듯한 느낌을 줄 수 있을 것이다. 그들에게는 아직 신기한 겨울 스포츠의 박진감도 즐기고, '메이드 인 코리아' 기술의 우수성도 뼛속 깊이 체험할 수 있으리라. (중략)

매일경제

2012년 07월 23일 월요일 A38면 분석과전망

매경시평

스마토피아 평창

황 창 규
지식경제부 R&D전략기획단장

"
2018 평창 테마는 '첨단기술'
아프리카 가상경기장 만들고
단지 곳곳 에너지그리드로
기술·산업 금메달 도전
"

"PyeongChang…." 자크 로게 IOC 위원장의 짧고 담담한 한마디는 수십 가지의 의미를 담았다. 뛰는 가슴이 좀 진정되자 불쑥 이런 생각이 들었다. "2018년이면 다양한 미래 먹거리 연구개발(R&D) 사업이 상용화된다. 평창이 선진국 입지 구축의 모멘텀이 될 수 있는 것은 없을까?"

화려한 전시성(展示性) 기술로 올림픽을 분석(粉飾)하자는 게 아니다. 덜 화려하더라도 선수, 임원, 기자, 관광객 그리고 수십 억 세계인이 평창을 통해 우리 기술의 우수성을 몸소 체험한다면?

최근 올림픽 중 이런 컨셉과 유사한 테마가 있었는지 확인해 봤다. 2004년 아테네 '문화 및 관광', 2006년 토리노 '이탈리아 옛 영광의 재현', 2008년 베이징 '중국의 부상', 2010년 벤쿠버 '친환경 그린', 올해 런던 '국제수도', 2014년 소치 '러시아의 부상'…. 첨단기술이라는 테마로 차별화가 가능해 보였다.

문제는 'How'다. "우리 과학기술을 어떻게 올림픽에 녹일까?" 평창이 갈망된 작년 7월 이후 내 머릿속을 가장 많이 지배했던 질문이다.

우선은 대한민국의 냄새가 나야 한다. 기술에 우리 고유의 스토리를 담아 이를 체험할 수 누구라도 코리아를 떠올려야 한다. 물째, 기술이 인간을 자연스럽게 감싸야 한다. 올림픽 참가자들이 기술 때문에 스트레스를 받아서는 안 되며 무의식 중 최상의 편의와 효율을 만끽해야 한다. 셋째, 올림픽이 끝나도 활용 가능한 '지속형 기술'이어야 한다.

예컨대 '가상 경기장(Virtual Stadium)'을 생각해 볼 수 있다. 장소는 아프리카, 중동 등 동계올림픽과는 그다지 인연이 없는 나라다. 우리가 독보적 위치에 있는 3D TV의 차세대 기술, 역시 우리가 최초로 상용화한 4세대 이동통신을 이을 5세대 이동통신, 그리고 홀로그램 기술 등을 지구 저편 경기장에 적용하면 실제로 관중석에 있는 듯한 느낌을 줄 수 있을 것이다. 그들에게는 아직 신기한 겨울 스포츠의 박진감도 즐기고, '메이드 인 코리아' 기술의 우수성도 뼛속 깊이 체험할 수 있으리라.

또 하나, 국가 R&D 사업 중 '한국형 에너지 그리드(K-MEG, Korea Micro Energy Grid)'가 있다. 전기의 효율화를 추구하는 스마트 그리드보다 한 차원 높은 기술로 전기는 물론 열, 가스, 공기, 물 등 모든 에너지원을 융합한 최초의 차세대 에너지융합효율시스템이다. 이를 단지 내 곳곳에 적용한다면 올림픽 종료 후에도 실용단지로 얼마든지 활용할 수 있다.

올림픽에 '메이드 인 코리아' 기술을 적용할 영역은 무궁무진하다. 단, 걸림 이 완벽하게 끝나야 한다. 올림픽 무대가 테스트 필드는 아니기 때문이다.

여기지 못한 걸림돌이 분명히 있을 것이며 남은 6년이 길지는 않다. 하지만 비전·의지·열정이 있다면 못할 것도 없다.

'코리아 브랜드'는 이제 '부지런히 선진국을 쫓는 나라'에서 '강하면서도 세련된 나라'의 이미지를 지향한다. 수출 세계 7위, 9대 무역대국, 일곱 번째 20-50(소득 2만불, 인구 5000만명) 클럽 가입국 등의 타이틀은 '강함'을 상징하는 정량적 지표다. 올림픽과 같은 글로벌 이벤트의 전략적 활용은 '좀 더 세련된 코리아'를 뜻한다.

'스마토피아 코리아', 즉 IT를 기반으로 다양한 산업이 융합하면서 모든 기술이 인간 중심으로 재확립된 미래 스마토피아시대는 대한민국이 선도할 것이며, 이것이 '디지털 코리아'를 이을 차세대 비전이 되어야 한다는 강한 신념이 나에게는 있다.

비전의 국민적 합의, 그리고 열정만 있다면 '스마토피아 평창'은 '스마토피아 코리아'의 필요충분조건이 될 것으로 확신한다. 정부·산업계·연구계의 중지를 모아 구체적이고 현실적인 방향기 로드맵을 차근차근 그려 나가자. 연관에서는 종목별 금메달을, 평창에서는 기술과 산업의 금메달에 도전하자.

---

02 생명 존중과 희망을 이야기하는
IT를 꿈꾸다

| 기가토피아 |

'지속 가능성'은 사람뿐 아니라 기업에도 중요한 목표이자 과제다. 내일이 없는 삶을 사는 이가 없듯 내일을 기약하지 않는 기업 경영도 없다. 글로벌 사회 역시 지구촌이 환경이나 질병에 의해 훼손되지 않고 지속 가능하도록 국제적 공조를 펴고 있다.

대표적으로 유엔(UN)은 지속 가능 발전 목표(SDGs, Sustainable Development Goals)를 설정하고 2016년부터 2030년까지 15년간 전 세계의 경제 문제, 환경 문제, 사회 문제를 해결하고자 중장기적 발전 계획을 세우고 17개 목표를 시행하고 있다.

KT는 유엔의 지속 가능 발전 목표를 적극 지지하면서 기술적으로 5G 지능형 네트워크와 플랫폼 서비스를 통해 실현하고자 노력했다. 나 역시 취임 초기 때부터 KT가 우리 사회에 공헌하는 기업으로 자리매김할 수 있도록 지원하겠다는 의지를 강하게 피력했다.

국민 기업이라는 정서를 가진 직원들은 이러한 의지를 잘 받아줬다. 사회 공헌과 관련해서도 단순한 봉사활동에서 벗어나 기술과 서비스로 사회에 공헌하는 모델을 발굴하고자 애를 썼다. 국내외 오지나 낙도에 ICT 인프라를 구축하는 '기가스토리', 아주대병원 권역외상센터 지원, 안나푸르나ICT산악구조센터, 샤르자의 스마트 팜까지 많은 프로젝트를 진행했다. 전 과정에서 직원들의 헌신적 노력이 뒷받침됐다.

모든 일은 시작이 있으면 끝이 있다고 말한다. 그러나 6년간 직원들의 헌신은 끝을 향해 나가지 않았다. 매일매일 시작이었다.

가장 잘하는 것으로 공동체의 고민을 해결한다

2014년의 어느 날, KT지속가능경영단에서 손편지 하나를 들고 집무실로 찾아왔다.

IT 서포터즈 선생님께,

선생님 저 ○○예요. 어린이날 우리 학교에서 했던 스마트폰 체험교육이 참 재미있었어요.

섬에서는 스마트 기기를 접하기가 힘들어요. 우리도 맨날 스마트 기기로 공부했으면 좋겠어요.

아이패드 선생님! 또 와주시면 안 될까요?

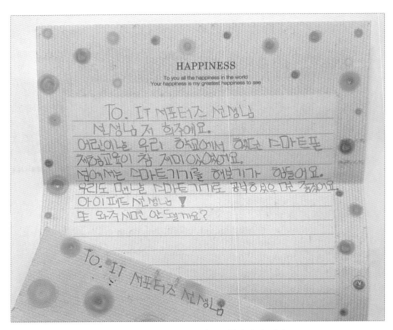

기가스토리를 시작하게 된 계기가 된 임자초등학교 학생의 손편지

대한민국은 자타공인 ICT 강국이다. 그러나 지역과 계층, 세대 간 정보 격차가 존재한다. 2016년 통계에 따르면 정보 취약계층의 디지털 정보화 수준은 일반인의 58.6%에 불과하다. 가볍게 보면 '스마트 폰을 다룰 줄 아느냐, 모르느냐?'로 비칠 수 있지만 실상 ICT 문맹의 불이익은 엄청나다. 요즘은 모바일로 네트워킹은 물론 정보 전달, 쇼핑, 교육 등 모든 것이 이뤄지고 있으니 그 격차가 더 커졌을 것이다.

임자도는 전라남도 신안군 지도읍에서 배를 타고 들어가야 하는 섬으로 65세 이상이 주민의 절반 이상을 차지한다. 임자초등학교 학생은 20명이 되지 않는다. KT지속가능경영단은 임자도를 위한 사업이 필요하다고 제안했고 나 역시 공감할 수밖에 없었다.

그 즉시, 임자도를 대상으로 기가스토리 사업이 시작됐다. 기존의 IT 서포터즈는 IT 교육을 진행하는 데 그쳤으나 기가스토리 사업은 네트워크를 깔고 새로운 서비스를 제시하면서 주민의 삶을 개선하는 것에 주력했다. 아이들은 IoT를 이용해 수업을 들었고 주민들은 스마트폰으로 실시간 작물 재배 현황을 파악할 수 있게 됐다.

두 번째 기가스토리 사업 지역은 DMZ 안에 있는 파주의 대성동이었다. 대성동에는 학생 수가 30여 명에 불과한 초등학교가 있는데 교장실에서는 통화가 안 될 정도로 네트워크 환경이 미흡했다. 교장 선생님이 옆 마을 교장 선생님에게서 'IT 서포터즈 덕분에 아이들이 재미있게 수업을 하고 있다'라는 이야기를 듣고 직접 연락을 주셨다. 아

DMZ 내 위치한 대성동에 5G 네트워크를 구축한 후 기념 촬영을 했다.

이들이 ICT 환경을 직접 누릴 수 있으면 좋겠다며 시작한 프로젝트는 농가에까지 ICT 기술이 보급되면서 원격으로 관리하는 스마트팜과 원격 교육까지 가능해졌다.

대성동의 이야기는 〈뉴욕타임스〉가 전면에 다룰 정도로 외신의 관

〈뉴욕타임스〉에 소개된 DMZ 대성동 5G 마을(2019년 12월 2일)

심이 높았다. 외신 입장에서 DMZ는 이국의 낯선 공간을 넘어 사선(死線)의 공간이다. 하천 하나를 넘으면 북한이 있다. 남북한의 오랜 대치 상황에서 주민들은 불안했으나 터전을 떠날 수 없었다. 외신들은 오랜 기간 불안과 불편을 감내했던 주민들에게 KT의 5G는 새로운 세상을 선물한 것이라고 설명했다.

섬 한 곳에 기가스토리를 정착시키는 데 보통 1년이 걸린다. 최근에서야 임자도, 대성동, 백령도 등 6곳의 사업을 마무리할 수 있었다.

KT지속가능경영단은 '우리가 가장 잘할 수 있는 것은 무엇일까?', '우리만이 할 수 있는 것은 무엇일까?'를 늘 고민했다. 김치를 담그고 연탄을 나르는 것은 우리만 잘할 수 있는 일이 아니다. IT로 할 수 있는 일들을 찾아 나섰다. 시행착오도 없지 않았으나 결국 공동체에 보탬이 되는 일들을 중심으로 펼쳐나가고 있다.

의술의 빈자리를 기술이 메울 수 있도록

2017년 12월에 특별한 선물을 받았다. 아주대병원의 이국종 교수가 《칼의 노래》를 보내왔다. 동봉한 카드에는 감사 인사가 빼곡히 적혀 있었다. 오래도록 손글씨를 써온 사람의 필체였다.

이국종 교수의 활약상은 언론을 통해 익히 알려져 있다. 2011년에 피랍됐던 삼호주얼리호의 석해균 선장을 오만에서 국내로 이송해 치료한 것과 2017년에 귀순한 병사를 치료한 이력이 언론을 통해 소개됐다.

KT지속가능경영단은 이국종 교수의 업적보다 그가 다양한 채널을 통해 '중증외상센터 운영의 어려움'을 토로한 것에 귀를 더 기울였다. 그런 KT지속가능경영단에 도움이 필요한 곳이라면 백령도도 가고 임자도도 가는 마당에 무엇이든 못할까 싶은 마음이 들어 적극적으로 검토해보자고 의견을 보냈다.

2017년 말, KT는 아주대학교의료원과 MOU(양해각서)를 체결했다. 권역외상센터에서 당장 필요한 것을 금액으로 산출했고 지원 기간은 3년으로 정했다. 일회성 지급에 그쳐서는 안 되며 지속적으로 협력하면서 지원한다는 KT지속가능경영단의 방침 때문이었다.

MOU 당일 아주대학교의료원으로 출발하기에 앞서 플랫폼본부장도 동석해달라고 요청했다. 병원에서 사용되는 IT 기기들을 점검하고 기술적으로 도움이 될 만한 일이 있으면 함께 고민해보자는 생각에서였다.

행사를 마친 이국종 교수가 손수 병원 안내를 해주겠다면서 우리를 권역외상센터로 이끌었다. 2016년 6월, 아주대병원에 경기남부권역외상센터가 문을 열었다. 전국에서 9번째로 연 권역외상센터였다. 우리는 순순히 그를 따라나섰다.

권역외상센터부터 시작해 중환자실, 병동, 옥상의 헬기 이착륙장까지 살펴보는 1시간여 동안 나와 임직원들은 이국종 교수에게서 '중증외상센터의 열악함'에서 시작해 "의료 현장에 IT 기술을 적용해주세요"라는 제안까지 다양한 이야기를 듣고 또 들었다.

"헬기만 있고 무전기가 없습니다. 달라고 한 지 7년이 넘었는데 아무리 높은 분에게 얘기해도 헬기는 문제없지만 그다음은 절대 안 된다고 하더군요. 200억 원 예산은 고사하고 무전기 달라고 한 것이 7년

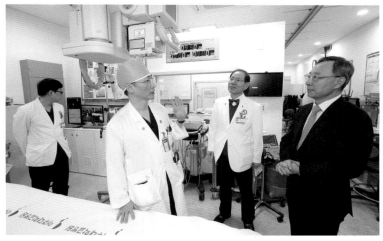
이국종 교수가 경기남부권역외상센터를 안내하고 있다.

째예요. 그런데 그다음은 진행이 안 됐습니다."

닥터헬기(응급 의료 전용 헬기)가 무전 장비를 갖추지 못해 의료진과 카카오톡으로 연락하는 현실의 어려움을 이야기했다.

소방헬기 내 무전은 기장과 관련인만 할 수 있게 돼 있다고 했다. 법적으로 의료진은 헬기의 무전기를 사용할 수 없다고 했다.

그 자리에서 KT파워텔의 LTE 무전기 단말기 지원이 가능한지를 타진했다. LTE 무전기 '라져'는 최대 8,000명까지 동시 통화가 가능하고 영상 통화도 가능하다. 닥터헬기에도 유용할 것 같아 그 자리에서 단말기 70대와 3년간의 이용 요금을 지원하는 방향을 제안했다.

그런데 권역외상센터에 필요한 것은 이게 다가 아니었다. 응급 의료 물품 교체, ICT 의료 솔루션 개발과 적용 등 해야 할 것이 많았다.

응급 외상 환자에게 골든아워는 1시간이다. 아주대를 기준으로 1시

경기소방본부 닥터헬기

간 이동권 내의 동선이 주요했다. KT에서는 닥터헬기가 주로 다니는 경부고속도로, 영동고속도로, 서해안고속도로에 새로 안테나를 설치하는 등의 기지국 조정을 진행했다. 통신의 경우 기본적으로 사용자는 지상에, 기지국은 그보다 위에 설치돼 있다. 전파를 사람들을 향해 쏘기 때문에 안테나의 방향은 언제나 위에서 아래로 내려다보는 형태다. 그러나 이대로는 하늘에 떠 있는 헬기에 전파를 보낼 수 없다. 기술팀은 하늘을 향한 안테나를 개발했다. 이 안테나는 고속도로 기지국에 적용됐다. 이 기술은 2019년 MWC 기조연설에서 소개됐는데 당시 청중들로부터 많은 찬사를 들었다.

헬기 내부에서 대화할 수 있는 '인터컴'도 새로 제작했다. 무선기와 연동되어 효용도가 높았다. 응급환자를 후송할 경우 병원에 남은 의료진들이나 함께 헬기를 타고 가는 의료진들과 긴밀하게 소통해야 한다. 그러나 헬기의 경우 소음이 심해서 대화가 쉽지 않다. 기술팀에서 2개 채널을 사용할 수 있는 인터컴을 새로 제작해 제공했다.

사실 KT는 기계를 직접 만드는 회사가 아니다. 하지만 실무자들은 이국종 교수의 요청들을 해결하기 위해 정말 애를 많이 썼다. 네트워크 기술, IT 기술을 개발하는 것은 물론이고 계열사에 부탁해 '응급의료용 조끼'까지 만들었다. 의술이 있는 사람은 의술로, 기술이 있는 사람은 기술로 사람을 살린다는 원칙을 성실히 지켜냈다. 이국종 교수가 보낸 카드는 수고한 모든 이에게 보내는 감사의 표시였다.

안나푸르나 3,700미터에 구축된 ICT구조센터

이후에도 KT지속가능경영단은 IT 기술력을 활용해 생명을 구할 수 있는 곳들을 찾아 나섰다. 글로벌 기가스토리 프로젝트로 시작된 산악인 엄홍길 대장과의 인연이 2019년 10월 말 '안나푸르나ICT산악구조센터' 개소로 이어졌다.

처음에는 임자도와 대성동과 같은 기가스토리를 만들자는 계획이었다. 그러나 네팔로 날아간 KT지속가능경영단은 더 필요한 것을 발견하고 또 다른 사업을 기획하게 됐다.

우리나라 사람들에게도 익숙한 안나푸르나 지역은 8,000미터급 봉우리 1개, 7,000미터급 봉우리 13개, 6,000미터급 봉우리 16개로 이루어진 대산군 지역이다. 네팔의 3대 트레킹 코스로 불릴 만큼 유명하지만 2010년부터 2017년까지 집계된 사망 사고만 172건인데도 국가적인 안전 대응은 여전히 미비한 상황이었다. 특히 안나푸르나 지역은 통신 신호가 미약해 등산객이 조난해도 구조센터와 연락이 되지 않아 위험이 가중됐다.

KT지속가능경영단은 기가스토리와 별개로, 엄홍길 대장과 지역민들의 의견을 수렴해 안나푸르나ICT산악구조센터를 설치하기로 했다. 장거리 무선 중계기를 이용해 등산객과 구조대원의 통신이 가능하게 하면 위험한 상황이 되어도 신속한 구조가 가능해질 것으로 봤다.

마차푸차레 지역의 해발 3,700미터 지점에 안나푸르나ICT산악구조센터를 설치하는 프로젝트가 빠르게 진행됐다. 안나푸르나ICT산악구조센터가 될 건물은 셸파들이 관리하며 산악인들을 돕는 로지(lodge)의 사장들이 기증했다.

그러나 남의 나라에서 각종 의료 장비를 둬야 하는 구조센터를 설치한다는 것은 쉽지 않았다. 우선 네팔 정부에 허가를 받아야 했고 관리 및 전담 직원 배치 관련해서도 승인을 받아야 했다. 이는 간다키주 지방정부가 나서줬다. KT가 후원하는 민간 ICT산악구조대 설립은 엄홍길휴먼재단에서 진행하기로 했다. 프로젝트 유지 관리에도 힘을 보태줬다. 구조센터 운영과 구조대원 구성은 네팔등산협회에 부탁했다.

KT지속가능경영단은 구조센터의 외간을 보강하는 것은 물론, 구조대의 ICT 솔루션 공급과 교육 훈련, 유지 보수 등을 담당하기로 했다. 사실 손품, 발품이 들어가는 가장 큰 업무다. ICT 솔루션에는 위치 추적이 가능한 비콘(Beacon)과 정찰용 드론 2대, 구조용 드론 1대, 무전기와 인터컴 40대, 무전기 제어 시스템과 장거리 무선 중계기 등이 투입됐고, 이동용 의료장비도 필요했다. 안나푸르나ICT산악구조센터의 장비를 들고 나르는 데 KT지속가능경영단도 합세했다. 1,700

해발 3,700미터 지점에 설치된 안나푸르나ICT산악구조센터에서 드론을 활용해 구조 훈련을 하고 있다.

미터 전후까지는 차가 올라간다고 해도 거기서 2,000미터까지는 걸어서 이동해야 했다. 차로 4∼5시간 이동 후에 이틀 가까이 걸어야 구조센터에 도착할 수 있었다.

사업을 시작한 지 반년이 지나서 안나푸르나ICT산악구조센터가 문을 열었다. 안나푸르나ICT산악구조센터의 장거리 무선 중계기를 이용하면 등산객과 구조대원 간에 통신이 가능해졌다. 이를 통해 위치 추적, 구조용 드론을 활용한 구조 물품 수송, 구조 장비를 활용한 신속한 구조 활동이 가능해졌다.

2020년 1월, KT지속가능경영단원의 안나푸르나행 긴급 출장이 보고됐다. 전날 한국인 4명이 안나푸르나 등반에 나섰다가 실종됐다는 뉴스가 나왔다. KT지속가능경영단은 뉴스를 듣자마자 안나푸르나행을 결정했다. KT지속가능경영단 2명과 협력사의 드론 전문가 1명이 안나푸르나에 있는 안나푸르나ICT산악구조센터로 날아갔다.

그런데 도착 당일에는 기상 악화로 사고 현장 접근이 불가능했다. 다음 날, 엄홍길 대장과 함께 실종자 수색용 장비를 반출하고 수색 준비에 나섰으나 상황은 마찬가지였다. 실종자 수색은 7일 만에 종료됐다. 네팔 현지인들은 실종자들이 3,700미터에 있는 안나푸르나ICT 산악구조센터에 들러 기기를 사용할 수 있었다면 어땠을까 하며 함께 마음 아파했다.

KT지속가능경영단은 유가족의 인사를 받은 것이 송구스럽다며 귀국 후에도 몸과 마음이 편치 않아 보였다. 수색을 중지한 것이 수색대나 장비 탓도 아니었지만 구조팀 교육을 강화하고 장비를 개선할 방안을 찾으면서 다음을 기약했다. 모두가 이들의 노력으로 하나의 생명이라도 구할 수 있기를 바랐다.

사막에 세워진 스마트 팜, 장애인 맞춤형 첨단 시설

KT지속가능경영단의 활동 덕분에 나는 중동국가의 공주를 만나는 일도 경험했다.

2018년 2월 8일에 열린 '평창포럼 2018' 출범식에 UAE의 토후국 중 하나인 샤르자의 셰이카 자밀라 공주가 초청됐다. 샤르자는 서울시 4배 크기에 인구 140만 명이 사는 작은 국가이며 역사와 예술로 유명하다.

그런데 셰이카 자밀라 공주는 결혼도 하지 않고 중동 최대의 장애인 지원 기구인 샤르자인도주의센터(SCHS)를 운영해오고 있다. 샤르자인도주의센터에서 약 2,000명의 장애인이 교육과 재활 프로그램을 이용하고 있다.

평창 동계올림픽을 보러 온 셰이카 자밀라 공주와 인사를 나눴다. 셰이카 자밀라 공주는 검소한 옷차림에 자애로운 분위기를 풍겼다. 자리에 앉는 모습이 차분하고 다소곳해 흡사 어머니 세대의 모습을 보는 것 같았다.

그런데 대화가 시작되자 셰이카 자밀라 공주는 예상과 달리 다양한 질문을 꺼내놓았다. 셰이카 자밀라 공주는 내가 반도체를 개발하는 일로 시작해 현재 KT의 리더로 있게 된 사정을 아는 것 같았다. 미래 기술의 방향에 관해 묻고 또 물었다. 평소 생각대로 IT와 바이오 기술에 많은 기회가 있을 것이라고 대답했다. 셰이카 자밀라 공주는 장애인들에게 IT 기술을 가르치기 위해 구글, 마이크로소프트를 직접 찾아가 지원을 요청했던 이야기도 전해줬다. 부드럽지만 적극적인 성격으로 여러 사업을 진행했음을 짐작할 수 있었다.

이야기가 무르익자 셰이카 자밀라 공주는 KT가 남양주에서 운영하고 있는 스마트 팜을 방문한 이야기를 꺼냈다. 예정된 시간보다 길게 스마트 팜을 둘러봤다던 셰이카 자밀라 공주는 샤르자에도 그와 같은 스마트 팜을 지어줄 수 없겠느냐고 물었다. ICT를 활용한 스마트 팜이라면 장애인들이 일하기에 안성맞춤일 것 같다고 했다. 부탁은 여러 차례 반복됐다. 1시간 가까이 이야기를 나눈 후, 셰이카 자밀라 공주는 장애인 학생이 만든 것이라며 두상 조각품을 선물로 줬다.

평창 동계올림픽을 마치고 실무진들과 셰이카 자밀라 공주가 요청한 스마트 팜과 관련한 이야기를 나눴다. 중동은 전통적인 사막 국가로 채소 대부분을 이란에서 수입해 먹는다고 한다. 그나마 과일은 보존 기간이 길지만 채소는 쉽사리 상해 먹기가 쉽지 않았다. 게다가 이란과 미국의 사이가 좋지 않으면 수급이 좋지 않아 가격이 심하게 요동쳤다. 일반인들에게도 가격 부담이 크니 취약계층인 장애인들은 더 먹기가 어려울 수 있었다.

셰이카 자밀라 공주가 왜 그토록 간절하게 부탁하고 갔는지 알 수 있었다. 자연스럽게 회의는 해결책을 이야기하는 것으로 넘어갔다. 그런데 거기서부터 서로 말문이 막혔다.

보통 스마트 팜의 경우 추운 지역에 유리온실을 만든다. 바깥 날씨에 구애를 덜 받고 난방비를 줄이면서 채소를 키우는 농법으로 진행한다. 그런데 샤르자는 더운 지역이라 온도를 낮추는 것이 관건이다. 일반적인 냉방으로는 돈이 많이 들어 감당하기가 쉽지 않다. 게다가 작물을 키우려면 물이 많이 필요한데 사막 한가운데서 물을 어디서 구한단 말인가?

기술적인 해법이 쉽지 않아 보였다. 해결책을 찾아보자는 데서 1차 회의가 끝이 났다. 그리고 얼마 뒤 다시 열릴 것 같지 않았던 2차 회의가 소집됐다. 물을 흘려보내서 온도를 낮추는 '물 순환 구조형 재배 시설과 쿨링 시스템'을 활용해보자는 제안이 나왔다. 에어컨을 쓰지 않고 물과 전기도 최소화하는 방법이었다.

KT지속가능경영단은 바로 샤르자로 향했다. 인천공항에서 두바이를 거쳐 샤르자까지 가는 데 하루가 걸렸다. 스마트 팜이 가능하다는 일념으로 시범 사업을 진행했다. 셰이카 자밀라 공주가 다녀가고 두 달 후인 2018년 4월 6일에 최초 협의를 거쳤고 10월 세부사항이 최종 확정됐다. 180평 2개 동을 짓고 ICT 시설 구축으로 작물 재배의 최적화된 환경을 제공한다는 내용이었다. 이후 스마트 팜 완공까지는 한 달 보름밖에 걸리지 않았다.

평창을 찾아준 공주에 대한 답례로 1박 3일의 일정으로 스마트 팜이 지어진 샤르자의 코르파칸을 찾았다. 오가는 비행기와 길에서 이틀을 쓰니 숙소에 머문 것은 하루밖에 안 됐다. 출범식에 샤르자 통치 기구의 부의장이 참석할 정도로 현지 관심이 높았다. 특히 AR 글래스와 ICT 센서를 신기하게 봤다. AR 글래스는 원격 교육과 지시가 가능하고 ICT 센서는 하우스 내부와 외부의 데이터를 수집해 보여줘서 원

UAE 토후국 샤르자의 코르파칸에 설치한 장애인 전용 스마트 팜 완공식

격으로 제어가 가능하도록 해준다. 일손을 덜 수 있을 뿐만 아니라 스마트 팜 운영도 쉬워지는 기술이었다.

스마트 팜에서는 바질, 애플민트 등 허브류와 상추 등 채소가 자라고 있었다. 허브류는 차, 비누, 향신료 등으로 가공돼 판매할 계획이었다. 셰이카 자밀라 공주는 스마트 팜이 농작물 재배를 통한 장애인들의 재활 효과는 물론이고 일자리 창출에도 효과가 크다며 감사의 마음을 전했다. 사막에서 채소를 키우는 것은 내 눈에도 신기하고 놀라운 일이었다.

기술이 따뜻해질 수 있는 이유

2019년 11월, 샌프란시스코에 있는 예르바부에나센터에서 진행된 '드림포스 2019'에 초청됐을 때 일이다. 세일즈포스닷컴이 주최하는 드림포스는 글로벌 B2B 소프트웨어 이벤트 중에서 가장 큰 규모를 자랑한다. 약 17만 명이 참가하는 세계 최대 B2B 소프트웨어 이벤트다.

나는 '5G는 미래가 될 것인가?(Is 5G the Future?)'라는 주제로 패널 둘과 무대에 함께 올랐다. 사회는 〈포춘〉 선임 에디터인 앨런 맥거트가 맡았다.

"디지털 트랜스포메이션에 대한 수요 때문에 기업들이 빠른 속도, 끊김 없는 연결, 방대한 용량의 5G에 기반한 소프트웨어 수요를 늘리고 있고, 이는 대기업과 중소기업 모두에 큰 변화를 일으키고 있습니다."

'드림포스 2019'에서 5G에 대해 토의하는 세션이 메인 행사였다(오른쪽부터 앨런 맥거트 〈포춘〉 선임 에디터, 캐스퍼 크링게 덴마크 기술대사, 마츠 그란리드 GSMA 사무총장).

주요 사례로 KT의 고객인 현대중공업이 축구장 70개를 합쳐놓은 넓이의 제조공정을 실시간으로 모니터링하면서 보안도 강화하는 체계를 갖췄다고 소개했다. 그러자 캐스퍼 크링게 덴마크 기술대사와 마츠 그란리드 GSMA 사무총장은 "기술은 반드시 중립적이지 않으며 인간을 위해 기술이 사용되어야 합니다"라고 우려 섞인 이야기를 건넸다.

세션의 시간이 10분도 채 남지 않았을 때 나는 관객들을 향해 이야기를 꺼냈다.

"제가 사실은 세션 시작 전에 사회자와 네고(Nego)를 했습니다. 그게 뭐냐면 마지막 질문은 '5G가 인간의 편리와 편안함을 넘어 국가와 전 세계에 어떤 일을 해줄 건가요?'를 질문해달라는 것이었습니다. 그런데 아직 사회자가 질문을 안 했습니다. 그러니 제가 질문을 받았다 치고 답을 하겠습니다."

사회자는 당황한 기색이 역력했고 객석에서는 웃음이 터져나왔다.

나는 하고 싶은 이야기를 빠르게 진행했다. 바로 국내 6개의 기가 스토리와 안나푸르나의 기가아일랜드, 샤르자의 스마트 팜 이야기였다. 마지막으로 DMZ에 있는 대성동 마을에 5G 인프라를 구축해서 마을 전체 삶의 질을 올린 이야기를 했다. 공상 과학 영화가 아니라 실제 우리 삶에서 벌어진 이야기들을 들려주면서 기술이 인간을 위해 따뜻해질 수 있다는 점을 강조했다.

그로부터 벌써 1년여가 지났다. 4차 산업혁명이 가속화되면서 5G 네트워크와 사물인터넷, 빅데이터, 인공지능이 상호 결합하는 지능형 네트워크가 진화해 나타나고 있다. 이제 누구도 우리의 기술이 환경, 질병 등 인류가 당면한 과제를 해결해낼 것이라는 데 의심하지 않는다.

이제 우리는 ICT 혁명을 통해 얻어질 경제적 성장과 번영을 어떻게 공정하게 나눌 것인가를 고민해야 한다. 기술은 그 자체로 중립적이지만 인간인 우리가 사회적 약자를 배려할 때 그 온도가 올라갈 것이다. 그리고 따뜻한 기술은 인류의 지속 가능성에 확실한 답을 해줄 것이다.

03

세상을 구하는 일은
멀리 있지 않다

| GEPP |

'어떻게 사회를 변화시키고 경제를 발전시킬 기술 혁신을 이룰 것
인가?'

경영자이자 엔지니어였던 내게 평생의 고민거리이자 가슴 뛰는 주
제였다. 그런데 KT에 와서는 혁신적인 기술도 중요하지만 이에 못지
않게 '사람을 중심에 놓은 기술 개발의 중요성'을 강조하게 됐다. 이는
KT의 뿌리 깊은 '국민 기업' 정서와 잘 맞았다.

KT의 역사는 구한말로 거슬러 올라간다. 1885년에 한성전보총국
이 발족됐고, 대한민국이 건국된 이후에는 체신청으로 변경됐다. 우
리가 기억하는 국영 기업인 '한국정보통신공사'는 1981년에 전기통
신 시대가 개막되면서 출범해 '1가구 1전화 시대'를 이끌었다. 1991년
에 '한국통신'으로 사명을 바꾸고 민영화의 길을 걷기 시작했다. 그러
나 조직 내부에서 '국민 기업'이라는 정서는 쉽게 사라지지 않았으며

'130년 역사를 가진 KT가 국민 기업으로 사회적 역할을 감당해야 한다'라는 의지도 강하다.

'사람을 위한 혁신 기술: PEOPLE, TECHNOLOGY'

KT는 대한민국은 물론 전 세계의 지속 가능한 발전을 위해 공헌하겠다는 약속을 캠페인으로 진행하고 있다. 특히 KT지속가능경영단은 국내외에서 '사람을 위한 혁신 기술'을 실천하는 주체로 다양한 프로젝트를 펼치고 있다.

KT 회장으로 있던 6년간 나는 KT지속가능경영단과 함께 국내의 산간오지는 물론이고 전 세계를 누볐다. 보이지 않는 곳에서 열과 성을 다하는 단원들을 지켜보는 것은 때로는 기쁨이었고 때로는 감동이었으며 때로는 미안함이었다. 특히 GEPP(Global Epidemic Prevention Platform, 글로벌 감염병 확산 방지 플랫폼)를 완성해서 국제적인 회의에 소개하고 감염에 취약한 국가에 이식하는 과정은 무에서 유를 창조하는 것에 가까웠다.

'감염병 예방을 위해 우리가 할 수 있는 일은 없을까?'

2015년 5월, 대한민국이 고감염성 바이러스인 '메르스(중동호흡기증후군)' 때문에 발칵 뒤집혔다. 국민 38명이 메르스로 목숨을 잃었다.

메르스는 주로 중동 지역에서 발생했다. 그런데 한 한국인 남성이 확진자로 확인된 후 한 달도 되지 않아 감염자가 100명을 넘어섰다. 결국 1만 6,000여 명이 격리되고 186명이 감염됐다는 뉴스에 시민들은 공포에 떨어야 했다. 그런데 왜 이토록 이른 시간에 감염이 진행됐던 것일까?

초기부터 보건 당국은 메르스의 위험성을 인지하고 발병 국가에서 입국한 시민들을 특별 관리했다. 그런데 여기에는 커다란 허점이 있었다. 발병 국가에 있었더라도 다른 국가를 경유해서 한국에 들어온 사람은 관리하지 않았던 것이다.

최초 감염자는 사우디아라비아에서 메르스에 걸렸지만 바레인을 통해 귀국했다. 보건 당국은 메르스 발병국이 아닌 바레인을 통해 귀국했으니 사우디아라비아에 머물렀던 사실을 알 수 없었다. 당연히 감염자는 의심 환자로 분류되지 않았다. 자신의 감염 사실을 몰랐던 그는 이상 징후가 나타나고 확진 판정을 받을 때까지 병원 3곳을 옮겨 다녔다. 의사들도 그의 사우디아라비아 방문 사실을 몰라서 메르스 감염을 의심하지 않았다.

결과적으로 메르스가 엄청난 속도로 확산한 이유는 환자가 감염병에 노출된 사실을 전혀 몰랐기 때문이다. 감염자도 감염 가능성을 인지하지 못해 증상이 나타나도 감염병과 연관 짓지 못했다.

"만일 감염병 우려 국가를 방문했던 사람이 그 사실을 인지하고 병원에 가거나 병원에서 이를 확인하는 방법이 있다면 감염의 확산을 막을 수 있지 않을까요?"

KT에서 환자의 이동 경로를 확인해 위험이 인지될 경우 접촉자를 차단하면 감염병 확산을 막을 수 있다는 아이디어가 나왔다.

이미 2014년에 조류 인플루엔자가 발생했을 때 KT는 빅데이터를 활용해 '조류 인플루엔자 확산의 원인이 철새가 아니라 사료를 옮기는 차량이라는 것'을 밝혀냈다. AI 발병 농가를 예상해 적중시킨 것으로 감염병 확산을 막을 수 있었다.

KT는 메르스 관련 아이디어를 당시 질병관리본부에 전한 후, 감염병 차단을 위한 프로젝트에 착수했다. 정부의 지원으로 통신 3사가 참여한 감염병 차단 시스템이 구축됐고 이는 GEPP의 프로토 타입이 됐다.

시범 서비스는 2015년 1차 메르스 사태 종식에 기여했다. 메르스 환자 12번의 로밍 데이터를 확인해 접촉한 사람들을 격리해서 메르스 종식에 기여할 수 있었다.

GEPP의 위력은 이후 2018년에 2차로 발생한 메르스 사태 때 확실히 각인됐다. 당시에 메르스 관련 환자 1명이 발생했지만 더는 퍼지지 않았고 38일 만에 종결됐다. 2015년 38명 사망에다 종식까지 69일이 걸렸던 것과 대조되는 결과였다.

GEPP, '기술이 인류 전체에게 혜택을 주는 멋진 아이디어'

"그런데 글로벌 세상에서 우리만 안전할 수 있을까요?"

1차 메르스 사태를 종식시키고 GEPP의 성과를 치하하던 자리에서 제기된 의문이다. 나는 KT지속가능경영단과 함께한 자리에서 고민에 빠졌다.

1년 동안 한국에 입국하는 외국인은 1,500만 명에 이른다. 비즈니스, 유학, 여행 등의 이유로 외국으로 나가는 한국인도 3,000만 명이 넘는다. 글로벌 시대에 전 세계를 안방 드나들듯이 하는 상황에서 제 식구들만 챙긴다고 안전을 담보할 수는 없었다. 다시 걱정과 우려가 생겨났다.

"GEPP를 개발해 전 세계로 확산시켜볼까요?"

나는 새로운 비전과 미션을 제시했다.

감염병을 추적하는 감염병 확산 방지 프로젝트의 필요성은 인식한 만큼, 이를 플랫폼으로 기획해 세계로 전파하자는 제안이었다. 그렇게 새로운 '글로벌 프로젝트'가 시작됐다.

GEPP 사업을 진행한 KT지속가능경영단은 KT 내에서도 좀 이색적인 조직이다. KT는 연말이 되면 '지원 희망 부서'를 접수받는다. KT지속가능경영단의 경우 지원자 중에서 대부분 선발한다. 그래서 신입사원이 없다. 근속 기간도 유난히 길다. 단원들의 이전 업무는 경영 지원, 홍보, 일반 연구 등 매우 다양하다. 그러나 대부분 사회 공헌 업무를 천직으로 생각한다. 남다른 사명감으로 오래 일하기를 마다하지 않는다.

KT지속가능경영단의 특수성은 조직에 신뢰를 줬다. 맡은 일은 어떻게든 해냈다. 나는 GEPP의 글로벌 확대 업무를 KT지속가능경영단에 배정하고 활약상을 기대해보기로 했다. 그런데 몇 달 만에 공은 다시 내게로 넘어왔다.

2016년의 봄날, KT지속가능경영단의 이선주 단장이 사무실로 찾아왔다.

"GEPP를 알릴 좋은 기회가 있는데, 회장님이 한번 나서주시겠습니까?"

KT지속가능경영단의 이선주 상무(왼쪽 두 번째)가 직원들과 환담하고 있다.

대표적인 글로벌 단체인 유엔에 관련 자료를 보내고 수시로 연락을 취했는데 뜻밖에도 리즈 킹고 UNGC 사무총장이 큰 관심을 보였다고 했다. UNGC(UN Global Compact, 유엔글로벌콤팩트)는 유엔이 추진하는 지속 가능 발전에 기업들의 동참을 이끌기 위해 설립된 유엔의 전문기구다. 국제 문제를 해결하는 일에 적극적이다.

몇 달 뒤인 2016년 6월, 나는 UNGC 리더스 서밋에 참석하기 위해 뉴욕행 비행기에 올랐다. UNGC 리더스 서밋은 3년마다 열리는데 유엔과 UNGC 참여 단체들이 모여 지속 가능 발전에 대해 논의한다. 유엔 관련 행사 중 제일 큰 행사다. UNGC 리더스 서밋의 오프닝 총회가 유엔에서 열렸고 반기문 사무총장이 오프닝 기조연설을 했다.

준비 대부분은 KT지속가능경영단이 진행했다. 나는 UNGC 리더스 서밋에서 기조연설을 하게 됐다. KT지속가능경영단과 나는 '지속

가능한 발전 목표(Sustainable Development Goals, 이하 'SDGs')'를 위해 전 세계 통신사업자들이 '전염병 확산 방지를 위한 빅데이터 공동 과제'를 해결하는 역할을 감당해야 한다는 내용의 기조연설문을 작성했다.

행사는 22~23일 이틀에 걸쳐 진행되었고 우리 순서는 본회의의 첫 번째였다. 행사 전날 유엔빌딩에서 오프닝 행사가 있었다. 서밋을 기념하는 유엔 총회도 열렸다. 나는 먼저 리즈 킹고 UNGC 사무총장을 만났다. 그리고 다음 날 기조연설에 나섰다.

뉴욕메리어트마르퀴스호텔에서 열린 리더스 서밋은 예상외로 큰 호응을 얻었다. 나는 20분의 기조연설을 통해 GEPP의 중요성을 알렸다. SDGs를 해결하기 위해 전 세계 통신사업자들이 새로운 역할을 맡아야 한다고 주장하면서 감염병 확산 방지를 위한 '빅데이터 공동 과제(Big Data Initiative on disease Diffusion Mapping)'를 발표했다. 그리

2016년 UNGC 리더스 서밋을 기념해 열린 유엔 총회

UNGC 리더스 서밋의 기조연설에서 GEPP를 처음 소개했다.

고 통신사들은 위치 정보, 트래픽 패턴, 로밍 데이터 등 전 세계 73억 명의 이용자들이 생산하는 빅데이터를 보유하고 있는 만큼 이 정보를 충분히 모으고 과학적으로 분석하면 감염병 확산을 효과적으로 예방할 수 있으므로 전 세계 통신사업자와 각국 정부에 GEPP를 함께하자고 제안했다.

"KT는 로밍 데이터, 전염병 예방을 위한 빅데이터 솔루션, 그리고 그동안의 성공 경험을 기꺼이 공유해 드리겠습니다."

리즈 킹고 UNGC 사무총장은 단상을 내려오는 나를 향해 달려왔다. 서양식 인사가 어색했으나 나는 그녀와 가깝게 서서 가벼운 포옹을 했다.

각국 정부와 국제기구 관계자들의 반응은 뜨거웠다. 놀라운 아이디어라는 찬사가 쏟아졌다. 유엔 사무총장은 UNGC 글로벌 사무총장과 함께한 오찬 자리에서 "디지털 기술이 인류 전체에 혜택을 주는 사례가 될 것"이라며 KT의 제안을 멋진 아이디어라고 평가했다.

KT지속가능경영단 직원들은 그 누구보다 그날의 반응에 기뻐했다. "GEPP가 세계인의 이목을 집중시킨 것에 그치지 않고, 유의미한 일을 해낼 수 있다는 생각에 가슴이 뜁니다"라고 말하는 직원도 있었다. 나 역시 KT지속경영단의 다음 행보가 더 없이 기대됐다.

감염병 확산 방지를 위해 뛰는 글로벌 전도사

2017년에 나는 본격적으로 감염병 확산 방지를 위한 글로벌 이니셔티브(Initiative)의 전도사가 됐다.

2월에 열린 MWC에서 기조연설을 통해 글로벌 통신사들의 참여를 촉구했고 4월에는 독일 뒤셀도르프에서 열린 'B20 디지털 경제 다자간 콘퍼런스'에서 한국 기업 중 최초 기조연설자로 나서 빅데이터를 활용한 감염병 확산 방지 프로젝트에 대한 글로벌 차원의 관심을 촉구했다. 5월에는 베를린에서 열린 'B20 헬스 이니셔티브' 행사에 패널로 참석해 디지털 포용(Inclusion)을 위한 KT의 노력을 소개하고 감염병 확산 방지에 대한 국제사회의 협력을 강조했다.

나와 KT지속가능경영단은 한 달에 한 번씩 보따리를 싸며 GEPP를 위해 뛰었다. 조금씩 국제사회의 움직임을 확인하는 것은 우리에게 큰 보람이었다.

2017년 4월 뒤셀도르프에서 열린 G20 정상회의의 B20 행사에서 기조연설을 했다.

2017년 독일 함부르크에서 열린 G20 정상회의 공동선언문에 KT
의 GEPP가 포괄적으로 반영됐다. 맞물려 열린 'B20 헬스 이니셔티
브'에서는 G20 회원국들이 '감염병 대응을 위해 다양한 분야의 민관
파트너십을 지지하고 보건 분야에서의 빅데이터 활용을 지지할 것'을
권고하는 내용이 정책서(Policy Paper)에 반영됐다.

9월에는 유엔 산하 ITU(국제전기통신연합)-UNESCO(유네스코) 브
로드밴드 위원회에서 'ICT 활용 감염병 확산 방지 워킹그룹'이 공식
적으로 출범했다. '감염병 확산 방지 빅데이터 공동 과제'가 유엔 차원
의 논의를 거쳐 본격적인 실행 단계로 들어선 것을 의미했다.

10월에는 세계경제포럼 일정이 기다리고 있었다. 이미 클라우스
슈밥 회장은 글로벌 감염병 프로젝트 구상에 깊은 관심을 표시했다.

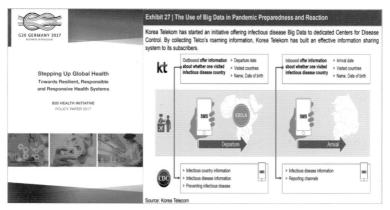

2017년 독일 함부르크에서 열린 G20 정상회의의 공동선언문에 담긴 GEPP

감염병 문제 해결을 연구하기 위해 예산까지 책정했다면서 세계경제
포럼과 KT와의 파트너십을 제안했다. GEPP를 한 번 더 소개하라며
나를 '세계경제포럼 2018'의 패널로 초청했다.

　2018년 스위스 다보스를 찾은 나는 '다음 세대의 감염병 대비' 세
션의 패널로 나서 GEPP 개발 동기와 적용 방법을 설명했다. 이를 위
해 글로벌 합의가 필요한 만큼 ITU(통신), WHO(보건), WEF(경제) 같
은 각 국제기구의 적극적인 도움을 요청했다. 테드로스 아드하놈 게
브레예수스 WHO 사무총장은 ITU 보고서를 보고 "간염병 확산 방
지 워킹그룹과 같이 우수 사례에 대한 공유가 중요합니다"라며 총회
에서 극찬했다.

　당시 국내 언론은 GEPP와 함께 '빌 게이츠와의 만남'을 화젯거리
로 소개했다. 빌앤드멜린다게이츠재단(이후 '게이츠재단')은 세계 저개
발국가에 감염병을 방지하는 백신을 공급하는 프로젝트를 진행하고

있었다. (앞에서도 말했듯이) 세계경제포럼에 참석한 빌 게이츠는 게이츠재단이 활동하는 국가의 관계자와 IT 기업 관계자를 조찬에 초대했는데 그 자리에서 그와의 첫 만남이 이뤄졌다. 나는 빌 게이츠에게 "KT의 CEO"라고 소개하면서 GEPP의 유용성에 대해 자세히 설명했다. 그는 "Creative and Fresh"라며 깊은 관심을 보였다.

이후로도 KT의 '글로벌 협력 요청'은 지속적이고 강력하게 진행됐다. 2018년 9월에는 ITU 산하 조직인 국제전기통신연합 브로드밴드위원회(ITU BBCom) 워킹그룹을 주도해 미국 뉴욕에서 열린 브로드밴드위원회 총회에서 'ICT 기반 감염병 대응방안' 보고서를 발표했다. 의장사인 KT 외에도 케냐, 말레이시아 등 7개국의 관련 기관과 노바티스재단, 인텔, 에릭슨 등 16개 단체 관계자, 세계은행, WHO(세계보건기구) 산하 범미보건기구 등 4개 기관 전문가들이 참여해 실제적인 이야기를 더할 수 있었다.

돌이켜보면 '어디서 그런 힘이 나왔을까?'라는 생각이 들 정도로 2016년부터 2020년까지 GEPP 하나를 위해 숨 가쁜 일정을 소화했다. 보이지 않는 곳에서 일정을 조율하고, 필요한 자료들을 챙기고, 각종 단체에 끊임없이 연락한 KT지속가능경영단에도 무리한 일정이었다. 다행스럽게도 인류 전체에 이바지하고자 하는 KT지속가능경영단의 노력이 조금씩 성과를 만들어냈다.

2019년 KT는 케냐, 가나, 라오스에 차례로 GEPP를 '수출'했다. 돈을 받은 것은 아니지만 각국 정부와 MOU를 체결하고 GEPP를 런칭해 서비스 효과를 발표하는 시스템을 갖췄다.

3개 국가는 아프리카와 아시아의 인접 국가 간 이동 거점이자 감염

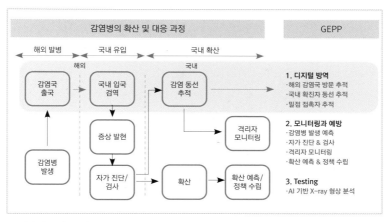

통신사의 모바일 빅데이터를 활용한 GEPP 프로세스

병 확산 방지에 취약한 곳이라는 공통점이 있다. 케냐는 습한 환경과 열악한 보건 환경을 갖춘 동아프리카의 중심국으로 유럽과 아프리카를 잇는 허브 공항을 갖고 있다. 가나는 서아프리카의 중심국으로 정부의 보건 의지가 높았고 상대적으로 ICT 기술 수용도도 높은 편이었다. 그러나 에볼라 발병국과 인접해 감염 위험성이 높았다. 라오스는 메콩강을 중심으로 감염병이 자주 발병하는 곳 중 하나인데 보건 인력이 부족했다.

스마트폰 소프트웨어(앱) 개발에 빅데이터 개발팀 역할이 상당했다. 사용자가 해외 로밍 서비스를 이용해 전염병 관련 국가를 다녀온 것이 확인되면 사용자는 질병관리본부에서 대상자로 인식하고 안내문자를 받는다. 질병관리본부는 잠복기가 끝날 때까지 대상자를 관리한다. 대상자가 병원에 가면 의사와 약사들이 관련 프로그램에 방문 내용이 자동으로 표시돼 진료에 도움을 준다. 국내의 이러한 시스템을 발전시키고 국가별로 다른 시스템에 맞춰 앱을 업데이트하면서 고생을 많이 했다. 빅데이터산업지원단을 이끌었던 윤혜정 상무는 직접 케냐로 날아가 글로벌 1호 GEPP 시연을 진두지휘했다. 하얗던 피부가 검게 그을려 돌아왔다.

한편, 3개 국가를 중심으로 주변 국가에 GEPP 확산을 준비하던 2020년 2월 낭보 하나가 전해졌다. '2020 글로벌 모바일 어워드(Global Mobile Awards)'에서 'UN SDGs 모바일 기여' 부문을 수상하게 됐다는 소식이었다.

글로벌 모바일 어워드는 세계이동통신사업자협회(GSMA)가 주관하는 세계적 권위의 ICT 분야 시상식으로 기술, 단말, 콘텐츠 등 모바일 산업 전반에 걸쳐 주요 혁신과 성과를 달성한 기업과 서비스를 선정한다. 심사위원단은 "GEPP는 세계 공중 보건을 위해 잘 디자인된 필수 도구이며 이러한 접근법과 생태계 협력을 통해 탁월한 해결책을

2016. 6	2017. 4	2017. 9	2018. 1	2020. 1
UNGC	G20	ITU	2018 WEF Davos Forum	2020 WEF Davos Forum
LEADERS SUMMIT	Multi Stakeholder Conference	Broadband Commission		

GEPP 관련 국제기구 활동 연혁

개발하는 결과를 도출했다"라고 총평했다.

글로벌 모바일 어워드의 수상은 오랫동안 GEPP를 위해 헌신해온 직원들에게 단비와 같은 기쁨이 됐다.

그러나 안타깝게도 축제의 시간은 오래가지 못했다. 곧바로 들이 닥친 코로나19의 확산으로 대한민국뿐만 아니라 전 세계가 얼어붙고 말았다. 또다시 인류는 감염병의 공포에 직면하게 됐다.

'의술이 아닌 기술로!' 게이츠재단과의 감염병 연구

또 다른 희망의 메시지가 도착했다. 게이츠재단과 손잡고 감염병 대응을 위한 프로젝트를 공동으로 진행하기로 한 것이다. 프로젝트의 공식 명칭은 '감염병 대비를 위한 차세대 방역 연구'이다. 구체적으로 는 IT 기술과 바이오 기술을 결합해 독감의 확산 경로를 예측하고, 예 방을 위한 실천적 방안을 모색하는 것이다. KT는 '인공지능 기반 감 염병 조기 진단 알고리즘'과 통신 데이터를 활용한 '감염병 확산 경로 예측 모델'을 개발하기로 했고, 게이츠재단과 KT는 3년간 120억 원 규모의 자금을 마련하기로 했다.

이선주 KT지속가능경영단장에게 고생했다고 말하면서 이 일이 어 떻게 진행된 것인지를 물었다. 이선주 단장은 2018년에 내가 빌 게이 츠 회장을 만난 것을 도화선으로 KT지속가능경영단에서도 게이츠재 단에 무수히 노크를 했다는 그동안의 이야기를 들려줬다. 마침 게이 츠재단 관계자가 한국의 질병관리본부를 방문할 때 GEPP를 포함한

게이츠재단의 트레버 먼델 글로벌 총괄 사장과 MOU를 맺었다.

KT의 감염병 관리 역량을 소개할 기회가 생겼고 결과적으로 공동 프로젝트로까지 연결됐다고도 했다.

우리 사회는 아직 코로나19로 인해 동면에 들어간 것만 같다. 치료제 개발에 전 세계가 매달리고 있으나 언제 실현이 될지는 아직도 미지수다.

요즘 들어서는 'GEPP가 빨리 안착해 감염이 확산되기 전에 차단할 수 있었다면 어땠을까?' 하는 아쉬움이 밀려온다. 코로나19가 알려진 2019년 연말에 전 세계가 GEPP를 작동시켰다면 수많은 생명을 구하고도 남았을 것이다.

불과 얼마 전까지 인류는 '의술'의 발달을 지렛대 삼아 무수한 어려움을 극복해왔다. 그러나 앞으로는 '기술'이 그 무거운 짐을 나눠서 질 것으로 기대한다. GEPP는 빅데이터와 로밍 데이터를 활용해 위험 국가를 다녀온 사람을 찾아 그 사람과 접촉한 사람을 차단할 수 있다. 그렇게 하여 확산을 막을 수 있다.

남은 과제는 글로벌 협력뿐이다. GEPP가 꿈꾸는 미래가 하루빨리 오기를 기대한다.

"저는 엔지니어입니다. 엔지니어로서의 삶을 시작한 후 더 많은 사람을 돕고 더 나은 사회, 더 나은 세상을 만들기 위해 제가 할 수 있는 일은 무엇인지 항상 고민했습니다. 그리고 제가 찾은 답은 바로 기술 혁신이었습니다."■

■ 2016년 6월에 있었던 UNGC 기조연설 중에서

'두려움'을 내려놓고 만남과 배움을 통해
'빛나는 삶'을 살아가길

작년 이맘때 KT그룹 신입사원 입문 수료식에서 "회장님은 KT에서 어떤 회장님으로 기억되고 싶으세요?"라는 질문을 받았다. 평소 생각하고 있었던 내용이라서 나는 1초의 망설임도 없이 답했다.

"KT의 미래, KT의 먹거리, 그리고 KT의 정신을 제대로 세우고 가는 회장으로 기억되고 싶습니다."

어느 순간, 어느 조직에서도 그러한 마음으로 살았다. 나로 인해 더 나은 성과와 더 나은 조직이 만들어지길 바랐다. 현직에서 물러난 지금도 마음만은 다르지 않다. 내가 할 수 있는 일들, 해야 하는 일들만 달라졌을 뿐이다. 만남과 배움을 기록한 것도 '나로 인해 누군가 더 나아지길' 바라는 마음에서 시작하게 됐다.

여러 사람을 만나는 시간 속에서 나는 한 번 듣고 평생 잊지 못할 말들을 듣기도 했다.

이건희 회장의 "황 사장, 후배들은 1등을 언제 해보나?", 스티브 잡스의 "닥터 황, 황의 법칙은 언제까지 갈까요?", 마크 베니오프의 "헤이, 미스터 5G" 등은 뇌리에서 쉽게 잊히지 않는다. 그러나 본문에서 말했듯이 나를 키우고 성장시킨 것은 머리에 각인되는 몇 마디 말이 아니었다. 배려와 친절, 그리고 따끔한 가르침들이 끊임없이 내게 영감을 줬고 포기하지 않고 비전을 향해 달려가도록 했다.

'황의 법칙'을 발표하고 모바일 시대를 선언했을 때, 나는 기술이 우리 삶을 변화시킬 것이라는 강한 믿음과 확신이 있었다. 노마드 정신으로 세상에 없던 시장을 만들고, 새로운 반도체를 만드는 과정을 직원들과 함께했다. 기술의 깊이는 깊었으나 기술 분야의 범위는 넓지 않았다.

그러다가 국가CTO가 되어 맡은 임무에 역량을 쏟아부을 때는 관할하는 기술의 폭이 한층 넓어졌고 고민하는 단위도 커졌다. 해외 석학들을 만나고 글로벌 연구 단체들을 돌며 넓힌 식견으로 기초는 닦았지만 이를 현장에 접목하는 일은 또 다른 영역이었다. 5G와 4차 산업혁명을 포함하는 국가 차원의 기술 로드맵을 그리고 이를 산업 현장과 연결하는 데는 새로운 역량이 필요했다.

기업(KT)의 수장으로 6만 명의 직원들과 한 배를 타고 나갈 때는 경영인에 '전문(專門)'이라는 접두어가 붙었다. 이전부터 강조했던 소통과 협업, 임파워먼트를 강조하며 조직의 나아갈 방향을 잡으려고 애를 썼다. GEPP 등으로 인류에게 공헌할 프로젝트를 기획하고 실천할 수 있었던 것은 큰 보람으로 남았다.

모든 과정에서 나를 키워준 분들의 노고가 빛을 발했다. 나의 성과는 모두 내가 배운 것에서 출발했다. 그들은 자신의 삶으로 내게 가야 할 길을 안내해줬다.

구체적으로 이야기하자면, 이건희 회장에게서 나는 지지와 신뢰, 그리고 위임이 얼마나 대단한 힘을 발휘하는가를 느꼈다. 스티브 잡스는 사나운 열정이 만들어내는 섬세함과 독특함이 얼마나 놀라운 것인가를 알려줬다.

거의 평생 새로운 기술과 미래를 연구한 클라우스 슈밥은 미래에 대한 통찰을 나누는 오랜 친구였다. 소탈하고 격의 없는 CEO지만 기술과 조직 관리에 있어서만큼은 편집증적인 치밀함을 보여준 앤디 그로브도 빼놓을 수 없다. 그와의 만남으로 30대의 모든 열정을 연구에 쏟아부을 수 있었다. 항상 친절하게 경청하고 배려해준 칼리 피오리나, 협력과 융합의 리더십을 실천했던 팀 쿡, 항상 먼저 안부를 물어오며 경영 구루들의 생각을 나눠준 헤르만 지몬까지 모두가 스승으로서, 친구로서 내게 가르침과 위로를 아끼지 않았다. 지난 40년 학계와 정부, 기업에서 활약했던 나의 모든 활동의 배경에는 그들이 있었다.

책을 쓰는 대장정을 마무리하며 "만나고 배우는 데 있어 두려움은 내려놓아야 한다"라는 당부의 말을 한 번 더 전하고 싶다. 아마 앞의 본문에서도 여러 번 말했을 것이다. 그래도 다시 한번 말하고 싶다.

세상에 '특별한 사람'은 많다. 어쩌면 우리가 특별하다고 생각하는 누군가도 우리와 크게 다르지 않은지 모른다. 나는 수많은 연습광을 봤고 나도 끊임없이 연습했다. 그리고 수시로 숨을 크게 들이쉬며 다음 단계로 나아갔다. 두려움을 내려놓으면 만나고 배우는 일이 수월해지고, 뜻하지 않은 기회도 만날 수 있다. 다음 단계가 분명히 찾아온다.

특히 젊었을 때는 많은 가능성을 품을 수 있다. 실수해도 실패해도 괜찮다. 멈추지 않고 나아가려는 의지만 있다면 언젠가 자신의 점들이 연결되는 놀라운 경험을 할 것이다.

우리는 모두 타인의 지혜에 의지해 살아갈 수밖에 없다. 그리고 삶을 헤쳐가는 것은 각자의 몫이다. 이왕이면 여러 사람을 만나고 그로 인해 배움을 쌓아가는 길은 어떠한가? 결코 누구도 외롭지 않은 길이 될 것이다.

공교롭게도 지난 일들을 글로 정리하던 중에 이건희 회장의 부고를 들었다. 황망한 소식에 몇 시간을 그대로 있었던 것 같다.

고맙고 소중한 인연을 떠나보내는 이가 나뿐이겠냐마는 전에 없이 마음이 아팠다.

나는 이건희 회장에게 '마음의 빚'을 진 사람이다. 학교에서 오래 머물러 시야가 좁고 경험이 부족했던 내게 이건희 회장은 기회를 주었고 지원도 아끼지 않았다.

"황 사장, 황 사장은 이때까지 큰 목표를 향해 달려서 1등도 해보고 지금 자리에 왔지만, 황 사장이 지금 투자를 안 하면 후배들은 언제 1등을 해보고 글로벌 1등을 지킬 수 있겠나?"

수화기 너머에서 잔잔히 울리던 목소리가 아직도 생생하다.

이건희 회장은 감정을 잘 드러내지 않는 분이었다. 그런데도 세계 최초로 256M D램 반도체를 개발했을 때는 그야말로 '잔치'를 벌여줬다. 그날은 직접 맞춘 기념 시계를 손님들에게 나눠주면서 기쁜 내색을 감추지 않았다.

일본과 미국만 갖고 있던 원천 기술을 획득해서 "이제 특허료를 받는 1등 기업이 되었습니다"라는 이야기를 하자 "잘했다"는 말을 하며 몇 번이고 고개를 끄덕이던 모습이 떠오른다. 그의 눈에는 기술에 대한 남다른 열정과 순수함이 가득했다.

이건희 회장은 생전에 '글로벌 1등'을 부단히 외쳤는데 개인의 안위를 위한 것이 아니었다. 부가가치 높은 산업을 일으켜 더 나은 대한민국의 미래를 열고자 했던 '사업보국(事業保國)'의 또 다른 표현이었다.

더불어 끝없는 인재 욕심은 반세기 뒤를 준비하며 '사과나무를 심는 이'의 그것과 다르지 않았다.

"큰 어른이 돌아가셔서 마음이 아픕니다. 저희가 잘해야 할 것 같습니다."

조문을 마치고 삼성서울병원을 빠져나오는 길에 만난 기자들에게 짧게 답했다.

비통함과 허전함을 내비칠 수 없는 이가 할 수 있는 말은 그뿐이었다.

남은 빚을 덜기 위해 앞으로 내가 해야 할 일은 2가지 정도라 생각한다.

첫째는 기억하는 것이다. 이건희 회장의 노고와 업적이 세월과 더불어 잊히지 않도록 기억하고자 한다.

둘째는 돕는 것이다. 우리의 후배들이 각자의 자리에서 더 잘할 수 있도록 함께하고자 한다.

이건희 회장을 추모하며 내 몫의 짐들을 감당할 마음을 다잡았다.

위기 경영의 선구자로서 대한민국을 위해 헌신한 이건희 회장의 편안한 영면을 빈다.

1985년	매사추세츠주립대학 박사
	스탠퍼드대학 책임연구원
1988년	삼성전자 반도체 기획실장으로부터 제의받음
	일본 6대 반도체 기업과 오사카대학 방문
1989년 4월	삼성전자 반도체 디바이스(Device) 개발 담당 수석연구원(부장)으로 입사
1990년	일본 6대 반도체 기술교류회. VLSI 학회 심사위원 피선
1991년	NEC, 도시바, 히타치와 기술교류회 진행
1992년	256M D램 개발 총괄
1994년 8월	세계 최초 256M D램 개발
1998년	삼성전자 반도체 연구소장(전무), 플래시연구회 활동
1999년	삼성전자 반도체 반도체연구소 부사장
1999년 12월	삼성전자 반도체 메모리사업부장 대표이사 부사장
2001년	삼성전자 반도체 메모리사업부 사장
2001년 8월	자쿠로 미팅(플래시 메모리 독자 사업 결정)
	12인치 웨이퍼 생산 라인 투자 결정
2002년	'황의 법칙' 선언(ISSCC 학회)

	클레이튼 크리스텐슨 교수 논문 발표(〈IEEE Spectrum〉)
	전자 관계사 사장단 회의(플래시 메모리 미래 보고)
	노키아에 노어 플래시 공급(64M, 128M)
2003년	이건희 회장, 노키아 본사를 방문해 오릴라 회장을 만남
	세계 최초 퓨전 반도체 원낸드 개발
	반도체 미래 연구팀 가동(CTF 등)
2004년	삼성 반도체총괄 사장 겸 메모리사업부장
	노키아 휴대폰의 노어 플래시를 원낸드로 대체
	메사추세스 주립대학 최고 동문상 수상
2004년 12월	애플의 스티브 잡스와 회의
	플래시 메모리 공급(아이팟 나노, 아이폰, 아이맥 등)
	삼성모바일솔루션포럼 개최(대만)
2005년 3월	하버드대학에서 반도체 케이스 스터디 개강
	하버드대학 버든홀 특강(모바일 시장 주도 선언)
	미국 전자산업협회(EIA)의 '기술 혁신 리더상' 수상
	〈뉴스위크(Newsweek)〉 '세상을 바꾼 신사고 경영인 10인'에 선정
	모바일 D램 공급(노키아, 애플 등)
2006년	제4회 대한민국 최고 과학 기술인상 수상
	IEEE 학회의 앤디 그로브상 수상
	세계 최초 40나노 CTF 32G 낸드 개발
	세계 최초 64GB SSD 제품 개발(맥북 에어에 탑재)
2007년	애플에 AP 공급(아이폰)
2007년 9월	세계 최초 30나노 CTF 64G 낸드 개발
2008년	삼성전자 기술총괄 사장 겸 삼성종합기술원장
	〈네이처〉에 그래핀 기술 관련 논문 게재
	메디치연구회 발족

2009년	삼성전자 상담역
	미래 기술 탐방차 미국 동부(하버드대학, MIT 등), 서부(스탠퍼드대학, 버클리대학 등)를 2개월 동안 방문
2010년	지식경제부 R&D전략기획단 단장(국가CTO)
	'국가 비전 2020' 발표
2011년	R&D전략기획단 해외 기술 자문단 결성(하버드대학 조지 화이트사이즈 교수가 단장)
	국가 미래 기술 확정(그래핀, 전기자동차, K-MEG 등)
2013년	성균관대학교 석좌교수
2014년 1월	제13대 KT 대표이사 회장
2015년	세계통신협회(GSMA) 이사 피선
	MWC 기조연설(5G 선언)
2016년 6월	UNGC 리더스 서밋에서 GEPP(글로벌 감염병 방지 플랫폼) 발표
	세계 최초 5G 공통 규격 확정
2016년 9월	기가지니 AI 스피커 개발 발표
2016년 10월	하버드대학에서 KT 케이스 스터디(기가토피아)
	하버드대학 메모리얼홀에서 특강(5G 미래 통신 혁신)
2016년 11월	평창 동계올림픽에서 5G 기반 퍼스트 콜(First Call) 성공
2017년 3월	MWC 기조연설(5G 상용화 선언)
2017년 7월	G20 정상회의 공동선언문에 GEPP 어젠다로 채택
2018년 1월	세계경제포럼에서 GEPP 발표
2018년 2월	평창 동계올림픽에서 5G를 성공적으로 시연함
	하버드대학에서 KT-MEG(에너지 관리 플랫폼) 관련 케이스 스터디
2019년 1월	세계경제포럼 최고 의결 기구 IBC 위원 피선
2019년 2월	MWC 기조연설(5G 상용화 발표)

2019년 4월   세계 최초 5G 상용화

세계경제포럼 최고 의결 기구 IBC에 참석해 5G 관련 발표

드림포스 2019에서 5G 관련 기조연설

2020년 1월   세계경제포럼 콩그래스센터에서 5G 관련 발표

LIST of Name

스티브 잡스	애플 창립자
클라우스 슈밥	세계경제포럼(WEF, 다보스포럼) 창립자
마크 베니오프	세일즈포스닷컴 창립자
일론 머스크	테슬라, 스페이스X, 솔라시티 창립자
조지 화이트사이즈	하버드대학 교수
앤디 그로브	인텔 창립자
칼리 피오리나	HP 전 회장
에릭 슈미트	구글 전 회장
헤르만 지몬	지몬–쿠허앤파트너스 창립자